KB043882

2020
차이나 리포트

2020
차이나 리포트

성공경제연구소 · SBS CNBC

21세기북스

거부할 수 없는 중국 경제의 굴기,
스스로 중국 전문가가 되어야 한다

중국 경제의 굴기는 한국 경제에 가장 큰 영향 요인이 되었다. 덩샤오핑의 개혁개방을 이어받은 시진핑은 '신창타이新常態'라는 캐치프레이즈 아래 또다시 대장정에 나서고 있다. 특히 2014년 이후 본격화된 뉴 노멀 중국 경제는 우리에게 위기와 기회라는 양날의 칼이 되었다. 잘만 하면 중국 경제 굴기는 한국 경제를 선진화시킬 커다란 기회 요인이 될 수 있다. 그러나 그 기회는 거저 얻어지는 것이 아니다. 실패하면 국가 전체가 쇠락의 늪으로 빠져들지도 모르는 절체절명의 게임이 벌어지고 있다. 모든 경제 주체들이 지혜를 모아 새로운 혁신과 전략적 선택을 실천해야 하는 까닭이 여기에 있다.

뉴 노멀 중국 경제는 우리 기업과 산업의 입장에서는 '발등에 떨어진 불'임에 틀림없다. 올드 노멀에 고착된 대기업들은 앞으로도 중국 기업들에 많은 아이템을 뺏길 것이다. 그러나 새로운 사업 영역을 열어가는 중소기업이나 벤처기업에게는 대기업으로 성장할 가능성과 기회의 창이 열렸다고 생각할 수 있다. 이러한 의미에서 이 책은 우리 기업들과 창업가들의 뉴 노멀 차이나 시장에 대한 도전을 응원한다.

현재 우리 경제는 올드 노멀 중국 경제에 크게 의존하고 있다. 중간재와 자본재를 중심으로 우리 경제의 대중국 수출 의존도가 25%에 달하고, 대중국 직접투자도 다른 주요국과 달리 제조업 비중이 80%에 가깝다. 이는 우리 경제가 아직도 중국의 올드 노멀 시대 '세계의 공장' 모델에 더 의존하고 있음을 의미한다. 하지만 문화 콘텐츠, 화장품, 식품, 유아용품, 패션 및 의류, 관광, 의료기기 및 서비스, 환경 등의 분야를 중심으로 뉴 노멀 중국 경제의 긍정적 영향이 점점 더 커지고 있다. 아직은 제조업 쇠퇴로 인한 부정적 영향이 훨씬 더 크다고 평가되긴 하나, 이는 뉴 노멀 중국 경제에 대한 우리의 대비가 부족하다는 것을 의미한다. 특히 세계 최대 소비 시장으로서 중국 내수 시장이나 차이나 머니 확대에 대한 전략적 대응이 부족한 편이다.

　우리나라는 전략적 합의나 선택 없이 무전략으로 나라 전체를 도탄에 빠뜨린 경험이 적지 않았다. 이는 임진왜란, 정묘호란, 병자호란, 한일합방 등 그리 오래되지 않은 역사적 사실을 통해 알 수 있다. 그 기저에는 고정관념에 사로잡힌 자기중심적 사고방식과 우물 안 개구리식 정보 부재 등 고질적 병질이 존재한다. 비록 지난 50여 년 동안 산업화와 정보화, 그리고 민주화를 동시에 이룬 성공 경험이 있지만 중국 경제의 굴기라는 거부할 수 없는 환경 요인에 대응하기 위해 새로운 성장 모멘텀을 확보해야 한다. 그리고 이를 얻기 위해서는 한국 경제 전반의 혁신이 필수적이다. 올드 노멀의 고정관념에 빠져 전략적으로 고착되어버리면 종국에 기다리고 있는 것은 공멸뿐이다.

이 책은 성공경제연구소와 SBS CNBC가 2015년 9월부터 '중국을 딛고 미래를 보다'라는 주제 아래, 10회에 걸쳐 진행한 성공경제포럼의 내용을 글로 풀어낸 것이다. 중국은 과거 시각으로 본 평균적 지식으로 이해하기에는 너무나 다양하고 어제와 오늘이 다른 나라이다. 한마디로 '중국 전문가는 없다'라는 말이 설득력을 가질 정도로 다차원적이고 빠르게 변화한다. 무엇보다도 누구에게 의지할 여유가 없을 정도로 우리에게 직접적이고 개별적인 영향 요인이 되었다.

우리는 G1 시대 미국을 상대하기 위해 미국 전문가에 의존하지 않는다. 수퍼 파워 미국이란 존재는 직접 부딪히고 이해해야만 하는 거대한 환경 조건이기 때문이다. 마찬가지로 G2 시대 중국이란 이미 그런 존재가 되었다. 따라서 10회에 걸친 성공경제포럼은 몇몇 전문가 의견을 일방적으로 청취한 것이 아니라 중국 경제의 굴기 속에서 한국 경제의 부흥 방안을 찾기 위한 고민과 토론 내용을 담고자 했다. 주로 기업과 산업 경쟁력 차원에서 집중적인 논의가 이루어졌다. 그 결과, 우리와 상대의 위치에 대한 객관적 인식이 가능했고 새로이 변화해나가는 뉴 노멀 중국 경제가 우리에게 커다란 기회 요인이 될 수 있다는 공감대를 형성하게 되었다.

'하늘이 무너져도 솟아날 구멍이 있다'라는 속담이 있다. 엄청난 외부 위협이 오더라도 그것을 피할 수 있고, 역으로는 전화위복의 기회까지 잡을 수 있다는 말이다. 그러나 '솟아날 구멍'은 거저 생기는 것이 아니다. 바로 전략적 지혜와 과감한 결단이 그것을 만들어낸다. 약한 나라라도 지리 위치적 장점이 있고 상대가 넘보지 못하는 강점이 있기 마련이다. 지금은 이러한 장점과 강점을 기반으로 전략적 지혜와 과감한 혁신을 도모해야 할 때이다.

구조 전환기를 맞은 중국이 흔들리고 있다지만, 그렇다고 중국이 다시 후진국이 되진 않을 것이다. 따라서 중국 경제는 무궁무진한 시장으로 우리에게 수많은 기회의 창을 제공할 가능성이 있다. 우리 옆에 존재하는 중국을 반드시 기회의 땅으로, 뉴 노멀 중국 경제를 반드시 한국 경제의 기회로 삼아야 한다.

이 책은 4부로 구성된다. 1부에서는 중국 경제의 굴기가 한국 경제에 어떠한 의미와 영향을 주는지에 대해 경제뿐만 아니라 역사적 관점에서도 살펴보았다. 한국은행 북경사무소장을 지낸 김한수 한국은행 대전충남본부장과 자본시장을 중심으로 한국과 중국을 활발히 오가고 있는 전병서 중국경제금융연구소 소장이 거시경제 관점에서 뉴 노멀 중국 경제를 뛰어난 통찰력으로 분석한다. 그리고 필자와 이홍 광운대학교 교수는 경영전략적 관점에서 과거 역사와 현재 기업 경쟁력을 분석하고 나름의 생존 전략을 제시한다.

2부에서는 우리 기업들의 대응 방안을 찾기 위해 노재헌 한중문화센터 원장이 한국 기업들의 중국 진출과 협력 방안에 대해 주로 반도체 산업과 문화 콘텐츠 산업을 중심으로 논의한다. 김보형 킹앤우드맬리슨스 한국팀장은 중국 기업의 관점에서 본 한국 기업의 모습을 통해 새로운 협력 방안을 제시한다. 그리고 중국에서 오랫동안 한국 기업들의 중국 진출을 도와온 함정오 대한무역투자진흥공사 부사장은 우리 중소기업들의 중국 내수시장 진출 방안에 대해 논한다.

3부에서는 실제 중국 시장 진출에 성공한 두 기업가가 성공 경험 담을 들려준다. 벤처기업가인 안건준 크루셜텍 대표는 글로벌 수준에서 전략을 세우고 역량을 쌓아서 중국 시장에 성공적으로 진입한 사례를 소개한다. 그리고 청년 창업가인 박수왕 소셜네트워크 대표는 경험 없이 부딪혀가면서 중국 인터넷 서비스 시장을 개척한 이야기를 들려준다. 한편 이동기 서울대학교 교수는 한류 콘텐츠 산업을 중심으로 대중국 비즈니스 모델 개발 전략에 대해 논한다.

끝으로 4부에서는 중국 시장에 대한 다양한 경험과 통찰력을 가진 국내외 전문가들의 생각과 토론 내용을 정리한다. 먼저 국내에서는 남민우 다산네트웍스 대표, 김동석 전자신문사 부국장, 김동재 연세대학교 국제학대학원 교수, 정회훈 DFJ Athena 대표, 권영설 한국경제신문 논설위원, 조영삼 산업연구원 선임연구원, 김희천 고려대학교 교수, 박승주 세종로국정포럼 이사장, 김동건 동화엔텍 대표, 강현수 충남연구원 원장, 김세훈 BCC그룹 아시아·태평양 지사장, 정규영 야야팩토리 대표, 금기현 한국청년기업가정신재단 사무총장, 고정민 창조산업연구소 소장, 이주익 보람엔터테인먼트 대표, 양지혜 캐릭터플랜 대표 등이 다양한 관점과 경험, 뛰어난 식견으로 토론한 내용을 담았다. 이와 함께 중국 현지에서 활동하고 있는 SK텔레콤 베이징 투자컨설팅의 카이 첸Kai-chen 박사, 3z 캐피털의 스티븐 왕Seven Wang, Joy 캐피털의 리농 리Leenong Li 파트너, 다우키움그룹의 윤승용 본부장 등이 대중국 투자 협력 방안에 대해서 심도 있게 논의한 내용을 포함했다.

앞에서도 밝혔듯이 이 책은 2015년에 10회에 걸쳐 진행된 성공경제포럼이 토대가 되었다. 성공경제포럼은 벤처기업협회와 글로벌중견벤처포럼, 한국문화산업포럼이 함께했다. 그리고 그 시작을 격려해주신 서동원 규제개혁위원회 위원장, 주형환 산업부 장관께 깊은 감사를 드린다. 그리고 대략의 계획만을 믿고 성원해주신 이수만 에스엠엔터테인먼트 회장, 정준 벤처기업협회 회장, 남민우 다산네트웍스 회장, 이기형 인터파크 회장, 김승남 조은문화재단 이사장, 김상협 우리들의 미래 이사장, 유병규 국민경제자문회의 지원단장께도 감사드린다. 성공경제포럼은 KT, SK플래닛, 아진산업, 유니베라, 교보생명 등 여러 기업 회원들과 개인 회원들에 의해 꾸려졌다. 이 자리를 빌려 회원사 여러분께 심심한 고마움을 전하고자 한다. 끝으로 미디어 파트너인 SBS CNBC와 출간을 허락해준 21세기북스에게 감사드린다.

2016년 3월
이장우(경북대학교 경영학부 교수, 성공경제연구소 이사장)

Contents

Ⅲ부 사례와 전략

IV부 토론

I부

중국 경제 굴기의 이해

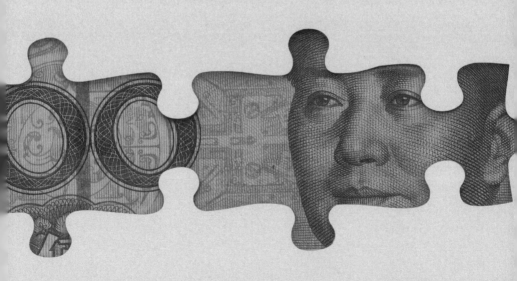

01
G2 시대의 생존 전략과 위기 극복

이장우(경북대학교 경영학부 교수)

중국 경제의 굴기崛起를 맞아 대한민국 경제는 중국이라는 변수를 빼놓고는 논의가 힘든 단계에 접어들었다. 그러므로 대한민국 경제 발전 방안은 이러한 현 상황에 맞춰 모색할 필요가 있다. 국제통화 기금IMF[1]이 평가한 바에 따르면 중국은 이미 2014년 구매력평가지수 PPP[2]에서 17조 6,300억 달러로 미국(17조 4,600억 달러)을 누르고 세계 1위를 달성하였다. 이 지수를 통해 볼 수 있듯이 세계 최대 경제국으로 올라선 중국의 현재 모습은 18세기 역사에 존재했던 팍스 시니카 Pax Sinika[3]의 부활을 떠올리게 한다. 이러한 중국의 대약진은 청나라 멸망 이후 150년간 절치부심切齒腐心, 30여 년 전 실용주의로의 전략적 선택 등에 의한 것으로 해석할 수 있다.

하지만 최근 일어나는 중국 경제 구조의 대전환은 대한민국에 우려의 상황으로 다가온다. 소위 신창타이新常態[4]라는 정책에 의해 중국 경제의 구조적 전환이 이루어지고 있다. 이러한 중국 경제 구조의 전환은 다음 세 가지로 요약될 수 있다. 첫째, 기존 '초고속 성장' 정책에서 '중고속 성장' 정책으로의 변화이다. 둘째, '세계의 공장'에서 '세계의 소비 시장'으로의 역할 변화이다. 중국은 이를 통해 이제 세계의 주 소비 시장 역할을 하게 되었다. 셋째, '자본 수입국'에서 '자본 수출국'으로의 변화이다. 중국이 자본 수출국으로 변모하는 모습은 최근 국내 투자 시장에 진출한 중국 벤처캐피털의 사례로도 실감나게 살펴볼 수 있을 정도이다.

중국의 경제 구조 전환은 이미 우리에게 위기 혹은 기회로 다가와 있다. 먼저 위기적인 측면을 보자면 중국으로의 중간재와 자본재 수출이 감소하고 있다. 그 결과 제조업이 급속히 위축되었다. 특히 한국이 자랑하는 IT 산업의 경우, 현시비교우위지수RCA[5]라는 산업지수에서 나타나듯이 중국이 2009년부터는 한국을 추월한 것으로 평가된다.

반면 기회적인 측면도 살펴볼 수 있다. 첫째, 소비재와 서비스 분야 수출 증가, 둘째, 중국 발 대규모 투자 유입 등이 바로 그것이다. 이 두 가지 기회 요인들은 현재진행형으로 점점 커지고 있다. 일례로 2014년 한 해 영화, 게임, 드라마와 같은 국내 문화 콘텐츠 분야에 중국 기업이 투자한 금액은 1조 원에 이른다. 이러한 투자 유치는 대한민국에 매우 좋은 기회임은 분명하다. 또한 연간 약 600만 명 이상의 중국인 관광객들이 한국 여행을 다녀가고 그 소비 금액이 8조 원에 육박한다는 점 또한 긍정적인 기회로 작용하고 있다. 즉 한국은 중국 경제로부터 위기만이 아니라 많은 이익을 얻을 수 있는 기회를 충분히 노려봄직 하다.

중국 경제의 대약진 속에서 위기냐 기회냐를 판가름해야만 하는 우리의 현실은 지난 역사 흐름을 되짚어보게 한다. 특히 청나라 굴기 시대에 발생한 병자호란[6] 역사를 통해서 현 시점의 동북아 변화 흐름을 재조명해 볼 수 있을 것이다.

병자호란에서 배우는 중국과의 관계

병자호란, 충분히 피할 수 있었다

만약 경영전략적인 측면에서 병자호란을 분석하면 어떠한 해석이 가능할까? 결론부터 말하자면, 조선이 전략적으로 충분히 피할 수 있었고 극복할 수 있었던 사건이라고 할 수 있겠다. 물론 당시는 최악의 환경이었고 인조 정권은 최약체였다. 하지만 그 와중에도 전략적으로 전쟁을 피하는 것뿐만 아니라 심지어 청나라를 등에 업고 나라 발전을 도모할 수 있었다는 분석도 할 수 있다. 우리는 이를 통해 전략적 지혜의 유무가 얼마나 중요한지를 절감하게 된다.

역사 연대기를 살펴보면 1623년 반정을 통해 설립된 인조 정권의 이념은 숭명주의[7]였다. 이 이념으로부터 수많은 고정관념이 발생했다. 1627년 정묘호란, 1636년 용골대·마부대 등 후금 사신 방문과 홍타이지의 황제 등극 등 단계적인 사건들을 거치고 공식적으로 청나라가 탄생했다. 다시 말해 당시 청나라 굴기는 대항할 수 없는 역사적 흐름이었다. 그 후 여러 우여곡절을 겪긴 했지만 결국은 병자호란이 발발하고 말았고, 1636년 12월 9일 청나라 군이 압록강을 도강하는 지경에까지 이르렀다. 인조는 12월 14일 남한산성으로 피신하는데 50일도 채 되지 않은 이듬해 1월 30일, 결국 삼전도에서 항복이 이루어졌다. 그 이후 백성들이 겪은 고난은 역사책이나 영화에서 나오는 내용 그 이상이라고 알려져 있다. 그만큼 치욕적이었고 비참했던 것이다. 지나간 역사이지만 이 시점에서 우리는 그 당시 인조 정권이 취한 의사결정과 행동들에 대해 주목할 필요가 있다.

잘못된 정치가 경제를 망친다

먼저 전략적인 측면에서 볼 때 병자호란이라는 비극을 피할 수 있었던 골든타임Golden Time이 두 번이나 있었다. 그중 첫 번째는 인조반정 직후 4년 동안(1623~1627) 새로운 개혁을 시도했을 때 주어졌다. 광해군의 중립 외교 정책에서 친명배금 정책으로 전환하며 야심차게 개혁을 시도했지만 결과적으로 대부분 실패하고 말았다. 결국 잘못된 정치로 인해 위기를 피할 수 있었던 첫 번째 골든타임을 놓친 것이다.

당시 정권 탄생 이후 4년 동안 위기를 극복하고 국력을 굳건히 할 수 있는 제도들이 분명 있었다. 이 제도들을 '세 개의 화살'로 표현하자면 바로 '대동법', '호패법', '군적법'이라 할 수 있다. 이 중 대표적인 제도는 대동법[8]이었다. 이는 당시로서는 혁신적인 세법 개혁으로서 모든 조세를 쌀로 내게 하여 농민 부담은 줄이고 조세를 높이고

자 했다. 그럼에도 이 개혁은 성공하지 못했다. 새로운 제도에는 필연적으로 부작용이 따르는데 그것을 극복하지 못함으로써 기회를 살리지 못했다는 데서 그 원인을 찾을 수 있다. 나라에서 거두기로 계획한 쌀의 양은 11만 석인데 매년 9만 석 정도만 거두어졌고, 그로 인해 세출보다 낮은 세입이 지속되는 등의 문제가 발생했다. 결과적으로 매년 2만 석씩 부족한 세금으로 국방을 튼튼히 할 수 없었음은 자명하다.

좋은 취지의 제도 개혁이 왜 좌절했을까? 요즘도 많이 일어나고 있는 탁상공론과 기득권 지키기 때문이었다. 개혁 추진은 원활이 이루어질 수 없었다. 기득권을 해체하지 못했으며 민심이반에 대한 지나친 두려움으로 인해려 농민의 부담이 가중되기까지 했다. 현재 자본주의에도 적용되는 병폐 중 하나인 '잘못된 정치가 경제를 망친다'는 명제가 그 당시에도 통용되었던 것이다.

두 번째 골든타임은 정묘호란 후 9년 동안의 시기이다. 정묘호란은 청나라와의 1차 전쟁으로 더 큰 전쟁의 신호였다. 그럼에도 인조 정권은 전쟁을 할 것인지 화친을 할 것인지에 대한 전략적 선택을 하지 못한 채 세월을 의미 없이 보냄으로써 전략 없는 전쟁을 치르게 되었다. 결국 조선은 또 한 번의 기회를 허공에 날려 보내고 말았다. 이때 중요한 실패 원인은 정묘호란의 의미를 간과하고 외교적으로나 정치적으로 분명한 전략을 선택하지 못했다는 점이다. 즉 갈팡질팡하는 무無전략으로 대응했다는 것이다.

무전략은 실패한 전략보다 더 나쁘다고 할 수 있다. 비록 실패하더라도 분명한 전략을 세운 상태였다면 수정이라도 가능했겠지만 무전략은 실패 후 교훈을 얻을 수도 새로운 대책을 세울 수도 없었다. 1636년 전쟁 여부를 두고 청나라의 홍타이지와 친서를 주고받을 때, 청나라가 원하면 전쟁에 응하겠다는 인조의 답서를 살펴보면 "군사도, 재물도 없는 우리는 오로지 대의와 하늘만을 믿는다"라고 기록되어 있는 것을 발견할 수 있다. 한마디로 천수답天水畓[9] 외교 정책이며, 당시 인조 정권이 무전략으로 일관했었다는 대표적인 증거라고 볼 수 있다.

그러나 더 큰 문제는 그 당시의 지배 엘리트 계층인 선비들의 고정관념이었다. 이는 국가의 전략적 실패를 낳게 한 가장 핵심적인 원인이었다. "우리는 이미 오랑캐와 절교하여 사신이 통하지 않으니 간첩을 쓰는 것은 있을 수 없다"라든지 "청에 사신을 다시 보내는 것은 위로는 명을 배반하고 아래로는 백성들을 기만하는 행위이다"라는 기록에서 알 수 있듯이 당시 선비들은 유학에서 강조하는 대의에 매몰되어 실리를 취하지 못하고 책에 쓰인 대로만 행동했음을 알 수 있다. 또한, "야간에 적을 습격하는 것은 의롭지 못하다"라고 하는 등 현 시대에선 도저히 이해할 수 없는 고정관념이 당시를 지배하고 있었다.

유사한 패턴은 반복될 수 있다. 지금도 경제 위기를 초래할 수 있는 시대에 맞지 않는 고정관념이 존재하지는 않는지 세심히 살펴보아야 할 것이다.

당시 조선의 유일한 전략가 최명길

하지만 이 당시에도 전략가는 분명히 있었다. 병자호란 시절 유일한 전략가였을지 모르는 그는 바로 최명길 선생[10]이다. 주화파主和派[11]로 분류되긴 하지만 그는 사실상 전략가에 가깝다. 1636년 9월 병자호란 발발 석 달 전 그는 너무나도 절박한 상황에서 상소를 통해 마지막 촉구를 하기에 이른다. 조선이 하루 빨리 명확한 전략을 선택해야만 한다는 내용이었다. 상소는 다음과 같다.

첫째, 전략적 선택의 촉구이다. 그는 "우물쭈물하다간 큰일 날 수 있기 때문에 전쟁을 피하든지 계책을 세우든지 하나의 방향을 정해야 한다"고 주장하였다.

둘째, 전쟁에 대비한 계책 마련이다. 전쟁을 피할 수 없으면 계책을 몇 가지로 나누어 세워야 하는데, 우선 평안도에 지휘본부를 세우고, 청나라 심양에 국서를 보내 화친의 기회를 노리되 합의에 실패하면 국경에서 격전을 벌인다는 것이었다. 이는 화친 등 전쟁 이전에 할 수 있는 방안을 최대한 강구하고 전쟁을 피할 수 없을 경우 국경에서 일전을 겨룸으로써 안방에 적을 끌어들여서는 안 된다는 신념에서 비롯된 전략이었다.

하지만 당시 조선은 불행하게도 안방에 적을 끌어들이고 말았다. 최명길의 상소에 대해 인조는 "입을 다물었다"고 역사서에 기록되어 있듯이, 당시 무능력한 정권은 아무런 대책도 세우지 못한 채 정치적·사회적 합의 도출에 실패하고 말았다. 한마디로 '전략 없는 전쟁'을 치르고 만 것이다.

[표 1-1] 병자호란 당시에 대한 SWOT 분석: 지피지기(知彼知己)의 지혜와 전략

	강점(S) • 지정학적 위치(군사, 무역) • 수군(水軍)	약점(W) • 허약한 국방력과 재정 • 분열과 취약한 정보력
기회(O) • 명·청 간 전쟁	성공 전략 (SO 전략)	
위협(T) • 청나라 굴기		생존 전략 (WT 전략)

 "지피지기면 백전불태知彼知己 百戰不殆"라는 말이 『손자병법』에 나온
다. 적을 알고 나를 알면 백번을 싸워도 위태롭지 않다는 뜻이다. 이
러한 전쟁 원리는 SWOT 분석[12]을 통해 좀 더 자세히 살펴볼 수 있
다. 최악의 상황과 최약체 정권에서도 강점과 기회는 존재하기 마련
이다. 특히 경제적·군사적으로 지정학적 강점이 있었으며 수군은 임
진왜란 이후 상당한 능력을 축적하고 있었다. 또한 명나라와 청나라
간 갈등은 상황적으로 좋은 기회들을 만들어낼 수 있었다. 이러한
강점과 기회 요인들을 잘 활용하는 성공SO 전략은 당시 조선에게 청
나라 굴기를 활용할 수 있는 엄청난 기회 요인들을 획득하게 할 수도
있었다. 그러나 인조 정권은 자신의 취약점인 허약한 국방력과 재정
상태, 그리고 내부 분열과 정보 부재라는 스스로의 약점은 물론 세
계 최강의 군사력을 자랑하는 청나라 굴기라는 외부 위협 요인을 제
대로 파악하지 못했다. 즉 생존WT 전략의 부재로 국가를 망하게 만
드는 초유의 사태를 자초한 것으로 분석된다.
 위의 표와 같이 성공 전략과 생존 전략을 잘 조화시켰다면 인조 정

권은 전략적으로 성공할 수 있었을 것이다. 물론 역사를 되돌릴 순 없지만 역사 속에서 미래를 위한 교훈을 도출함으로써 타산지석他山 之石으로 삼을 수 있다.

4가지 실패 요인과 시사점

인조 정권의 실패 원인은 대략 4가지로 정리할 수 있다. 그리고 이를 통해 현재에 적용하는 시사점을 찾아보면 다음과 같다.

첫 번째는 지배계층의 고정관념과 무전략이다. 명나라를 숭배하는 인조 정권의 이념과 지나치게 형식주의에 빠진 유학 이념은 당시 역사적 흐름과 맞지 않았다. 또한 앞서 말했듯이 청나라를 상대하는 데 전략이 없었다.

둘째, 정보 유출과 전략 노출이다. 현재 중국 기업들은 국내 기업들과의 M&A와 대·중소기업을 가리지 않는 전문가 스카우트에 매우 공격적인 자세를 취하고 있다. 이러한 정보와 전략 노출에 대해서 우리는 지금 잘 대비하고 있는지 질문을 던져야만 한다.

셋째, 재정 문제이다. 과거 대동법의 실패와 같이 개혁 실패는 국가를 위험에 빠지게 할 수 있다. 특히 재정 문제는 국가의 운명을 크게 좌우할 수 있다. 적자 재정을 지속하는 국가 경제가 건강할 수 없다는 것은 오늘날에도 적용되는 사실이다.

넷째, 국익보다 앞서는 붕당의 이익 추구를 들 수 있다. 내부 결속의 부재는 집단이기주의에 빠져 우왕좌왕하게 되는 이유가 된다는 점에서 분명히 경계해야 할 것이다.

속도 혁신의 한계에 부딪힌 대한민국 경제

'신바람호'와 '융합호', 그리고 '창발호'

현재 한반도의 국가 경쟁력은 단군 이래로 가장 강한 때라고 할 수 있다. 그것은 대한민국 경제발전 기간 동안 3가지 측면의 원동력에 의해서 이루어졌다. 이것은 다음과 같이 '세 개의 구축함'으로 표현할 수 있다. 일본이 세 개의 화살을 쏘아 올렸다면 우리는 세 개의 전투함을 발진시켰다고 비유한 것이다.

첫째, 산업화(1960년대~1980년대) 시대의 '신바람호'이다. 이는 산업화 시절, 비록 기술이나 지식, 자본 등을 가지지 못한 상황에서 '하면 된다'는 실천 정신을 바탕으로 혁신하게 했다.

둘째, 정보화(1990년대~2000년대) 시대의 '융합호'이다. 이것은 '빨리 빨리' 정신으로 대변되는 빠른 학습의 혁신을 뜻한다. 이는 융합 혁신이자 지식 혁신이다.

셋째, 이제 만들기 시작하고 사용하기 시작한 창조화(2010년대 이후 ~) 시대의 '창발호'이다. 대한민국은 창발創發[13]의 자세를 갖추어야 하는 시대를 맞이했다. 이것은 미래 대한민국 경제발전의 큰 무기가 되어 줄 것이다. 창조화 시대는 바로 '창발호'라는 새로운 구축함을 즐겨 써야 한다. 이것은 '성공할 때까지' 도전하는 새로운 혁신 패러다임이라고 할 수 있다.

[그림 1-1] 신바람 혁신의 4단계

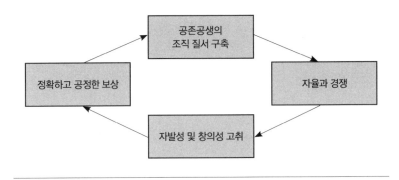

세 개의 구축함과 경쟁력

앞서 제시한 전투함의 특성은 우리 경쟁력을 좀 더 구체적으로 살펴보는 데 도움을 준다.

첫 번째 신바람호는 집단의 공동체적 조직 질서로부터 시작된다. 즉 "내가 잘되면 너도 잘되고, 조직이 잘되면 종업원도 잘된다!"라는 원리가 조직 문화에 자리 잡도록 한다. 공생 집단의 질서는 창의성과 자발성을 유발시키고 더불어 생산성도 올라가게 하여 기업과 국가 경제발전에 큰 힘이 되어 왔다.

공존공생의 조직 질서를 바탕으로 자율과 내부 경쟁이 생산성을 발휘하여 성과를 거두면 여기에 공정하고 정확한 보상을 해야 한다. 그 결과 "일할 맛이 난다!", "죽기 살기로 일한다!"라고 표현되는 에너지가 발생한다. 이 에너지가 점점 더 고조되는 공동체 의식에 기반을 두고 어느 순간 폭발적인 힘을 발휘한다. 이것이 바로 우리가 1960년

[그림 1-2] 융합혁신의 4단계

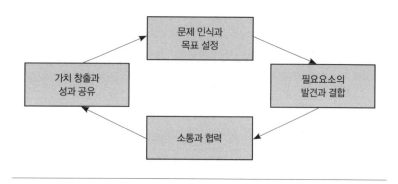

대 산업화 시대부터 사용하고 있는 한국인 특유의 신바람 에너지이다. 하지만 간과하지 말아야 할 점이 있다. 정확하고 공정한 보상이 이루어지지 않았을 때의 부작용이다. 사람들 간의 신바람 에너지를 연결하는 고리가 깨지면 감성적인 민족 특성상 대형 노사 분규 발생 등의 문제가 생길 수 있다.

두 번째 구축함은 융합 혁신으로 대변되는 융합호이다. 1990년대 정보화 기술의 발전에 따라 재빨리 선진 기술을 습득해 신제품을 만들어내던 한국 제조 기업들의 경쟁력이 대부분 이 혁신 패러다임으로부터 나왔다. 특히 많은 IT기업들이 이 혁신 방법을 즐겨 사용했다.

후발주자의 목표는 선두주자의 기술 추세를 보면 어느 정도 알 수 있다. 그 예로서 반도체 산업의 기술 발전 과정은 64k → 256k → 1MB → 4MB → 16MB D램의 개발 등으로 이어졌으며 분명한 목표와 문제들이 주어졌다. 이러한 문제 인식과 목표 설정을 바탕으로 혁신에 필요한 요소들을 찾아내고 결합시키며, 이들 간 소통과 협력을 통해 개선된 가치를 만들어내고 그 성과를 참여자들과 공유한다. 이렇게 완성된 융합 혁신의 단계는 또 다시 새로운 문제와 목표를 설정함으로써 혁신을 발전적으로 반복할 수 있다.

우리는 융합 혁신을 통해서 세계적 규모의 제조 생태계를 구축할 수 있었다. 이러한 생태계 기반의 융합 혁신을 이루기 위해서는 상생과 동반 성장이 필요하다. 한국 제조업을 대표하는 휴대폰이나 자동차 산업을 보면 완성품 하나를 생산하기 위해 수백 개의 협력 기업들이 기술개발과 부품 및 소재 공급에 참여하고 있다. 이들과의 상생협력은 융합 혁신을 성공시키기 위해 매우 중요하다. 특히 융합 혁신의 마지막 단계인 가치 창출과 성과 공유를 위해 꼭 필요하다. 이러한 상생 협력의 관계 구축을 기반으로 다음 단계 문제와 목표로 넘어가 한 차원 높은 혁신으로 나갈 수 있었다.

그동안 한국 기업들은 '신바람+융합'에 기반을 둔 속도 혁신을 통해 선발 기업들을 따라잡아 왔다. 그러나 지금은 우리보다 더 크고 더 혁신적인 중국 기업들이 등장함으로써 경쟁력의 한계를 노출하고 있다.

요즘 중국 기업들이 보유한 경쟁력 중 첫째는 가격과 품질에 대한 혁신이다. 스마트폰 산업에서 화웨이와 레노버 등은 가격 대비 우수한 품질로 경쟁력을 급속히 키우고 있다. 둘째는 모방적 창의성이다. 애플의 모방을 표방한 샤오미는 이제 독자적 창의성 구현 단계로 발전했다. 새로운 경쟁력을 가진 중국 기업들의 위력은 점점 더 커지고 있다. 이러한 상황에서 한국 기업들은 속도 혁신의 한계를 절감한다. 한계에 부딪힌 근본적인 원인은 경영 환경 자체의 변화다. 즉 산업 간 경계가 없어지고 불확실해지며 위기 상황이 수시로 발생하고 있다.

그중 산업 간 무無 경계성은 선택과 집중을 무력화시킨다. 기업들이 선택과 집중에 의해서 세계 최고 수준으로 효율적인 생산 시스템을 만들어놓더라도, 샤오미와 같이 생산 시스템이나 생산 경험이 없는 소프트웨어 업체가 파고들어왔을 때 속수무책으로 당할 수밖에 없는 상황이 펼쳐진다. 이것이 바로 무경계성의 무서움이다.

또한 6개월 이상의 미래를 예측할 수 없는 불확실한 경영 환경에서는 아무리 정교한 예측 시스템을 갖춰도 성공을 보장할 수 없다. 메르스Mers 사태에서 살펴볼 수 있듯이 갑자기 나타나는 위기 상황에 대해서는 시나리오와 매뉴얼 대응으로는 부족하다. 이제는 메가톤급 급변 상황들이 수시로 나타나고 있다.

그러므로 기존 방식의 한계를 보완할 새로운 혁신 패러다임이 필요하다. 예를 들면 명확한 목표나 방향성 없는 선택과 집중은 점점 더 위험하므로 새로운 경영 환경에 적합한 성공 방식을 만들어나갈 필요가 있다. 목표조차도 안 보이는 극한적인 불확실성 아래서는 선택과 집중보다는 오히려 '하고자 하는' 뜻과 의지를 갖추는 것이 더 중요하다. 그 다음 생존과 반복을 통해 기회를 인지하고 창발 혁신을 이루어내야 한다. 창발 혁신은 신바람과 융합 혁신에 이은 세 번째 패러다임으로서 미래의 우리에게 꼭 필요한 차세대 경쟁력 원천이라 할 수 있다.

[그림 1-3] 새로운 경영환경

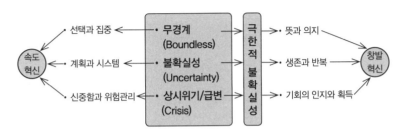

창조화 시대의 새로운 성공방식 '창발 혁신'

창조화 시대 새로운 성공 방식으로 '창발 혁신[14]'을 제시하고자 한다. 요즘 모바일과 인터넷 산업 등이 대세인데, 이들 분야에서 성공한 기업인들에게 그 비결을 들어보면 공통적으로 다음과 같이 이야기한다.

"첫째, 하고 싶은 일을 하라. 둘째, 성공할 때까지 하면 성공한다." 자칫 뻔한 이야기처럼 들릴 수도 있다. 하지만 후배 창업자들은 이 두 비결을 심각하게 받아들인다. 이에 관한 구체적인 방법은 아직 경영학 교과서에서 충분히 논의되고 있지 않지만 새로운 성공 패러다임으로서 창발 혁신 프로세스를 핵심적으로 설명할 수 있다. [그림 1-4]에서는 창발 혁신 단계를 축약해서 그 의미를 표현했다.

이제는 '창발호'를 출항시켜야 할 때

창발 혁신 프로세스에서는, 먼저 성공하고자 하는 '뜻과 의지'를 충전하는 것이 중요하다. 강력하게 충전할수록 오래 버틸 수 있기 때문이다. 다음으로는 충전된 에너지를 통해 반복해서 기회를 찾아야 한다. 여기서 중요한 것은 최소한의 생존 라인을 확보하고, 그 라인 위에서 무수한 시행착오와 실패를 경험하며 학습을 반복해야만 한다는 점이다. 세 번째 단계는 기회를 포착하는 단계이다. 여기서 가장 중요한 점은 어디서 성공할 수 있을지를 알아볼 수 있는 안목이다. 우리는 이러한 안목을 가진 인재를 천재라고 부를지 모른다. 그러나 여기에서 이야기하는 천재는 태어날 때부터 뛰어난 인재가 아니다. 뚜렷한 목표 의식을 품고 다양한 경험과 절실함으로 자신의 뜻을 반복적으로 실천할 때 남다른 안목과 예측력이 생기고 미래에 가까이 다가설 수 있다. 즉 창발 혁신에서 천재란 미래성이라는 능력을 가진 인재인 것이다. 미래성이란 미래를 좀 더 빨리 알아보고 좀 더 다가갈 수 있는 능력을 뜻한다. 마지막 네 번째 단계는 성취이다. 성취는 절대 저절로 이루어지지 않는다. 과감한 결단과 전광석화와 같은 실행을 통해서만 가능하다. 이 성취의 과정을 완수하기 위해서는 엄청난 스피드와 피를 말리는 경쟁이 필요할지 모른다. 과감한 결단과 빠른 실행이 없으면 종종 성취의 기회가 날아가 버린다.

이러한 창발 혁신의 프로세스는 기업뿐만 아니라 개인의 성공에도 적용된다. 개인의 예를 들어보자. 세계적인 음악가들을 보면 어려서부터 반복 연습이 일상이다. 이 예술가들은 바로 그것으로부터 창발

[그림 1-4] 창발 혁신의 4단계

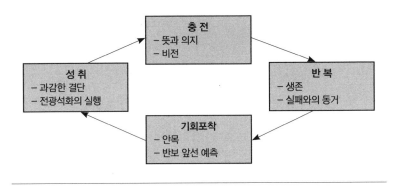

혁신을 시작하는지도 모른다. 지겨워서 포기하기도 하지만 그중에는 뜻과 비전으로 충전의 시간을 갖는 사람들이 분명히 있다. 그들은 어느 순간부터 충전된 에너지를 획득하고 가끔 성취까지 맛보게 된다. 이러한 성취가 새로운 충전의 계기가 되어 세계적 음악가가 되겠다는 강한 뜻과 의지를 품도록 만든다. 이후 무수한 연습과 활동의 반복을 거쳐 기회를 포착하고 드디어는 세계적 명성을 얻게 된다.

여담으로 나의 경우를 보면, 내가 경영학자로서 나름대로 창발적 성공을 했다면 그 첫 단계는 성취로부터 시작된 것 같다. 즉 경영학이라는 전공을 우연히 선택하게 된 것으로부터 출발했다. 학창 시절 가장 친한 친구가 경영학을 선택하면서 그 친구를 따라 선택한 그 시작이 혁신의 출발이 되었던 것이다. 이후 충전하고 반복하고 그리고 기회를 얻는 과정을 거치며 오늘날 이 자리에 설 수 있었다.

'속도'보다는 '기회'를 잘 포착해야 할 때

창발 혁신은 과거의 성공 패러다임과는 다른 측면이 있다. 예를 들면 속도 혁신이 시간의 신神 크로노스에 의해 지배를 받는다면 창발 혁신은 기회의 신神 카이로스[15]의 지배를 받는다고 할 수 있다. 왜냐하면 속도 혁신에서는 '1분 1초'가 중요하지만 창발 혁신의 세계에서는 1분, 1초라는 양적 기준이 의미가 없을 수 있기 때문이다. 재미있는 사례가 있다. 우리가 잘 알고 있는 강태공[16]은 무왕을 만나기 전 20년 간 때를 기다리며 낚시질로 시간을 보냈다고 한다. 그는 20년이라는 기다림의 시간 후에 드디어 기회를 잡았다. 반면에 한민족을 낳으신 단군신화 속 웅녀는 기회를 기다린 지 단 21일 만에 인간이 되어 환웅과 결혼하였다. 왜 누구는 21일이 걸리고 누구는 20년이 걸렸을까. 성공하기까지 걸리는 시간은 사람마다 다를 수 있다. 두 성공 모두 때가 되어 이루어졌을 뿐이다. 기회의 신 카이로스에게는 시간의 총량은 중요하지 않다.

[그림 1-5]는 카이로스를 형상화한 조각상이다. 이 조각상의 의미는 다음과 같다. 앞에 저울을 들고 있는 이유는 1분 1초를 알기 위함이 아니다. 그보다는 기회가 되는 때를 정확히 판단하기 위함이다. 설령 20년이 지나도 때가 되지 않으면 기회의 신은 움직이지 않겠다는 의지를 반영한다. 무성한 앞머리는 기회가 왔을 때 빨리 잡아야 한다는 것을 표현한 것이며 뒤의 대머리와 양발에 달린 날개는 한번 놓친 기회는 다시 잡을 수 없음을 의미한다.

기회의 신 카이로스의 세계는 창발 혁신의 특성을 잘 표현하고 있

[그림 1-5] 카이로스 조각상(리시포스 作)

다. 우리는 이러한 기회의 세계에 대한 이해도를 더 높일 필요가 있다. 창발 혁신을 위해서는 기회 포착이 무엇보다도 중요하기 때문이다.

창발 혁신의 대표적 성공 사례

기회 포착을 통해 창발 혁신에 성공한 사례들은 창조화 시대를 맞아 크게 늘고 있다. 소녀시대, 엑소 등으로 K-POP 한류를 이끌고 있는 SM엔터테인먼트가 대표적이다. 그동안 이 회사는 획기적인 문화 콘텐츠로 창발 혁신에 성공하였다.

SM엔터테인먼트의 성공 또한 그 첫 시작은 충전이었다. 이수만 프로듀서는 뜻밖에도 1960년대부터 충전을 시작했다고 한다. 1960년대 영국의 아이돌이었던 클리프 리처드Cliff Richard[17]가 한국에서 큰 인기를 모은 적이 있다. 당시 클리프 리처드는 보수적인 사회 분위기 속에서도 한국 여성들에게 굉장한 인기를 끌었다. 당시 이수만 프로듀서는 이것을 보면서 언젠가는 자신도 해외 진출을 해내겠다고 결심했다고 한다. 이런 자극을 받은 때가 충전의 시간이었다고 해석할 수 있을 것이다.

그렇게 오랜 충전의 시간들을 거친 후에 2000년대 들어와 드디어 H.O.T., S.E.S. 등 아이돌 가수들을 탄생시켰다. 연이어 창발 혁신을 성공시킨 것이다. 하지만 거기서 그치지 않고 앞선 성취들을 발판으로 또 다시 뜻과 비전을 충전하였다. 아이돌 양성 시스템의 수출이라는 더 발전된 목표를 수립하여 자신의 비전을 업그레이드 했다. 그렇게 더 강력한 충전 에너지를 품고 2001년 1월, 보아BoA를 통해 일본 진출을 하였고 자신이 수립했던 비전의 가치를 확인할 수 있었다.

다음 비전은 중국 시장이었다. 동방신기東方神起, 소녀시대少女時代 등 중국 시장을 염두에 둔 아이돌 그룹을 탄생시켰다. 네 글자의 이름을 가진 그룹은 그때 국내에서 본격적으로 나오기 시작했다. 그 다음에는 음악 제국을 만들겠다는 의미의 버츄얼네이션Virtual Nation이라는 새로운 비전을 기반으로 슈퍼주니어Super Junior, 에프엑스f(x), 엑소EXO를 탄생시켰다. 지속적으로 창발 혁신을 실현해온 것이다.

한편 제조업에서의 창발 혁신 사례를 보자. 한국 기업의 롤 모델이 되고 있는 퍼스트 무버First Mover들의 성공 노하우를 보면 창발 혁신 사례를 쉽게 찾아볼 수 있다. 예를 들면 바스프BASF[18]는 150년 전 세계 최초로 질소비료 화학 공장을 건립한 이래 오디오, 비디오테이프 등 끊임없이 새로운 제품 혁신에 성공해왔다. 이 기업은 현재 우리가 알고 있던 유명 제품들을 거의 만들지 않고 있으며 늘 새로운 제품을 생산하여 세계 1등을 유지해오고 있다. 이러한 성공 혁신의 비결에 대한 대답은 쿠르트 복Kurt Bock 바스프 CEO의 인터뷰 내용 속에서 찾을 수 있다.[19] 퍼스트 무버로서 바스프의 성공 비결은 다음과 같은 3가지로 설명할 수 있다.

첫째, 많은 사람들과 연결하라. 바스프는 창업 당시부터 대학 및 연구소와 협업을 실시해오고 있다. 이는 기회는 바깥에서 오기 때문에 협업을 통한 넓은 인맥을 통해 밖으로부터 기회를 잡을 수 있어야 한다는 전략에 근거를 둔다.

둘째, 될 때까지 계속하는 끈기가 필요하다. 첫 번째 시도에서 성공하지 못하면 다시 시도하고 그래도 안 되면 될 때까지 계속 시도하는 것이 바스프의 혁신 유지 비결이다.

셋째, 상용화는 전광석화처럼 실행한다. 혁신의 성과를 최대한 빨리 상품화하는 신속한 실행이 필요하다는 것이다.

이것이 150년 간 퍼스트 무버의 위치를 유지한 바스프의 성공 노하우이다. 이 3가지 성공 노하우는 창발 혁신 프로세스와 일치한다고 할 수 있다.

대한민국이 성공하는 길

창발 혁신으로 맞선다면 더 이상 위기가 아닌 기회

충전된 보통 사람에게 성공의 기회가 주어지는 시대가 바로 창조경제 시대이다. 하지만 대한민국 경제발전 과정에서 창조적 혁신은 대

[그림 1-6] 한국경제의 미래

	시기	주체	성공 요인	목표 시장
신바람 혁신	산업화 (1961~1990)	대규모 산업조직, 재벌기업인	자본, 추진력	미국 시장
융합 혁신	정보화 (1991~2010)	엔지니어, 벤처기업인	빠른 학습, 정보력	유럽 및 중국 제조업
창발 혁신	창조화 (2010~)	불특정 다수의 창조인력 (충전)	끈기와 정성, 기회추구력	중국 소비 및 아시아 시장

한민국 안에서만 해낼 수 없다. 좁은 내수 시장의 한계를 극복하려면 밖으로 눈을 돌려 그 혁신의 결과물을 소비해줄 수 있는 시장을 찾아내야 한다. 산업화 시대 때는 미국 시장을 발판삼아 신바람 혁신을 이룰 수 있었다. 실제로 미국 시장은 1985년까지만 해도 우리나라 전체 수출의 약 35%를 차지하였다. 다음 1990년대부터 최근까지 정보화 시대에는 유럽과 중국 가공무역 시장을 통해 활로를 모색했다. 하지만 이제는 유럽과 중국의 가공무역 시장은 점점 쇠퇴하고 있다. 위기인 것이다.

이때 새로운 기회가 생겨나고 있는 곳이 바로 중국 소비 시장과 동남아시아, 인도 등 아시아 시장이다. 특히 위기를 기회로 만들 수 있는 시장, 창발 혁신의 기회를 찾을 수 있는 곳으로 중국 소비 시장에 주목해야 한다. 창발 혁신의 주 대상은 앞으로 중국 내수를 필두로 한 아시아 시장이 될 것임은 자명하다. 이렇게 21세기 창발 혁신의 기회는 중국 소비 시장으로부터 그 해답을 찾아내야 한다.

현 시점에서 가장 필요한 것은 새로운 혁신 패러다임으로 전환하기 위한 전략적 선택이다. 과거 역사처럼 우물쭈물하다가는 한국 경제의 위기를 돌이킬 수 없게 될 것임을 잊지 말아야 한다. 병자호란의 교훈에서 살펴볼 수 있듯이, 세계 흐름에 벗어난 기존 고정관념을 타파하고 국가 재정 또한 튼튼하게 하여 반드시 위기를 기회로 만들어야 한다.

그러나 현 시점에서 우리 스스로가 되짚어볼 필요가 있는 부분이 있다. 한국인들은 애국심이 강하고 비분강개 또한 잘하는 등 감성적인 면을 갖고 있다. 반면에 냉철한 전략적 선택과 이성적 결단이 부족한 약점을 갖고 있다는 평가를 받기도 한다. 한국 경제의 위기 돌파를 위해서는 이러한 약점을 극복한 전략적 선택과 사회적 합의가 어느 때보다 필요하다.

G2란 중국이 기존 초강대국인 미국과 함께 세계 질서의 축을 이루는 시대를 일컫는 말이지만, 그 현실적 무게는 어느 나라보다도 한국에서 더 크고 각별하다. 어느덧 중국 시장이 전체 수출 중 4분의 1 이상을 차지할 정도로 절대적이 되었다. 지난 50년 넘게 아메리칸 스탠더드를 배우고 따랐던 우리 입장에서 새로운 슈퍼 파워를 인정하고 따르는 일은 어색하고 쉽지 않다. 그러나 이 시장은 우리의 상상을 넘어설 정도로 크고 다양하며 변화 속도가 빠르다.

지금은 중국인의 시각에서 우리를 객관적으로 평가해보아야 한다. 이렇듯 갑자기 우리 자신을 새삼 돌아보게 된 위기 상황에서 다음과 같은 자세가 필요하다.

첫째, 자기비하 금지다. 갑자기 상대하기조차 어려운 '센' 상대를 만났을 때 쉽게 나올 수 있는 증상이 자기비하다. "그러면 그렇지. 우리는 안 된다"는 체념이 가장 위험하다. 어떤 어려운 여건에서도 살아나갈 방도는 있으며 약체의 실력에도 불구하고 상대가 넘보지 못하는 강점이 있기 마련이다.

둘째, 고정관념에서 과감하게 벗어나야 한다. 문제 해결을 방해하는 고정관념이란 자신의 경험과 신념으로 만들어진 근시안적이고 고착된 사고를 말한다. 지난 50여 년이 한국 경제에서 성공 역사였다면 그만큼 고착된 사고와 성공 함정의 그늘도 클 것이다. 특히 산업화와 정보화를 이루어낸 사고 틀과 성공 방식이 이제는 작동이 안 되거나 오히려 걸림돌이 되는 부분이 적지 않을 것이다.

셋째, 정보 고립에서 탈피해야 한다. 특히 상대에 대한 정보 부재와 단절을 경계해야 한다. 정보가 없으면 슈퍼 파워 앞에서도 '하룻강아지 범 무서운지 모르는' 만용을 부리게 된다. 정보가 단절되면 어제의 기억으로만 상대를 대하기 쉽다. 뉴 노멀 중국 경제를 가공 무역 중심의 올드 노멀 틀로 상대한다면 백전백패다. 정보 부재와 단절이 심하면 정보의 의도적 기피라는 최악의 현상이 일어날 수 있다. 일체의 정보 수집 활동을 의도적으로 기피한 채 그냥 살아왔던 방식을 고집하는 경우다. 국민들이 우리 국회 주변 정치 상황을 우려하는 것도 이 때문일 것이다.

넷째, 리더들은 상위의 목적 함수, 즉 비전을 제시해야 한다. 도전에 대한 응전은 혁신을 의미하며, 혁신은 행동 변화가 따라야 한다.

따라서 경제 주체들이 스스로 기존 틀을 깨고 행동 변화에 나설 수 있도록 새로운 가치관과 동기 유발이 필수적이다. 그렇지 않으면 위기 상황에 대한 공감대 없이 집단이기주의에 빠져 전략적 지혜를 발휘하지 못하게 된다.

우리에게는 위기극복을 위한 세 개의 전함이 있다

지금은 점차 바닥을 드러내고 있는 우리 경쟁력에 실망만 하고 있을 때가 아니다. 우리에게는 아직도 세계 경제에서 우뚝 설 수 있는 세 종류의 전투함, 즉 특유의 혁신 역량이 있다.

첫 번째 전함은 앞에서도 설명했듯이 신바람호이다. 이것은 '하면 된다'의 성공 DNA를 작동시키며 1세대 혁신을 이끌었다. 신바람 혁신이란 먼저 조직 내부를 공존공생의 분위기로 만들고 그 안에서 일을 알아서 하도록 자율 관리를 한다. 그리고 성과에 대한 정확하고 공정한 보상으로 공동체의식을 더욱 강화시킴으로써 강력한 단결력을 이끌어낸다. 바로 이것이 '일할 맛이 나고 미친 듯이 일할 수 있는' 직장을 만들었다.

두 번째 전함은 융합호로서 1990년대 이후 정보화를 이끌어 왔다. '빨리빨리'의 성공 DNA를 작동시키며 선발주자로부터 기술과 지식을 재빨리 학습해 개량된 제품을 개발해내는 스피드 역량이 이것으로부터 나왔다. 이 융합 혁신은 정확한 문제 인식과 구체적 목표 설정으로부터 시작한다. 그리고 그것을 달성하기 위한 필요 요소들을 찾아내 결합하고 소통과 협력으로 재빨리 개선된 대안을 제시한다. 이

2세대 혁신은 휴대폰과 자동차 산업에서 그 진가를 발휘했다.

이제 창발호로 불리는 3세대 전함이 가세할 때이다. 이것은 창발적으로 떠오르는 기회와 위협에 창조적으로 대응하기 위한 혁신 패러다임이다. 이 창발 혁신은 '명확한 목표를 향한 선택과 집중', '정교한 계획과 시스템' 등을 특징으로 하는 기존 방식과는 근본적으로 다르다. 이것은 '뜻과 비전을 세워 이를 실천할 확고한 의지를 가지고 반복적 활동으로 때를 기다리다가 불현듯 떠오르는 기회를 획득해 새로운 가치를 구현하는 과정'으로 이루어진다.

앞에서 언급했듯이 창발 혁신은 첫째, 이루고자 하는 분야에 뜻과 비전을 명확히 세우는 것으로 시작한다. '성공할 때까지 한다'는 의지로 강력한 에너지를 내부에 충전한다. 둘째, 투자와 경영 활동을 반복한다. 이때 생존라인을 확보하여 그 위에서 활동해야 하며 시행착오와 실패를 통해 꾸준히 배워나가는 것이 중요하다. 셋째, 절실함으로 기회를 인지한다. 차별화된 안목과 남보다 반 보 앞선 예측력으로 남보다 먼저 기회를 알아보는 것이 중요하다. 넷째, 기회의 창으로 재빨리 들어가서 가치를 창출한다. 새로운 제품과 서비스를 먼저 시장에 출시하기 위해 전광석화와 같은 실행력을 발휘해야 한다.

창발 혁신의 과정은 목표점을 파악할 수 없는 극한적 불확실성의 환경에서 새로운 기회를 추구하는 데 필수적이다. 여기에는 다가오는 기회를 먼저 알아볼 수 있는 능력과 때를 기다릴 줄 아는 불굴의 의지가 필요하다.

후발주자가 속도만 빠르게 한다고 선발주자가 될 수는 없다. 남들이 못 보는 것을 볼 수 있어야 하고 남들이 가보지 못한 길을 갈 수 있어야 한다. 진정 '퍼스트 무버'가 되려면 경영의 사고와 행동 방식을 한꺼번에 바꾸어야 한다는 뜻이다. 그리고 간과하지 말아야 할 또 다른 요인은 목표 시장이다. 우리의 혁신은 좁은 내수 시장으로 말미암아 해외에서 소비해줄 목표 시장이 항상 필요하다. 이제 창발 혁신의 목표 시장을 정조준해야 한다. 그것은 바로 중국 소비 시장과 아시아 시장이다.

일본은 경쟁력 회복을 위해 열심히 화살을 쏘아대고 있다. 그러나 한국에는 경쟁력의 원천인 세 개의 전함이 있다. 이제부터 새로운 목표 시장에서 기회를 잡는 데 역점을 두어야 한다.

02

[뉴 노멀 중국 경제, 재앙인가 축복인가:
한국 경제의 진로[20]]

김한수(한국은행 대전충남본부 본부장)

중국 시진핑习近平 주석이 주창하고 있는 뉴 노멀New Normal 중국 경제, 다시 말해 신창타이新常态 중국경제는 '새로운 G2 시대', '새로운 글로벌 경제 질서'의 서막을 열게 될 것이다. 이 같은 뉴 노멀 중국 경제의 의의를 자세히 분석하기 전에 중국 경제의 뉴 노멀화와 관련하여 국내외 기업이 당면하고 있는 두 가지 이슈를 먼저 살펴보자.

첫 번째 이슈는 시진핑 주석 취임 이후 국내 기업들의 주가가 빠르게 양극화되고 있다는 것이다. [그림 2-1] 중 왼쪽 그림은 '지는 기업들'의 주가이며, 오른쪽 그림은 '뜨는 기업들'의 주가이다. 왼쪽 기업들의 특징은 중국의 공급 과잉에 시달리고 있는 조선, 철강, 석유화학 등 우리나라 3대 주력 산업의 대표 기업이라는 점이다. 이들 기업의 주가는 시 주석 취임 이후 지속적으로 하락하고 있다. 반면 오른쪽 업체들은 화장품, 식품, 여행 등 이른바 중국의 '신新 소비' 산업에

[그림 2-1] 뉴 노멀 중국, 한국 기업 주가의 양극화

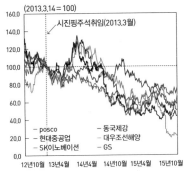

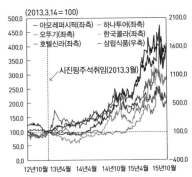

자료: 한국거래소(KRX)

속한 기업들로 이들 업체의 주가는 매우 가파른 상승세를 보이고 있다. 뉴 노멀 중국 시대에 한국 기업들의 주가는 왜 양극화되고 있는가? 이러한 주가 양극화 현상은 단기적이고 일시적인 것인가, 아니면 구조적인 것인가? 이 문제는 현재 한국 기업인들, 그리고 우리 경제학자들이 깊게 성찰해보아야 할 이슈 중 하나라고 생각한다.

두 번째 이슈는 중국 거대 기업의 급부상에 관한 것이다. 중국 인터넷 쇼핑 업체 알리바바Alibaba에 대해 살펴보자. 알리바바의 마윈馬雲은 1999년 소프트뱅크SoftBank의 손정의孫正義 회장을 처음 만났다. 당시 손정의 회장은 영어 강사 출신의 깡마른 저장성浙江省 청년 마윈에게 2000만 달러를 투자하였다. 그로부터 15년이 지난 2014년, 알리바바의 마윈은 태평양을 건너 미국 나스닥Nasdaq 주식시장으로 달려갔다. 그리고 그는 나스닥 창립 후 역대 최대 규모의 기업공개에 성

공하였다. 이 덕분에 마윈은 2014년 아시아 최대 갑부가 되었고 손정의는 일본 최대 갑부가 되었다. 지난 15년 간 두 사람 운명의 드라마틱한 변화는 중국 경제의 거시적 변동과 어떤 연관이 있는 것일까. 이것이 뉴 노멀 시대 중국에 관해 아시아 기업인들, 나아가 글로벌 기업인들이 씨름해야 할 또 하나의 이슈라고 할 수 있다.

이와 같은 두 가지 이슈에 대한 해답을 찾기 위해 이 장에서는 다음 세 가지 화두를 중심으로 논의해보고자 한다. 첫째, G2 시대의 관점에서 볼 때 중국 경제는 왜 바뀌고 있는가, 그리고 또 무엇이 바뀌고 있는가? 둘째, 뉴 노멀 시대로 빠르게 이행하고 있는 중국 경제의 미래는 무엇인가? 셋째, 그 변화는 우리 경제에 재앙인가, 축복인가? 그리고 대한민국의 미래를 위해 우리는 무엇을 준비해야 하는가?

중국, 올드 노멀에서 뉴 노멀로의 이행: 차이메리카의 성립과 균열

올드 노멀 덩샤오핑과 뉴 노멀 시진핑: '도광양회' vs '중국몽'

올드 노멀Old Normal 중국을 정치적으로 대표하는 인물은 덩샤오핑邓小平이고 뉴 노멀 중국을 대표하는 인물은 시진핑이다. 지난 1979년 미국 방문 중 카우보이모자를 쓰고 파안대소 하고 있는 덩샤오핑의 모습이 화제가 된 적이 있다. 이를 두고 미국 언론들은 그를 "중국 개혁 개방 정책의 설계자인 동시에 미국의 정치·경제·사회는 물론, 문화를 개방적으로 수용할 수 있는 인물"이라고 평가하였다. 이후 덩

[그림 2-2] 미국 워싱턴에서의 덩샤오핑(1979)과 시진핑(2015)

자료: 바이두(baidu.com)

샤오핑은 자신의 입장을 '도광양회韜光養晦'라는 말로 정리했다. '빛을 가리고 어둠 속에서 힘을 기른다'는 뜻의 이 '선언'은 19세기 초반 미국의 헤게모니Hegemony가 약했던 시절 유럽 등의 문제로부터 미국의 중립을 선언했던 먼로 독트린Monroe Doctrine의 중국판이라 할 수 있다.

그로부터 30여년이 지난 현재, 시진핑 시대에서는 중국 정부의 입장이 판이하게 달라졌다. 시 주석은 '중국몽中國夢'을 말한다. 시 주석의 중국몽은 '중화민족의 위대한 부흥'을 뜻하는 것으로 '세계사에 있어서 중화제국the Middle Kingdom의 부활'을 상징한다. '중국몽'에서는 '도광양회'에서와 같은 어둠 속에서의 실력 양성이나 겸손의 미덕은 찾아보기 어렵다. 시 주석은 집권한 2013년부터 중국몽의 깃발을 들고 세계를 주유하다가 2015년 9월 워싱턴을 국빈 방문하여 집권 초반 정상 외교를 일단 마무리하였다. 그러면 이러한 덩샤오핑의 '도광양회'에서 시진핑의 '중국몽'으로의 이행이 왜 불가피했는지 그 거시경제적 배경을 살펴보자.

[그림 2-3] 올드노멀 중국과 미국의 경제적 관계

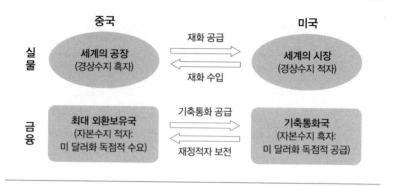

차이메리카Chimerica: 올드 노멀 중국과 미국의 결혼

과거 '올드 노멀' 중국은 세계의 공장이라고 불렸다. '메이드 인 차이나Made in China' 제품이 세계 시장을 도배하였다. 중국의 최대 수출국은 미국이었다. 그래서 이론가들은 중국을 '세계의 공장', 미국을 '세계의 시장'이라고 불렀다. 중국은 이렇게 해서 벌어들인 수출 대금을 미국의 국채 시장과 정부기관채 시장에 투자했다. 다시 말해, 중국은 수출로 벌어들인 외화 보유액을 미 정부의 재정적자와 미 공공기관의 적자 보전에 투자한 것이다.

이러한 양국 간 경제적 관계에 대해, 특히 중국과 미국의 경상수지 불균형을 중심으로 한 글로벌 불균형Global Imbalance의 원인을 둘러싸고 전 미 연준 의장 벤 버냉키Ben Bernanke 등 경제학자들이 많은 논쟁을 펼쳤다.

여기서는 경제학적 개념이 아니라 문명사적인 개념 하나를 소개하

고자 한다. 차이메리카Chimerica![21] 이 개념을 처음 주창한 니알 퍼거슨Niall Ferguson 하버드대학 교수에 따르면 중국과 미국은 국제무역시장에서 각각 '세계의 공장'과 '세계의 시장', 국제금융시장에서는 '최대 외환 보유국'과 '기축 통화국'으로 서로 공생하면서 윈-윈win-win하고 있다고 한다. 퍼거슨은 이에 대해 "양국이 결혼을 했다"라고 썼다.

차이메리카의 완성: 중국의 WTO 가입과 '세계의 공장' 부상

미국과 중국, 양국 간의 '혼인 관계'는 오랜 기간 행복을 유지하였다. 양국 간 밀월을 상징하는 가장 큰 사건 중 하나는 지난 2001년 중국의 세계무역기구WTO 가입이라 할 수 있다. 2001년 이전까지만 해도, 중국은 미국 시장에 진출하기 위해서 매년 최혜국Most Favored Nation 자격 여부에 대한 심의를 받아야 했다. 하지만 WTO 가입 이

[그림 2-4] WTO 가입 이후 세계의 공장으로서 중국경제의 부상

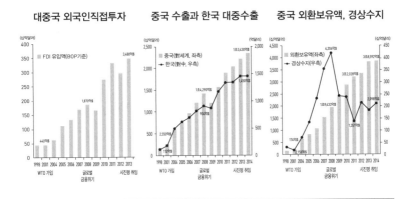

자료: IMF, 한국무역협회

후 중국은 이 심의를 면제받았다. 국제무역 시장에서 글로벌 시민권을 얻은 셈이다. 2001년 이후 중국은 비약적인 발전을 이루었다. [그림 2-4]에서 볼 수 있듯이 2014년 중국에 들어온 FDI(외국인 직접투자) 금액은 2001년 대비 8배, 수출은 9배, 외환 보유액은 18배 증가하였다. 그리고 중국은 이 시기를 거쳐 역사상 가장 큰 '세계의 공장' 자리를 차지하였다.

차이메리카의 균열 (1): 미국의 부채위기, 디레버리징 및 재공업화

그러나 차이메리카로 구축된 중미 양국 간의 관계는 행복하지만은 않았다. 그 첫 번째 불행의 단초는 그린스펀 수수께끼Greenspan's Conundrum와 미국 발發 글로벌 금융위기였다.

[그림 2-5] 미 연준의 기준금리와 미 국채금리

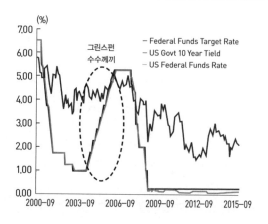

자료: 미 연준

'그린스펀 수수께끼'란 중앙은행의 기준금리와 시장금리가 따로 움직이는 현상을 말한다. 이렇게 이름이 붙은 것은 2005년 2월 미 의회 청문회에서 한 의원의 질문에 대해 그린스펀 전 미 연준 의장이 '수수께끼Conundrum'라 부른 데서 유래한다. 미국 의회의 논란이 있기 전 미 연준은 2003년부터 기준금리를 3.75%p 인상하였다. 하지만 시장 금리인 미국 국채금리는 거의 움직이지 않았다. 그린스펀 의장이 '수수께끼'라 부른 이 퍼즐을 둘러싸고 미 의회는 물론 많은 사람들이 논쟁을 벌였다. 상당수 전문가들은 그 원인에 대해 저가 중국 제품 수입 등에 따른 기대 인플레율 하락, 미 국채에 대한 중국의 대규모 투자 등 복합적인 요인에 기인한다고 보았다. 이 시기 동안 미국 경제는 중국에 힘입어 '고성장 저물가'의 골디락스Goldilocks 시대를 구가했다. 그러나 골디락스의 이면에는 거대한 신용 팽창 리스크가 쌓이고 있었다. 다시 말해, 이 기간 동안 미국 가계 부문의 빚은 매우 빠른 속도로 늘었고, 부동산 시장에서는 거품이 축적되었다. 이것이 터진 것이 2008년 미국 발 글로벌 금융위기다.

글로벌 금융위기 이후 미국 경제는 송두리째 바뀌었다. 가계 부문은 파산 위기에 직면한 가운데 빠른 속도로 부채를 줄이면서 이른바 디레버리징De-leveraging(부채 축소) 시대로 진입했고, 미 행정부는 제조업 경쟁력을 강화하기 위해서 셰일가스Shale Gas 개발 등 재공업화Re-industrilisation 정책을 추진하였다. 이것은 중국의 입장에서 보면, 차이메리카의 한 쪽 출구, 이른바 '메이드 인 차이나' 제품의 수출이 막히는 것을 의미한다. [그림 2-6]에서 나타나듯이 중국의 GDP 대비

[그림 2-6] 중국의 경상수지 흑자

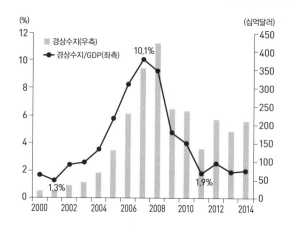

자료: IMF

경상수지 흑자 비율은 2007년 10.1%에서 2013년과 2014년에는 2% 내외로 떨어졌다. 무려 1/5로 급감한 것이다. 미국의 금융위기로 '세계의 시장' 미국에 의존해왔던 중국 경제와 중미 경제 관계에 심각한 변화의 압력이 발생한 셈이다. 차이메리카의 개념에 비추어보면 차이메리카의 한 축, 미국에 일종의 '비극'이 빚어진 형국이다. 그런데 이 비극은 미국에만 그치지 않고, 중국으로 번져나갔다.

차이메리카의 균열 (2): 중국의 인구 위기와 과잉 설비 및 기업 부채

최근 중국 언론에 유행하는 말이 있다. "그 많던 노동자는 다 어디로 갔는가劳动力去那儿?" 최근 중국 노동시장에서는 수급 구조 상 커다란 질적 변화가 발생하고 있다. 통상 중국에서는 15세부터 59세까지

[그림 2-7] 중국의 노동시장과 루이스 전환점

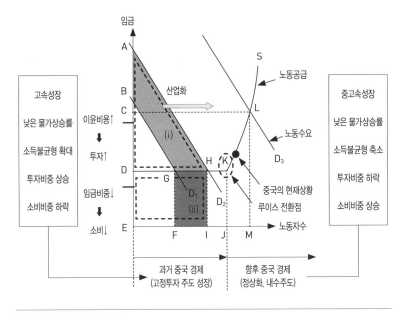

자료: 노무라 증권

의 인구를 좁은 의미의 생산가능인구Working Age Population라 부르는데, 그 생산가능인구가 2012년부터 4년 연속 매년 300만~400만 명 내외 감소[22]하고 있다. 이런 현상을 두고 많은 경제학자들은 중국 경제에 루이스 전환점Lewisian Turning Point[23]이 도래하였다고 지적한다.

루이스 전환점은 위의 [그림 2-7]에서 K 지점에 해당한다. K 지점의 오른쪽으로 여건이 바뀔 경우, 이전에 농촌에서 많이 유입되었던 과잉 노동력 공급이 고갈되면서 노동력 수요에 비해 공급이 부족해진다. 따라서 기업이 투자를 늘릴수록 임금은 가파르게 상승한다. 실제로 중국의 시간당 평균 임금은 인도의 13배에 달한다. 이에 따라 과거 중국의 저임금을 겨냥해 진출했던 많은 다국적 기업들이 중국을 떠나고 있다. 그 대표적인 기업이 바로 삼성전자와 아이폰 위탁 생산 업체로 유명한 팍스콘Foxcon이다. 삼성전자는 2013년 중국 톈진天津에 있던 휴대폰 공장을 베트남으로 옮겼다. 2015년 베트남 공장의 추가 증설 투자액은 약 30억 달러이고, 현재 종업원 규모는 약 10만 명에 달한다. 팍스콘 또한 인도에 약 50억 달러의 투자 계획을 갖고 있다. 차이메리카의 또 다른 축, 중국 경제의 저임금 체제가 흔들리고 있는 것이다.

차이메리카의 중국 쪽 비극은 노동시장에 그치지 않았다. 전통적 중화학공업을 중심으로 중국 기업과 자본의 효율성에 심각한 문제가 생기고 있다. 2008년 글로벌 금융위기가 발생한 이후, 중국은 원자바오 총리의 지휘 아래 4조 위안 규모의 대대적인 경기 부양 정책을 추진했다. 그 과정에서 천문학적 규모의 자금이 철강, 시멘트, 조선 등 전통적인 중화학공업과 부동산 시장으로 유입되었다. 그러나 이후 글로벌 경제 여건이 좋지 않았기 때문에, 이러한 투자는 과잉 설비 문제로, 그리고 은행 대출은 과잉 부채 문제로 악화되고 있다. 실제로 중국의 GDP 대비 기업 부채 비율은 글로벌 금융위기 이전 100%를 밑돌았으나 지난 2014년에는 156%까지 급등하였는데, 이는 선진국 평균(123%)의 1.3배에 달한다.

종합하면 차이메리카의 한 축인 '세계의 시장'으로서 미국의 '메이드 인 차이나' 출구 역할이 현저히 축소되었고, 또 다른 한 축 중국의

[그림 2-8] 중국 GDP 대비 총투자 및 기업 부채 비율

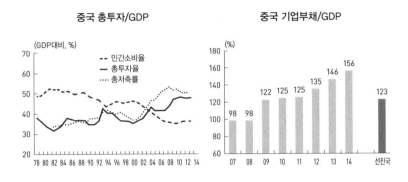

중국 총투자/GDP

중국 기업부채/GDP

자료: 중국 국가통계국, BIS, 한국은행 북경사무소(2014.10)에서 인용

노동력과 자본의 비교우위가 급속히 약화된 것이다.

뉴 노멀 중국의 신新 국가 전략: 시진핑 주석과 류허 주임

이같이 중국 경제의 대내외 경제 여건이 급격히 변화함에 따라 중국의 수뇌부들은 근원적 질문을 던진다. '향후 중국 경제의 진로는 무엇인가?' 이와 관련하여 시진핑 주석은 주석 취임 전인 2012년 전후에 자신의 경제 책사 류허刘鹤에게 중국의 신 국가 전략에 관한 보고서 작성을 지시한 것으로 알려졌다. 류허는 시진핑 주석의 중학교 동창이자 시 주석이 워싱턴을 방문했을 당시 "나와 가장 가까운 사람"이라고 평가했던 인물이다.

시 주석의 지시를 받은 류허 주임은 중국 공산당, 정부 부처, 주요 대학의 경제이론가들을 소집하여 공동 연구를 추진하고, 그 결과를 모아 2013년 2월『양대 세계 대위기 비교연구两次全球大危机的比较研究』

라는 보고서를 출판한다. 양대 세계 대위기는 1930년대 세계 대공황과 2008년 글로벌 금융위기를 말한다. 류허는 이 책을 통해 여러 정책을 제안했는데, 이 중 오늘 주제와 관련된 두 가지 제언을 주목해야 한다.

첫 번째는 중국은 '세계의 공장' 역할을 하는 데 한계에 직면했으니, 앞으로는 '세계의 시장'으로 성장하여 세계 경제의 회복에 기여하는 것이 바람직하다는 것이다. 그리고 두 번째는 1930년대 대공황 이후 미국이 그러했듯이, 중국 또한 '중국의 어젠다', '중국의 이니셔티브'를 통해 세계 경제의 룰Rule을 만들어야 한다는 것이다. 차이메리카 시대 중국이 세계 경제 룰의 수용자였다면, 앞으로는 세계 경제를 이끌어가는 '룰 세터Rule-setter'로 진화해야 한다는 뜻이다. 그 후 발표된 중국몽, 일대일로 전략, 뉴 노멀 선언 등 시진핑 주석의 경제 정책은 대부분 이 두 가지 정책 제언에 기초를 두고 있다고 해도 과언이 아니다.

뉴 노멀 중국 경제의 현재와 미래

뉴 노멀 중국의 문명사적 의의: 중화제국the Middle Kingdom의 재건

중국 수뇌부의 글로벌 경제 전략 재정립으로부터 시작된 중국의 뉴 노멀 시대는 차이메리카의 비극에서 비롯되었지만, '세계 문명사의 대전환'이라는 의미를 지니고 있다. 지난 2015년 9월 미국 시애틀을 방문한 시진핑 주석은 중국 경제의 현 상황에 대해 "봉황열반 욕

[표 2-1] 시진핑 주석의 신 국가 전략과 경제 정책

주요 경제 정책	발표 시기
중국몽(中國傳)	2013년 3월
미국과의 신형대국 관계론	2013년 6월
일대일로(一帶一路) 전략	2013년 9월
AIIB(아시아인프라투자은행)의 구성	2013년 10월, 2015년 6월 창립
시장중심의 전면심화 개혁 노선	2013년 11월
뉴노멀(신창타이) 선언	2014년 5월

화중생鳳凰涅槃 浴化重生"[24]이라 평가한 바 있다. 이는 뉴 노멀 중국 경제의 이행 과정이 한편으로는 고통스럽지만, 다른 한편으로는 매우 깊은 문명사적 의미가 있음을 시사한 것으로 풀이된다.

이와 관련하여 과거 세계 경제사에서 중국의 지위를 회고해보자. [그림 2-9] 중 큰 그림은 시 주석이 '중화민족의 위대한 부흥中华民族的 伟大复兴'을 위해 추진하고 있는 '일대일로─帶─路, One Belt, One Road'[25] 전략상의 육상과 해상 실크로드 노선도이며, 아랫부분의 작은 그림은 과거 기원전 1세기 한漢 무제 시절의 옛 실크로드 노선도이다.

우선 중국의 '옛 실크로드'를 경유한 동서양 간 교역에 대해 살펴보자. 과거 한 무제가 만든 실크로드를 따라 중국에 들어온 첫 번째 서양인은 마르코 폴로Marco Polo였다. 마르코 폴로는 중국을 다녀간 후 이탈리아 베네치아로 돌아가 감옥에 갇히는데, 그가 옥중에서 쓴 책이 바로 『동방견문록』이다. 그는 이 책에서 중국 항저우杭州를 "세계에

[그림 2-9] 중국의 신(新) 실크로드와 옛 실크로드

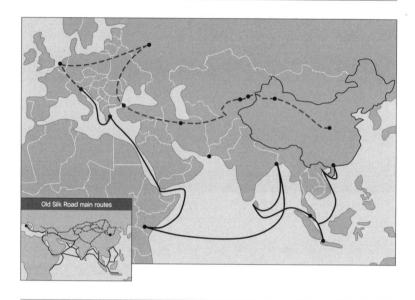

Old Silk Road main routes

자료: NDRC; Commerce ministry; Digital Silk Road Project; IMF

서 가장 훌륭하고 아름다운 도시"라 평하였다.

마르코 폴로의 '중국 견문' 이후부터 영국 맨체스터Manchester에서 산업혁명이 일어나기 전까지, 수많은 '옛 메이드 인 차이나Made in Old China' 제품들이 유럽에 수출되었다. 나침반, 화약, 종이, 인쇄 등 잘 알려진 옛 중국제 상품은 물론 지폐와 아이스크림까지 유럽으로 유입되었다. 17세기 중엽을 기준으로 보면 세계 10대 도시 중 7개가 중국과 아시아에 있었다.

18세기에서 '근대 시장경제학의 창시자'이자 '유럽의 공자公子'라 불렸던 프랑스 경제학자 프랑수아 케네François Quesnay는 중국에 대해

"유럽의 가장 세련된 나라를 능가하는 제국 … 중국은 세상에 알려진 제국 중에서 가장 아름답고 … 가장 활기가 넘친다…. 하나의 군주 아래 통일된 유럽과 같다"(『중국의 계몽군주정』, 1767년)고 평가하였다. '차이나 열풍'이 불고 있었던 18세기 프랑스[26]의 경제학자 케네는 당시의 중국을 'G1 국가'로 규정한 셈이다. 심지어 아편전쟁이 발생하기 직전인 1830년대까지만 하더라도 중국 GDP는 세계 경제의 30%를 차지하고 있었다.

'G1 국가'로서 옛 중화제국의 영화가 끝난 것은 1848년 아편전쟁 이후라 할 수 있다. 아편전쟁 이후 중국 경제는 사실상 '영면의 시대'에 접어들었다. 중국 공산당이 중화인민공화국을 건립한 1949년 당시에는 중국 GDP가 세계 경제에서 차지하는 비중이 과거 30%에서 1%까지 급락하였다. 이후에도 중국 경제는 대약진운동과 문화대혁명 등으로 혼돈과 정체 상황을 지속하였다. 중국 경제가 '사회주의 시장경제'로서 압축 성장을 시작한 것은 덩샤오핑의 개혁 개방(1978년) 이후이다. 그리고 그 결과 지금의 시진핑 주석 하에서 '중화민족의 위대한 부흥'을 소리 높여 말하고, 현대판 실크로드를 통해 '옛 실크로드와 중화제국the Middle Kingdom의 부활'을 꿈꾸는 시대에 이르게 되었다. 시 주석의 '봉황열반 욕화중생'이 상징하듯이 중국 지도부들은 '중화제국의 부활'이라는 문명사적 관점에서, 그리고 단기가 아닌 백년대계, 천년대계의 장기적인 관점에서 뉴 노멀 중국 경제를 바라보고 있다. 따라서 뉴 노멀 중국 경제를 단순히 경제성장률과 경제 구조의 변화와 같은 데 초점을 맞추어 좁게 바라보기보다는 세계 경제에서 차지하는 중국 경제의 위상 변화를 먼저 들여다보는 게 바람직하다.

세계 경제와 뉴 노멀 중국 (1): 중국, 대국大國에서 슈퍼 파워로

올드 노멀 시대인 2010년 중국은 세계 최대의 공장으로서, 일본을 제치고 G2 국가로 부상하였다. 그러나 뉴 노멀 시대의 중국은 중장기에 걸쳐 세계 경제의 '신흥 슈퍼 파워Emerging Superpower'로 성장할 것으로 보인다. [그림 2-10]에서 볼 수 있듯이, IMF 추정에 따르면 구매력 평가PPP 기준으로 2014년 중국의 GDP는 미국을 상회(중국 18조 881억 달러, 미국 17조 3481억 달러)하였고, 최근 수년간 세계 경제성장에 대한 중국의 기여율은 약 1/3에 달했다. 마틴 울프Martin Wolf[27]는 한 기사에서 (과거에 미국이 그러했듯이) "중국이 기침을 하면 세계 경제는 독감에 걸린다"고 언급한 바 있다. 이 모두가 세계 경제 내에서 중국의 전략적 지위가 매우 빠르게 상승하고 있음을 시사하는 것이다.

더 주목할 점은 과거 '세계의 공장'이었던 중국이 이제는 '세계의 시장', '세계 경제의 최종 소비자Consumer of the Last Resort'로 진화하고 있다는 것이다. 글로벌 거시경제 차원에서 볼 때 현재까지 중국은 세계 경제의 최종 소비 국가(세계 최대 경상수지 적자 국가/자본수지 흑자 국가)가 아니다. 그러나 [그림 2-11]에서 알 수 있듯이, 미시적으로 보면 중국은 휴대폰 등 주요 품목에서 이미 세계 최대 소비 대국으로 부상하고 있다.

우선 휴대폰 시장을 보자. 2014년 중국 휴대폰 시장은 이미 세계

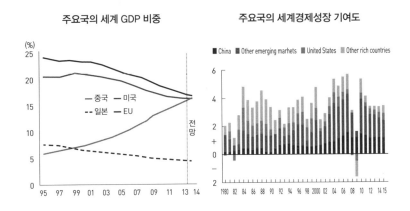

[그림 2-10] 주요 국가의 구매력 평가(PPP) 기준 GDP 비중 및 세계경제 성장 기여도

주요국의 세계 GDP 비중

주요국의 세계경제성장 기여도

자료: IMF. 오른쪽 그림은 Financial Times에서 인용

시장의 1/3을 차지하였고, 미국 애플사가 가장 많은 매출을 올리는 시장이 되었다. 또한 2015년 3분기 휴대폰 시장의 국가별 매출 통계를 보면, 중국 휴대폰 시장의 매출액 증가율(전년 동기 대비)은 99%를 기록하였는데, 같은 기간 미국 시장의 매출액 증가율은 10%에 그쳤다. 중국이 세계 휴대폰 시장의 명실상부한 넘버 원 국가로 성장한 것이다.

중국의 소비 대국화 현상은 휴대폰 시장에 국한되지 않는다. 2013년 중국은 인터넷 쇼핑 시장에서도 글로벌 최대 소비국이 되었다. 또한 2015년 여름부터 불거진 중국 발 리스크의 확대에도 불구하고, 중국 인터넷 쇼핑 시장은 20개월 연속 30% 이상 고성장을 구가하고 있다. 사실 중국 인터넷 쇼핑 기업 알리바바의 거대 기업화, 마 윈의 중국 갑부 등극, 그리고 2014년 기업공개 때 알리바바에 대한

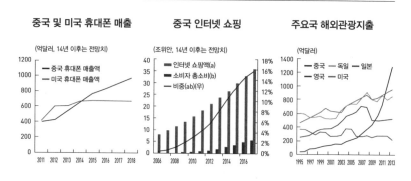

[그림 2-11] 중국의 최대소비대국 부상과 주요 소비품목

자료: Gartner, 중국 국가통계국, UN 세계관광기구

미국 월가 투자자들의 환호는 글로벌 인터넷 쇼핑 시장에서 중국의 급부상을 알리는 사건이었다.

다음은 중국의 요우커游客이다. 중국은 2012년에 이미 해외 관광 지출 1위 국가가 되었다. 그리고 2014년에는 중국 해외 관광객이 1억 900만 명에 달했으며, 관광수지 적자는 1,000억 달러를 상회하였다. 중국 요우커를 겨냥하여 우리나라 거대 재벌의 면세점을 둘러싼 경쟁이 격화되고, 국제적으로도 한국과 일본, 유럽 간에 요우커 유치 경쟁이 심화된 것은 중국이 해외 관광 1등 국가로 부상한 데 그 근본적 원인이 있다. 그 외에도 중국은 자동차(2009년), PC(2012년) 등 주요 품목에서 세계 최대 시장으로 성장하였다.

중국이 세계 최대 소비 시장이 된다는 말은 중국 시장이 점차 세계 시장의 표준이 되어간다는 뜻이다. 이러한 변화는 글로벌 기업 생태계에 어떠한 변화를 시사할까? '기업은 시장을 먹고 산다'는 점에 비추어보면, 이는 중국 시장에서의 강자가 곧 글로벌 시장에서의 강자가 됨을 의미한다. 그리고 더 중요한 것은 중국이 사회주의 시장경제 체제를 유지하고 있고 내수 시장이 다소 폐쇄적인 조건 하에서 이런 변화가 급속히 이루어지고 있다는 점이다. 이 같은 조건에서는 한때 '대륙의 실수'라고 불렸던 샤오미小米와 같이 중국 내수 시장에 대한 접근에 우위를 가지고 있는 중국 기업이 '중국 시장의 강자'가 되고, 더 나아가 '세계 시장의 강자'가 될 가능성이 매우 높다는 점에 유의할 필요가 있다. 이는 한국 기업들이 중국 기업들에 의해 추격당할 가능성이 큼을 의미하고, 우리 기업들이 '뼈를 깎는 혁신'을 하지 않는다면 글로벌 경쟁에서 낙오될 수 있음을 시사한다.

세계 경제와 뉴 노멀 중국 (2): 중국, 자본 수입국에서 거대 자본 수출국으로

올드 노멀 시대의 중국은 '세계의 공장'이었기 때문에, 덩샤오핑 시대 이래 중국은 해외 자본을 유치引進來하는 데 경제 정책의 사활적 목표를 두었다. 그러나 뉴 노멀 시대의 중국은 세계를 경영하기 위해 자본을 해외로 투자走出去하기 시작하였다. 특히 2008년 글로벌 금융 위기 이후 급속히 증가하기 시작한 중국의 해외 직접투자는 2014년에는 그 규모가 1,400억 달러로 세계 제3위를 차지한 가운데 중국 내 외국인 직접투자 규모를 상회하였다. 중국이 사상 처음으로 자본 순수출국(직접투자 기준)이 된 것이다. 더 주목할 점은 과거 해외 직접투자가 주로 해외 자원 확보에 그 목적이 있었던 반면, 최근에는 모토

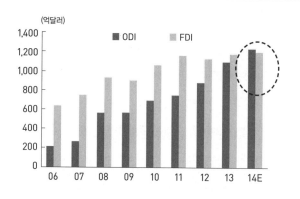

[그림 2-12] 중국의 ODI(해외 직접투자)와 FDI(외국인 직접투자)

자료: 중국 국가통계국

로라(중국 레노버 인수), 샌디스크(칭화유니그룹 인수), GE 가전 부문(하이얼 인수) 등 글로벌 제조업체에 대한 인수합병 등으로 그 범위가 확대되고 있다는 사실이다. 이는 글로벌 가치 사슬Global Value Chain에 있어 핵심적 지위의 장악과 세계 경영이라는 중국의 전략적 의도를 상징하는 것이다.

자본 수출국으로의 진화는 한편으로는 중국의 대내외 경제 여건이 악화되면서 중국 내 자본수익률이 하락하는 가운데 과잉 설비 문제가 심각해진 데 기인하지만, 다른 한편으로는 시진핑 정부의 자본 수출 확대 정책에도 그 원인이 있다. 시 주석이 집권한 이후 중국 정부는 그간의 외국인 직접투자 우대 정책을 유지하는 한편 세계 경영을 위한 자본 수출 장려 정책을 강력하게 추진하고 있다. 더 나아가 시 주석의 핵심 대외 전략이라 할 수 있는 일대일로—帶—路 정책도 자본 수출에 초점이 맞춰져 있기 때문에 이러한 정책 실험이 성공할 경우, 중국은 과거 팍스 아메리카Pax America 구축 과정에서 미국이 그랬던 것처럼 점차 광대한 자본 수출국으로 성장할 것으로 전망된다.

세계 경제와 뉴 노멀 중국 (3): 중국 위안화, 일국 통화에서 국제 통화로

앞서 살펴본 미국과 중국 양국 간의 관계 등 글로벌 실물 경제의 변화는 국제 통화 질서에도 영향을 끼치기 마련이다. 국제 통화 질서 전문가들은 과거에는 "적어도 2020년 또는 2030년까지 위안화가 국제 통화가 되기는 어렵다"고 보았다. 그러나 현 시점에서 평가하자면 이 전망은 틀린 것으로 보인다. 왜냐하면 2015년 8월, 국제 통화 시장에서 위안화는 일본의 엔화를 제치고 제4대 국제 통화[28]로 올라섰기 때문이다. 더욱이 국제통화기금IMF은 2015년 11월 집행이사회를 열어 위안화의 SDR(특별인출권)[29] 편입을 결정하였다. 이를 계기로 위안화에 대한 국제적 수요가 크게 늘어나는 가운데 중국 정부의 자본시장 개방이 성공할 경우 중국 위안화의 국제 통화 지위가 한층 더 강화될 것으로 보인다.

전 중국 인민대 총장이며 현재 인민은행 부총재인 천위루陳雨露는 "최소 3년에서 최대 5년 이내에 위안화가 미국의 달러화, 유럽의 유로화 다음가는 3대 국제 통화로 부상할 것이고 복수 통화 질서가 구축될 것이다"(2014년 7월)라고 전망하기도 하였다.

다만 주요국의 통화 국제화 경험에 비추어 리스크 요인을 하나 지

적하고자 한다. 즉 다른 나라의 사례에서 볼 수 있듯이 중국도 위안
화 국제화 과정에서 트릴레마Impossible Trinity[30]에 직면할 수 있다는
점이다. 따라서 이 과정에서 자본 유출입과 환율 변동성 확대 등을
어떻게 슬기롭게 극복하느냐가 위안화 국제화의 중요한 관건이라 할
수 있다.

다른 한편으로 주목해야 할 정책 중 하나가 일대일로 전략과 아시
아인프라개발은행AIIB[31]이다. 많은 전문가들은 일대일로 전략을 '중국
판 마샬 플랜'이라고 부른다. 제2차 세계대전 이후 국제 질서를 구축
하는 데 있어 가장 중요했던 전략은 마샬 플랜Marshall Plan[32]이었다.
당시 미국 정부는 첫째 전후 붕괴된 서유럽 경제를 재건하고, 둘째
자본 수출을 통해 미국의 과잉 자본 문제를 해결하며, 셋째 달러화
체제 완성을 위해 마샬 플랜을 추진하였다. 중국 정부나 관변에서는
부인하고 있지만, 중국의 일대일로 전략은 그 목적이나 규모 등에 있

[표 2-2] 중국의 일대일로 전략과 미국의 마샬 플랜 비교

구분	일대일로 전략	마샬 플랜
목적	유라시아 전역 인프라 개발 등 산업·금융 협력 (→ 과잉자본 수출 + 위안화 국제화)	전후 유럽경제 복구를 위한 금융·기술 지원 (→ 과잉자본 수출 + 브레톤우즈 체제 완성)
규모	AIIB (1,000억 달러) 실크로드 펀드 (400억 달러)	130억 달러 (당시 미국 금 보유량의 60%)
관련기구	AIIB (57개국, 2015. 6.) SCO (6개국, 2001. 2.)	OEEC (18개국, 1948) → OECD (1961)
협력국가	신흥시장국 + 선진국 (높은 잠재성장률 및 신용리스크)	선진국 위주 (낮은 잠재성장률 및 신용리스크)

어서 미국의 마샬 플랜과 비견될 만하다.

다만 두 전략은 차이가 있다. 과거 미국의 마샬 플랜은 협력 대상국이 선진국이었으나 일대일로 전략은 영국, 독일, 프랑스 등을 제외하면 대부분 신흥국들을 대상으로 한다는 점이다. 잠재성장률이 높은 신흥국들과의 협력은 기회 요인으로 작용하겠지만, 신흥국들의 경제 불안 또는 기업 도산 가능성 등의 리스크가 존재한다. '많은 기회'와 '높은 위험'이 공존하고 있는 '양날의 칼'과 같다. 따라서 중국의 일대일로 전략은 전후 미국의 마샬 플랜에 비해 '고수익 고위험High Return, High Risk' 프로젝트라 평가할 수 있다.

뉴 노멀 중국의 성장률 및 경제 구조 (1): 성장 둔화, 이번에는 다르다!

2015년 중국의 GDP 성장률은 6.9%를 기록하면서 5년 연속 하락

[그림 2-13] 중국 GDP 성장률 실적치 및 시나리오별 전망

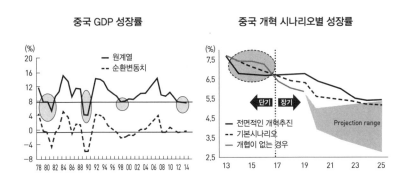

자료: 중국 국가통계국, IMF. 한국은행 북경사무소(2014.10)에서 인용

세를 보였다. 이를 두고 국제 금융계의 큰손 조지 소로스George Soros
는 "중국 경제의 경착륙이 불가피"하다고 주장했다. 그러나 《인민일
보》는 현재의 성장률이 "높은 수준이고, 풍부한 데다, 준수하다高富
帥"며 이 말을 반박했다. 또한 그간 경제학자들 간에도 성장률 전망,
즉 '바오류保六(6%)', '바오치保七(7%)', '바오바保八(8%)' 등을 둘러싸고 많
은 논란이 이어져왔다.

사실 중국 경제 성장률이 8% 이하로 하락한 것은 개혁 개방 이후
네 번째 있는 일이다. 중요한 사실은 뉴 노멀 시대에 진입한 중국의
저성장은 과거 양상과는 다르다는 점이다. 그것은 순환적 현상이 아
니라 추세적이고 구조적인 현상이다. 2015년 8월 중국 《인민일보》는
뉴 노멀 시대 중국 경제에서 "과거와 같은 고도성장은 바람직하지 않
고 가능하지도 않으며 그리고 필요하지도 않다"[33]고 지적하였다. 뉴
노멀 시대의 구조적 변화를 강조한 것이다. 그렇다면 중국의 GDP 성
장률은 어느 지점에서 안정세를 보일 것인가? IMF는 중국이 개혁에
성공하면 5~7%의 중고속 성장을 유지할 것으로 전망했지만 개혁 실
패 시에는 '중진국 함정Middle Income Trap'에 빠지면서 성장률이 3% 아
래로 하락할 것으로 내다보고 있다.

중국 성장률 전망과 관련하여 현재 중국 경제의 세 가지 여건에
주목할 필요가 있다. 첫 번째는 중국의 도시화율 수준이 매우 낮다
는 점이다. 현재 중국의 도시화율(상주 기준)은 54% 정도이고, 도시 호
적에서 빠져있는 농민공(2억 6,000만 명)을 제외한 도시화율(호적 기준)
은 37% 수준에 불과하다. 또한 지금 중국에서는 광범위한 서부 대개

발이 빠르게 추진되고 있다. 과거 미국의 서부 대개척과 유사한 규모의 엄청난 개발이 진행되는 중이다. 19세기 미국 애팔레치아 산맥 이동 지역의 미 동부인들이 서부 캘리포니아의 금광Gold Rush 등으로 달려갔다면, 21세기 중국의 동남부 사람들은 신장新疆의 유전 등을 향해 개발의 속도를 높이고 있다. 이 같은 서부 대개발은 중국의 도시화율을 선진국 평균 수준(70~80%)까지 높이게 될 것이고 이 과정에서 노동과 자본은 물론 총요소 생산성을 높이는 효과가 발생할 것이다.

두 번째는 중국의 자본 스톡Capital Stock이 작다는 점이다. 중국의 1인당 자본 스톡은 미국 또는 일본의 15%를 하회하고 있다. 이것은 중국 내 도로, 철도, 항만 등 사회간접자본SOC에 대한 투자 수요가 여전히 많다는 것을 의미한다. 더 나아가 의료, 교육, 양로 등 소프트 인프라 수준도 매우 초보적인 상황이다. 잠재성장률 제고를 기대할 수 있는 부분이다.

마지막으로는 이렇듯 경제성장의 잠재력이 여전히 높은 상황에서 구조 개혁이 빠르게 진행되고 있다는 점이다. 지난 2013년 10월 3중전회에서 중국의 시장화 개혁의 목표는 자원 배분에 있어 시장의 역할을 크게 제고한다는 것이었다. 과거 '기본적 역할'만을 수행했던 시장에 앞으로는 '결정적 역할'을 맡긴다는[34] 의미이다. 이를 위해 금리는 물론 주요 요소 가격 등의 자유화가 추진되고 있다.

이러한 시장화 개혁의 긍정적 효과가 곳곳에서 나타나고 있는데, 그중 하나를 들자면 '대중 창업'이 빠르게 증가하고 있다는 점이다. 중국 정부의 대대적인 창업 지원 정책 탓도 있지만 베이징의 중관춘

中关村과 선전深圳에서 창업에 도전하는 사람들이 빠르게 늘고 있고, 심지어 공무원들조차 퇴직하여 창업하는 경우가 눈에 띄게 증가하고 있다. 이 점에 비추어 장기적으로 중국 경제는 결국 구조 개혁에 성공할 것이며 경제성장률은 2020년까지는 6~7%, 2020년 이후 상당 기간은 5~6%를 유지하리라 전망하는 것이 합리적이다.

뉴 노멀 중국의 성장률 및 경제 구조 (2): 성장 패러다임, 수출 투자에서 내수 소비 주도로

중국의 성장 패러다임은 수출 투자 위주에서 내수 소비 중심으로 변화하고 있다. 매킨지McKinsey는 향후 10년 간 중국의 민간 소비율이 10%p 상승하고, 중산층 인구가 6~7억 명에 달할 것으로 전망하고 있다. 이른바 '차이나 컨슈머리즘China Consumerism'의 시대가 열린

[그림 2-14] 중국 수요부문별 GDP 및 중산층 규모 전망

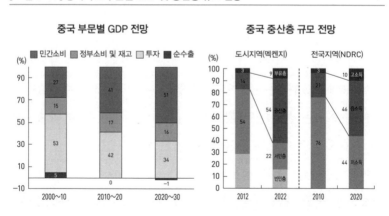

자료: IMF, 맥킨지, 중국DRC

70

다는 것이다. 중국 정부의 목표대로 2020년 소강小康 사회[35]가 도래하면, 1만 달러의 소득 인구가 약 14억 명, 중산층 인구가 약 7억 명에 달하는 나라가 우리 한국 바로 옆에 존재하게 된다. 이러한 차이나 컨슈머리즘은 우리에게 커다란 도전이자 기회로 작용할 것이다.

뉴 노멀 중국의 성장률 및 경제 구조 (3): 산업 구조, 조립가공업에서 첨단 제조업 및 서비스업으로

산업 구조 측면에서 보면 두 가지 변화가 눈에 띈다. 첫 번째는 과거 조립가공 제조업에서 첨단 제조업으로 성장 동력이 바뀌고 있다는 점이다. 2015년 4월 중국 정부는 '중국 제조 2025' 계획을 발표하였다. 중국 정부는 우선 세계 각국을 각 국가의 제조업 발전 수준에 따라 3그룹으로 분류하였는데, 1그룹에는 미국, 2그룹에는 독일과 일본, 그리고 3그룹에는 한국과 대만을 포함시켰다. 중국 제조 2025의 목표는 이러한 중국 제조업 수준이 10년 후(2025년) 2그룹에 진입하고, 또 10년 후에는 1그룹으로 진입한다는 것이다. 이를 위해 중국 정부는 첨단 제조업 분야에 막대한 투자와 직간접적 지원 정책을 시행하고 있다. 이 같은 정부 정책 등에 힘입어 드론 시장의 경우 이미 중국 3개 업체가 글로벌 시장의 70% 이상을 점유하고 있다. 그리고 3D 프린터 시장에서는 중국 점유율이 3위에 이른다. 여기에 덧붙여 중국 정부의 직간접적 지원 하에 반도체 등 글로벌 제조업체에 대한 중국의 인수합병 공세가 계속 이어질 것이다. 이런 여러 사실을 종합해볼 때 '중국 제조 2025'의 목표 달성은 그리 아득한 미래의 일

[그림 2-15] 중국 서비스업 비중 및 1인당 GDP별 주요국 서비스업 비중

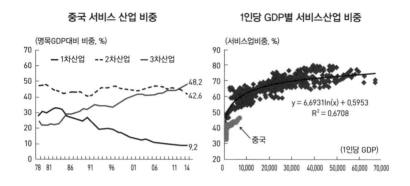

자료: 중국 국가통계국, World Bank, 한국은행 북경사무소(2014.10)에서 인용

이 아닐 것으로 보인다.

두 번째는 과거 제조업 중심 체제와 달리 경제의 서비스화와 산업 구조의 고도화가 빠르게 이루어지고 있다는 점이다. 1인당 GDP별 서비스업 비중을 나타내는 [그림 2-15]를 보면, 현재 중국의 서비스 산업이 GDP에서 차지하는 비중은 다른 국가들에 비해 매우 낮은 편이다. 그러나 이러한 올드 노멀 중국 서비스 산업의 후진성은 거꾸로 '경제의 서비스화'가 매우 압축적인 형태로 진행되는 동력이 될 것이다. 또한 앞으로도 이런 추세는 더욱 강화될 것으로 보인다.

뉴 노멀 중국의 성장률 및 경제 구조 (4): 무역 구조, 조립가공 무역에서 정상 무역으로

무역 구조의 측면에서 뉴 노멀 중국의 주목할 만한 변화는 가공

[그림 2-16] 중국 가공무역 비중

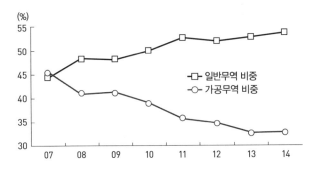

자료: 중국 해관총서

무역이 급속하게 줄어들고 있다는 점이다. 과거 세계의 공장이던 시절 중국의 무역 구조는 조립가공 무역 위주였다. 그러나 앞으로는 차이나 인사이드China Inside[36] 정책이 강화되며 중간재가 자급화되고, 최종재와 서비스 위주의 정상 무역 국가로 변화할 것으로 예상된다.

뉴 노멀 중국의 성장률 및 경제 구조 (5): 금융, 금융 억압에서 금융 자유화로

올드 노멀 시대 '세계의 공장' 중국은 저低임금뿐만 아니라 저低금리에 의해 뒷받침되었다. 금융 자유화가 이루어진 미국 등 선진국에서는 일반적으로 시장 금리가 명목 GDP 증가율에 수렴하는 것이 일반적인 현상이다. 그러나 [그림 2-17]에서 보듯이, 올드 노멀 중국에서는 두 변수 간 마이너스 갭(시장 금리-명목 GDP 증가율)이 매우 컸다는 점에 주목할 필요가 있다. 이는 과거 개발 독재 시기 많은 신흥국들

[그림 2-17] 주요국 예금금리(1년)와 명목GDP 증가율의 갭(GAP)

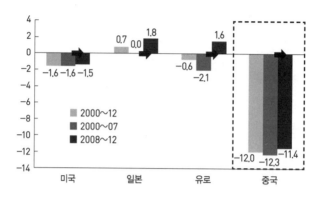

자료: CEIC 자료를 이용하여 추정. 김한수(2014.4)에서 인용

이 그러했듯이 중국 정책 당국이 저금리를 유지하기 위해 금리 규제 등을 통해 금융 억압Financial Repression[37] 정책을 시행해왔음을 의미한다. 그리고 이에 따라 대규모의 사회적 잉여가 가계 부문에서 국유 기업, 그리고 일부 민간 기업 부문으로 이전되었음을 뜻한다. 이 덕분에 중국 경제는 국유 기업 부문을 중심으로 글로벌 가격 경쟁력을 유지함으로써 '세계의 공장'으로 굴기할 수 있었다.

　그러나 중국의 금융 억압 체제는 자원 배분의 비효율성을 초래하는 가운데 한편으로는 설비과잉 문제, 다른 한편으로는 소비 위축 문제를 누적시켜왔다. 이에 따라 시 주석 취임 이후 금융 자유화를 지속적으로 추진하여 왔고, 2015년 10월 예금 금리의 완전 자유화를 계기로 가격 변수는 물론 전반적인 금융 자유화 정책 기조가 더 강화될 것으로 예상된다. 중국의 금융 자유화 정책이 성공한다면 과거 올드 노멀 시대와 달리 사회적 잉여를 가계 부문으로 돌림으로써 '차이나 컨슈머리즘'을 꽃피울 것이다. 더 나아가 금융 억압으로 올드 노멀 시대에 빈발했던 과잉 투자 문제를 사전에 예방함으로써 안정 성장에 기여할 것이다. 다만 조셉 스티글리츠Joseph Stiglitz 컬럼비아대학 교수가 지적했듯이 모든 금융 자유화는 그 과정에서 금융위기를 수반할 수 있기 때문에 면밀한 주의가 필요할 것이다.

뉴 노멀 중국 경제의 한국 경제에 대한 영향

현재까지의 한국 경제: 올드 노멀 중국에 의존

지금까지 살펴본 뉴 노멀 중국 경제는 과연 우리 대한민국에게 재앙인가, 아니면 축복인가? [그림 2-18]에서 볼 수 있듯이 그동안 한국 경제는 올드 노멀 중국 경제에 크게 의존해왔다. 중간재와 자본재를 중심으로 우리 경제의 대 중국 수출 의존도가 25%에 달하고 있고 대 중국 직접투자에서도 주요국과 달리 제조업 비중이 80%에 근접하고 있다. 이는 그동안 무역과 자본 거래 측면에서 우리 기업들이 올드 노멀 시대 '세계의 공장'에 비즈니스 모델을 집중했으며, 이 과정에서 '중국의 굴기'에 커다란 수혜를 받아왔음을 의미한다.

중국 경제의 뉴 노멀화: 한국 경제에 '양날의 칼Double-edged Sword'

그러나 중국 경제는 과거 올드 노멀에서 벗어나 뉴 노멀 시대로 빠르게 이행하고 있다. 그리고 이런 변화는 [그림 2-19]에서 보듯이, 과

[그림 2-18] 한국 및 중국간 무역 및 자본거래

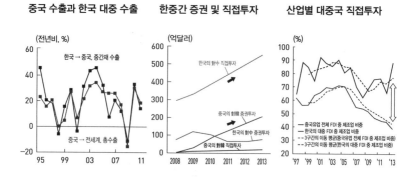

중국 수출과 한국 대중 수출   한중간 증권 및 직접투자   산업별 대중국 직접투자

자료: 한국은행, 한국 관세청 수출입은행, 중국 해관총서

거 올드 노멀 중국에 의존해왔던 한국 경제에 '양날의 칼Double-edged Sword'로 작용할 것이다. 첫 번째 칼날은 우리에게 부정적 요인이다. '세계의 공장'으로서 중국의 지위가 약화되면서 중간재와 자본재를 중심으로 우리나라의 대 중국 수출이 크게 둔화될 것이다. 반대로 두 번째 칼날은 긍정적 요인이다. 중국이 세계 최대 소비 대국으로 부상하는 가운데 직접투자를 통해 차이나 머니China Money가 세계에 확산되는 과정에서 우리나라의 대 중국 서비스 및 최종재 수출이 증가하고, 한국 경제에 유입된 차이나 자본이 우리 경제의 성장 동력으로 작용하는 것이다.

우선 부정적인 요인에 대해 살펴보자. 이 중에서 성장 둔화 등 경기 요인보다 구조적 요인의 영향을 더욱 엄중하게 받아들일 필요가 있다. 중국의 GDP가 1%p 감소할 때 아시아 GDP는 0.8%p 내외 줄

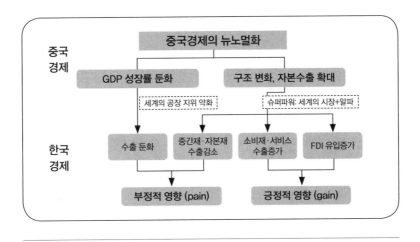

[그림 2-19] 중국경제의 뉴노멀화가 한국경제에 미치는 영향

어들 것으로 전망IMF되지만, 우리나라의 GDP는 0.1%p∼0.5%p 정도 감소할 것으로 예상(국내 전망 기관)된다. 이런 점에 비추어볼 때 경기 충격의 부정적 영향은 다른 나라에 비해 상대적으로 작을 것으로 보인다. 그러나 중국의 소비와 서비스(비교역재) 중심 성장 패러다임 전환과 제조업 경쟁력 강화 등 구조적 충격은 매우 장기간에 걸쳐 적지 않은 파급력을 가질 것으로 보인다. 특히 강조할 점은 과거 올드 노멀 시대에 형성된 한국과 중국 경제 간의 관계가 급속히 바뀌고 있다는 것이다. 올드 노멀 중국 시대에는 한국이 중간재와 자본재를 중국에 공급하면, 중국이 이를 저임금으로 가공, 미국 등 글로벌 시장에 수출하는 방식의 보완 관계를 유지하였다. 그러나 지금은 [그림 2-20]에서 보듯이 한국과 중국 간의 경합 관계가 강화되고 있다. 이

[그림 2-20] 한중 양국간의 경쟁 관계

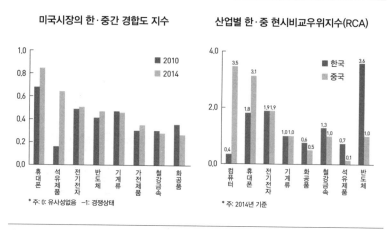

미국시장의 한·중간 경합도 지수

* 주: 0: 유사성없음 −1: 경쟁상태

산업별 한·중 현시비교우위지수(RCA)

* 주: 2014년 기준

자료: 한국무역협회, UNcomtrade

과정에서 미국 시장의 IT를 포함한 일부 품목들의 경우 한국 기업들
이 중국 기업들과의 경쟁에서 밀리는 현상이 자주 발생하고 있다. 따
라서 중국 경제의 뉴 노멀화 과정에서 단기적인 경기 충격은 물론 구
조적 충격에 대한 범정부 차원의 중장기 대책 마련이 긴요하다.

 다른 한편 뉴 노멀 중국 경제가 한국 경제에 미치는 긍정적인 영향
은 아직 크지 않다. 비유하자면 '밤하늘에 별은 많은데 보름달이 없
다'고 할 수 있다. 굳이 하나를 꼽자면 요우커 효과인데 그 크기가 아
직은 제한적이다. 각 기관들의 계량적 분석에 의하면 2014년 한국에
들어온 요우커들의 성장률 기여도는 우리나라 GDP의 0.6%p 내외에
불과하다. 이는 한국을 방문하는 요우커의 수가 10%씩 증가한다고
하더라도 우리나라의 GDP는 0.06%p밖에 증가하지 않음을 의미한다.

종합해보면 현 시점에서 뉴 노멀 중국 경제가 한국 경제에 미치는 영향은 긍정적 영향에 비해 부정적 영향이 훨씬 큰 것으로 파악된다. 이는 거꾸로 뉴 노멀 중국 경제에 대한 우리의 대비가 부족함을 의미한다. 중국의 세계 최대 소비 시장 부상이나 차이나 머니 확대에 대한 대응은 특히 더 그러하다. 따라서 뉴 노멀 중국 경제의 긍정적 효과를 극대화하기 위해서는 새로운 성장 모멘텀을 확보하기 위한 한국 경제 전반의 혁신이 필요하다.

한국 경제의 진로

지금까지 검토한 뉴 노멀 중국 경제 현재와 미래, 그리고 한국 경제에 미치는 영향을 바탕으로 다음의 두 가지 과제에 대해 살펴보자. 첫 번째는 단기 과제로서 중국 경제의 뉴 노멀 시대 이행 과정에서 나타나고 있는 중국 발 리스크에 어떻게 대응할 것인가이다. 그리고 두 번째는 장기 과제로서 중국의 뉴 노멀 시대 안착에 대비하여 한국 경제의 미래를 위해 무엇을 할 것인가이다.

중국 발 리스크: 시나리오별로 유연한 대응

2015년 8월 이후 수시로 재연되고 있는 중국 발 리스크에 대해서는 여러 전문가들의 평가가 있었고 의견이 엇갈리고 있는 상황이다. 필자는 중국 발 리스크를 한마디로 중국 경제가 뉴 노멀 시대로의 이행 과정에서 직면하고 있는 '과도기적 진통'[38]인 동시에 올드 노멀 중국에 의존하여 왔던 세계 경제의 '이행기적 고통'이라고 해석하고 있다.

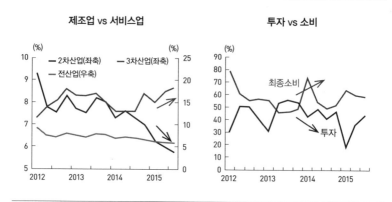

[그림 2-21] 중국의 올드노멀 VS 뉴노멀 부문 주요 지표

제조업 vs 서비스업

투자 vs 소비

자료: WIND, 중국국가통계국, CEIC

우선, 시 주석이 '봉황열반 욕화중생'이라 불렀던 중국 경제의 진통에 대해 살펴볼 필요가 있다. [그림 2-21]에서 보듯이 현재 중국 경제는 '올드 노멀과 뉴 노멀 부문', 다시 말해 '서로 다른 성장 속도를 가진 두 부문Two Speed Economy'이 병존하고 있다는 점에 유의하는 게 좋겠다.

제조업과 투자 등 올드 노멀 부문은 과잉 설비 문제로 인해 지속적으로 하강 압력(경기 하강 위험)을 받는 가운데 과다 부채와 신용 리스크 문제(금융 안정 위험)가 불거지면서 중국 증시와 위안화 환율 불안의 근인根因으로 작용하고 있다.[39]

그러나 서비스업과 소비 등 중국의 뉴 노멀 부문은 임금 상승 등에 따른 소득 증가와 정부 지원 등에 힘입어 빠른 확장세를 보이고 있다. 앞에서 언급한 '한국 기업 주가의 양극화' 현상은 이러한 '중국 경제 양극화'의 '동전의 뒷면'과 같은 것이다. 사실 이런 현상은 범세계적으로 발생하고 있다. 또한 중국 경제의 경착륙Hard Landing 여부 등도 결국 이들 두 부문에서 '속도의 고저와 힘의 경중'에 달려 있다.

여기에 대해서는 더욱 깊이 있는 분석이 요구되지만, 지금 상황을 1990년대 말 주룽지朱鎔基 총리 시절 경공업 과잉 설비 조정기와 비교해보자. 회고해보면 주룽지 총리 당시 중국의 제조업 가동률은 60%를 밑돌았고, 은행 부실 대출 비중은 25%에 달했으며, 5~6년에 걸쳐 국유 기업의 20%가 폐쇄되었고 총 1억 명의 국유 기업 종업원 중 4,000만 명이 해고되었다. 그러나 현 시기의 경우 중국 제조업 가동률은 60~70%, 부실 대출(고정 이하 여신)은 1% 중반(3% 중반)에 그치고 있다. 또한 국유 기업 종업원의 비중이 과거 50% 수준에서 20%로 하락한 가운데 경제의 서비스화가 급속히 진전되면서 매년 1,000만 개 이상의 일자리가 증가하고 있는 등 중국 경제의 고용흡수 여력이 매우 커진 상황이다. 앞으로 중국 국내 리스크의 전개 방향에 대한 종합적인 판단을 위해서는 2016년부터 본격화될 것으로 보이는 좀비 기업 정리 등 구조 개혁 정책이 거시경제 상황에 미치는 영향 등에 대한 치밀한 분석이 필요하다. 하지만 객관적인 조건만 보면 과거 1990년대 후반 주룽지 총리 시절에 비해 상대적으로 나쁘지 않은 편이다. 따라서 중국 올드 노멀 부문의 경착륙 우려 등과 관련한 '과도한 비관론'은 적절치 않다는 판단이다.

중국 발 리스크 중 다른 측면의 리스크는 그동안 올드 노멀 중국에 의존해온 세계 경제의 리스크이다. 세계 경제 리스크 중 첫 번째

[그림 2-22] 신흥시장국 수출 및 통화가치

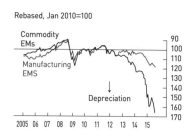

신흥시장국 수출

S, revased 2009*10=100
(three-month moving average)

Manufacturing EMS

Commodity EMs

2003 04 05 06 07 08 09 10 11 12 13 14 15

160
140
120
100
80
60
40
20

신흥시장국 통화가치

Rebased, Jan 2010=100

Commodity EMs

Manufacturing EMS

↓
Depreciation

2005 06 07 08 09 10 11 12 13 14 15

90
100
110
120
130
140
150
160
170

자료: Financial Times

로 중요한 것은 그간 세계의 공장이었던 중국에 대한 수출에 크게 의존해왔던 자원 수출국과 제조업 신흥 국가들의 리스크이다. [그림 2-22]에서 보듯이, 이들 자원 부국과 제조업 신흥국들의 수출과 통화 가치는 국내의 구조적 요인에 중국의 수요 둔화와 미 연준의 양적 완화 축소 등이 가세하면서 2013년부터 가파른 하락세를 보였다. 여기에 중국 발 금융 불안의 해외 파장이 가세한다면 이들 신흥국의 경제 여건 악화는 불가피해 보인다. 특히 원유와 같은 국제 원자재 시장의 경우 중국의 수요 감소, 중동과 미국 간의 치킨 게임Chicken Game 등으로 인해 과거 10여 년 간의 강세장('슈퍼 사이클')의 종언을 넘어 '역逆오일 쇼크Reverse Oil Shock'로 악화될 가능성이 있다. 따라서 이미 경기 침체에 빠진 브라질, 러시아, 중동 등 자원 부국 경제에 대해 특히 유의해야 하겠다. 더 나아가 이들 리스크가 2015년 말 시작된 미 연준의 금리 인상 기조 하에서 글로벌 유동성 위축과 결합될 가능성이 있으므로 더욱 경각심을 가질 필요가 있다.

두 번째 세계 경제 리스크로 국제금융시장 일각에서는 '역逆 그린스펀 수수께끼reverse Greenspan's Conundrum'를 들고 있다. 이는 올드 노멀 중국의 경우 늘어나는 외환 보유액으로 미 국채에 투자했으나 앞으로는 그럴 여건이 되지 않기 때문에, 과거 그린스펀Alan Greenspan 의장이 금리 인상을 결정했을 때와 현재 옐런Janet Yellen 의장이 금리 인상을 결정할 때의 시장 민감도가 다르게 나타날 수 있다는 것이다.

종합해보면 중국 발 리스크가 성격이 서로 다른 여러 리스크로 이루어져 있음을 감안하여 다양한 시나리오를 준비하는 것이 매우 긴요하다. 또 준비된 시나리오별로 유연하게 대응하는 것이 바람직할 것으로 보인다.

새로운 G2 시대: '포스트 차이메리카'에서의 새로운 '국가 전략'

장기적으로 볼 때, '새로운 G2 시대'는 차이메리카Chimerica 시대가 아니라 '포스트 차이메리카Post-Chimerica' 시대가 될 것이다. 사실 '차이메리카의 행복한 관계'는 종반전에 다다른 것으로 보인다. '포스트 차이메리카' 시대에는 '두 개의 슈퍼 파워G2'가 경쟁 속에 공존을 유지하거나 대립 속에 교체하는 운명의 갈림길40에 서게 될 것이다. 이에 대해 비관적인 전망을 하는 사람들은 '투키디데스의 함정 Thucydides Trap'41을 떠올린다. 투키디데스에 따르면, '두 개의 슈퍼 파워'는 항상 대립과 전쟁으로 치닫게 된다고 한다. 영국의 외교관 에어 크로Eyre Crowe는 "독일은 곧 세계의 패권을 노릴 것이니 대영제국의 적군이 될 것이다. 영국은 전쟁을 준비하지 않으면 안 된다"라고 말한 바 있는데, 얼마 지나지 않아 제1차 세계대전이 발발하였다. 20세기형 투키디데스 함정이었던 셈이다. 현재 미국 워싱턴 정가에도 크로와 같은 맥락의 생각을 가진 사람들이 상당수 있는 것으로 보인다.

반면 양국 간 관계를 긍정적으로 전망하는 낙관론도 있다. 그들은 중국의 '미 달러화 함정US Dollar Trap'을 강조한다. 다시 말해 차이메리카의 행복한 결혼 관계는 거의 종료했지만, 재산 분할이나 이혼 등은 하지 않고 여전한 협력 관계를 유지하고 있다는 것이다. 중국은 여전히 미국의 국채를 보유하고 있고, 미국은 아직도 중국에 부채를 지고 있다. 이런 상황에서 중국이 미 국채를 팔기 시작하면 중국 스스로 가장 큰 손해를 보게 된다. 왜냐하면 중국이 미 국채를 대량 매도할 경우 중국의 디플레이션 위험이 커지고, 중국 인민은행이 막대한 손실을 입을 것이기 때문이다.[42] 전문가들은 이를 두고 중국이 '미 달러화 함정'에 빠졌다고 분석하는데, 이 함정 덕분에 중미 관계가 더 악화되지 않고 경쟁 속에 공존할 가능성이 있다는 것이다.

이렇게 포스트 차이메리카에 대한 비관론과 낙관론이 크게 엇갈리고 있기 때문에 '두 개의 슈퍼 파워' 간의 질서가 '경쟁 속의 공존'이 될지, '대립 속의 교체'로 갈지 단정하기 어렵다. 이런 포스트 차이메리카 시대에는 작은 사건 하나가 동북아시아 국가들을 격랑의 소용돌이로 몰아갈 수도 있다. 그리고 우리나라는 생존 게임에 직면할 가능성이 높다. 대한민국 국가 전략의 전면적 재정립이 긴요하다. 과거 우리 역사에는 '두 개의 슈퍼 파워'가 있었던 전례가 많이 있다. 첫 번째 사례는 우리가 생존을 넘어 국운 개척에 성공한 시기로 고구려 장수왕 때이다. 장수왕 시절은 중국의 남북조 시대였는데, 당시 장수왕은 남조와 북조 사이의 셔틀 외교, 가교 외교를 펼침으로써 고구려 최대의 전성기를 구가한 바 있다. 하지만 실패한 사례가 매우 많다. 대표적으로는 조선 시대 인조 때이다. 인조반정이 일어났던 당시 조선의 외교 정책은 쓰러져 가는 명나라를 사대하고, 굴기하는 청나라를 배척[43]하는 것이었는데, 이는 청나라에 의해 7일 만에 조선 반도가 유린당했던 참담한 결과(병자호란)로 귀결되었다. 이러한 역사상 성공과 실패의 경험을 바탕으로 우리는 국가 전략을 다시 새롭게 짜야 한다. 우리에게 골든타임은 얼마나 남았을까. 개인적으로 볼 때 우리에게 남은 시간은 2020년 중국에 소강 사회가 도래하기 전까지 불과 4~5년 남짓이다. 우리 모두의 각성이 필요한 시점이다.

뉴 노멀 중국 시대: 한국의 경제 전략, 게이트웨이Gateway의 전면화와 다양화

포스트 차이메리카 시대에 대응하기 위한 국가 전략을 새로 짜는 일과 함께 뉴 노멀 시대 중국에 대응하기 위한 경제 전략 수립 또한 매우 긴요하다. 향후 우리 경제는 '세계의 공장'으로서 올드 노멀 중국의 퇴조와 '사실상의 슈퍼 파워'로서 뉴 노멀 중국의 부상 모두에 적극적인 대응을 강화할 필요가 있다. 올드 노멀 중국의 퇴조에 따른 우리나라 중간재 특화 기업들의 시장 다변화는 '동물적' 시장 원리에 따라 기업 부문의 주도로 이루어질 수 있으므로, 뉴 노멀 중국에 대한 새로운 경제 전략을 중심으로 논의하고자 한다. 이와 관련해서는 우선 뉴 노멀 중국 경제의 4대 요소를 고려할 필요가 있다. 첫째 소강 사회로 대표되는 차이나 컨슈머리즘China Consumerism, 둘째 인터넷·관광·금융 등 압축적으로 성장할 것으로 예상되는 차이나 서비스China Service, 셋째 해외 자본 수출의 차이나 머니China Money, 넷째 신新 실크로드 전략으로 대표되는 아시아 인프라이다.

이러한 4대 요소들을 고려하여 우리는 어떻게 세계의 시장, 중국을 공략할 것인가?44 과거 올드 노멀 시절 한중 경제 관계는 '중간재와 자본재 위주 교역'이라는 '하나의 게이트웨이Gateway'만이 존재했다고 볼 수 있다. 뉴 노멀 중국 시대에는 [그림 2-23]과 같이 한중 양국간 게이트웨이를 다양화하고 전면화하는 것이 매우 긴요하다. 교역뿐만 아니라 자본, 물류 네트워크, 정책, 사람 및 문화 등 전방위적인 게이트웨이를 구축하는 것이 바람직하다.

이러한 게이트웨이의 전면화와 관련하여 3가지 제안을 하고자 한다. 첫 번째는 남북 경제 협력이다. 사실 우리 경제의 고임금 여건 하에서는 한국 기업들이 '차이나 컨슈머리즘'을 정복하는 데 많은 한계가 있다. 따라서 먼저 남한-북한-중국의 삼각 축을 형성, 대한민국 기업의 주도 하에 북한에서 중국의 소비재를 생산하는, 즉 북한을 '중국의 공장'으로 자리매김하는 전략이 필요할 것이다. 이러한 전략이 성공하면 우리 경제의 성장 모멘텀 강화와 함께 최근 장기화되고 있는 청년 실업 문제, 제조업 구조조정에 따른 고용대란 문제를 완화할 수 있을 것이다.

[그림 2-23] 중국과의 전방위 게이트웨이 구축 및 남북경협

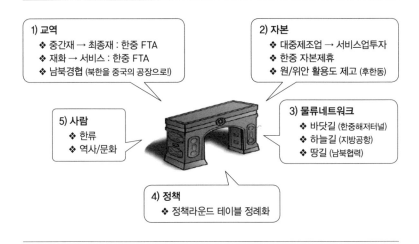

1) 교역
- 중간재 → 최종재 : 한중 FTA
- 재화 → 서비스 : 한중 FTA
- 남북경협 (북한을 중국의 공장으로!)

2) 자본
- 대중제조업 → 서비스업투자
- 한중 자본제휴
- 원/위안 활용도 제고 (후한동)

5) 사람
- 한류
- 역사/문화

3) 물류네트워크
- 바닷길 (한중해저터널)
- 하늘길 (지방공항)
- 땅길 (남북협력)

4) 정책
- 정책라운드 테이블 정례화

두 번째로는 한중 해저 터널 건설이다. 2015년 중국 정부는 랴오닝遼寧省과 산둥성山東省 간의 해저 터널 건설을 발표한 바 있다. 이 해저 터널이 황해를 거쳐 충청남도나 경기도에 이어지게 한다면 대한민국을 시 주석이 추진하는 '신 실크로드'의 '동북아 중심'으로, 그리고 우리의 황해를 '신 실크로드의 동단'으로 만들어나갈 수 있을 것이다.

세 번째로는 한중 양국 간 실물 경제 위주의 협력 체제를 실물 협력과 금융 협력이 골고루 발전하는 '균형 있는 협력 관계'로 시급히 전환하는 것이다. 이를 위해 글로벌 금융시장이 안정되는 적절한 시기를 택하여 후강퉁(홍콩-상하이 증시 연결)과 유사한 형태로 서울 또는 부산과 상하이 금융시장을 연결하는 방안을 적극 고려해볼 필요가 있다.

이 같은 새로운 경제 전략을 차질 없이 추진하기 위해서는 지금 수면 위에 올라온 우리나라 주력 산업과 한계 기업 등에 대한 구조조정과 함께 노동시장 등 매크로 구조 개혁, 서비스업의 규제 혁파 등을 통해 우리 경제의 기초 체력을 획기적으로 개선할 필요가 있다. 그래야만 이들 전략이 부작용 없이 잘 추진될 수 있을 것이다.

결론적으로 말하자면 우리가 준비를 잘한다면 뉴 노멀 중국 경제는 우리 경제에 '축복'이 될 것이다. 반면 준비가 없다면 우리에게 '재앙'이 될지도 모른다. 대한민국 전체의 집단적 지혜를 한 데로 모아 '뉴 노멀 중국 경제를 한국 경제의 축복으로 전환'시키기 위한 노력이 한층 더 강화되기를 기대한다.

참고 자료

김한수, 「뉴 노멀 중국 경제와 한중경협의 미래」, 주중 한국 대사관 세미나(베이징) 발표 자료, 2014. 12.

김한수, 「중국의 금융자유화와 re-balancing」, 이데일리 주최 제3차 국제금융포럼(베이징) 발표 자료, 2014. 4.

한국은행 북경사무소, 「뉴 노멀 시대 중국 경제의 주요 이슈와 시사점」, 2014. 10.

한국은행 북경사무소, 「뉴 노멀 시대의 중국 경제에 대한 새로운 인식 I~ IV」, 2014. 8.

한국은행 국제국, 「중장기 국제통화질서 변화 전망」, 업무 참고 자료 2010-1, 2010. 3.

한국은행 국제국, 「주요국의 Sudden Stop 및 정책대응 사례 분석과 시사점」, 업무 참고 자료 2009-4, 2009. 9.

Ferguson, Niall, The Ascent of Money: A Financial History of the World, the Penguin Press, 2008.

Kim, Hansoo, "The Chinese Economy and Potential Systemic Risks: Toward a soft-landing to a New Normal", SIFL – RBWS Annual Meeting 2014 (Shanghai) New Stage, New Reform and New Normal, 2014. 10.

人民日报,「看不见的手和看见的手都用好-谈政府和市场的关系」, 2014. 8. 22.

人民日报,「新常态, 新应对」, 2014. 8. 18.

人民日报,「新常态, 辩证看」, 2014. 8. 11.

人民日报,「新常态, 新在哪」, 2014. 8. 4~7.

胡舒立 외,「新常态改变中国」, 民主与建设出版社, 2014.

郎咸平,「中国经济的旧制度与新常态」, 东方出版社, 2014.

徐以升,「中国经济新常态」, 中国经济出版社, 2013.

刘鹤 외,「两次全球大危机的比较研究」, 中国经济出版社, 2013.

03
[중국의 대전환 - 대기회]

전병서(중국경제금융연구소 소장)

최근 한국의 대 중국 수출이 연속 2년 감소하면서 중국 경제 위기라는 말이 난무한다. 하지만 이를 정확히 표현하자면 "중국 발 한국 경제 위기"다. 중국의 구조 변화에 한국이 제대로 대응하지 못해서 생긴 어려움이다. 따라서 중국에 대해 잘 아는 것이 이 시대 위기를 극복할 수 있는 방법이라 할 수 있다.

시진핑의 'China 2.0'

최근 중국의 경제성장률을 살펴보면 2015년 6.9%를 기록하였는데, 이는 25년 만에 최저치이다. 그럼에도 중국은 과거와 같은 경기 부양 정책을 전혀 쓰지 않고 있다. 아이러니하게도 이렇게 하락하는 경제성장률에도 불구하고, 전 세계에서 중국의 위상은 날로 높아지고 있는 실정이다. 중국 GDP의 세계 시장 점유율은 금융위기였던

[그림 3-1] 중국 경제성장률 변화

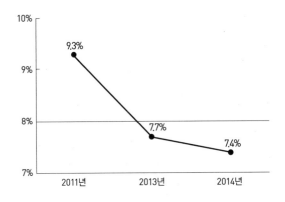

자료: 서울경제

2008년 7%에서 2015년 14%로 높아졌다. 그렇다면 과연 중국은 무엇이 바뀌었는가를 알아볼 필요가 있다.

시진핑의 꿈

과거 서양 역사상 최고의 나라는 바로 팍스 로마나Pax Romana[45]이다. 그런데 팍스 로마나는 로마가 지중해 연안의 작은 나라 열 몇 개를 통합한 것으로, 로마가 세계를 제패할 당시 아시아에서는 로마의 존재조차 몰랐다. 즉 로마의 영향력은 아시아까지 미치지 못했다. 팍스Pax라는 단어는 진정으로 세계를 제패했음을 뜻한다. 따라서 동서양을 막론하고 진정으로 세계의 패권을 장악했던 나라는 단 하나밖에 존재하지 않는다. 그것은 바로 중국 원나라의 팍스 몽골리아Pax Mongolia이다.

[그림 3-2] 팍스 로마나와 팍스 몽골리아의 영토 비교

팍스 로마나   팍스 몽골리아

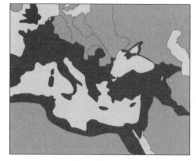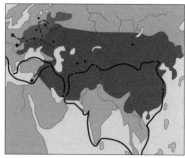

자료: 구글

시진핑 주석 집권 후 중국의 변화는 '실크로드 프로젝트Silk Road Project'와 '금융업의 외출'이라는 2가지 마스터플랜으로 설명할 수 있다.

얼마 전 미국의 한 저널리스트가 '메이드인 차이나 없이 살아보기A year without Made in China[46]를 시도해보았으나 매우 어렵다는 결론에 도달한 적이 있다. 심지어 미국의 월마트에서 판매하고 있는 일상용품 중 약 70%가 중국산일 정도다. 그래서 우리는 중국을 경공업 제품 또는 일용잡화를 만드는 OEM 공장으로 생각하기 쉽다.

하지만 중국은 2015년부터 제조 상품이 아니라 기업을 수출할 준비를 하고 있다. 이것이 바로 실크로드 프로젝트이다. 과거 미국에서 일본, 일본에서 닉스(NIEs 또는 NICs)[47] 지역, 그리고 대한민국에서 중국으로 이전해온 철강, 화학, 시멘트, 조선, 기계 등의 산업들을 실크로드 상의 26개 국가로 이전하는 작업을 말한다. 즉 실크로드 프로

젝트는 21세기형 팍스 몽골리아를 실현하고자 하는 중국의 원대한 계획으로 볼 수 있다.

한편 최근 5년 간 전 세계가 글로벌 금융위기Global Crisis[48]에 빠져 어려움을 겪다가 2014년부터 회복되기 시작했고, 현재는 기준금리 인상을 할 정도로 미국 경제가 회복세를 보이고 있다. 1929년 대공황 이후 거의 70여년 만에 찾아온 세계 대불황의 수렁에서 세계를 건져 올린 것은 다름 아닌 미국 FRB 지하실의 달러 인쇄기이다. 미국이 이번 금융위기 중에 찍어낸 돈이 대략 3.9조 달러이고 이것이 전 세계로 넘쳐흘러 부도를 막아준 것이다.

중국의 외환 보유액은 2014년 6월 말 기준 3조 9,900억 달러였다. 달리 말하면 중국은 전 세계를 다시 한 번 금융위기에서 벗어나게 할 수 있는 외환 보유액을 가지고 있다. 그러나 역설적으로 이번 금융위기에서 가장 피해를 입은 나라가 중국이라고 할 수 있다. 왜냐하면 미국 연방준비제도이사회FRB에서 통화량을 증가시킴으로써 중국이 보유한 외환 보유고의 달러 화폐 가치가 하락한 것이다. 그럼에도 중국은 미국에게 한마디 항의조차 하지 못하였다.

이것을 바로 세뇨리지 효과Seigniorage Effect[49]라고 하는데, 일종의 기축 통화국 횡포이다. 기축 통화국인 미국이 통화량을 늘림으로써 다른 많은 국가들이 피해를 보게 된 것이다. 그리하여 중국은 기축 통화국이 되고자 2015년부터 자본시장을 개방하고, 금융업을 전 세계로 내보내기 시작하였다. 대표적인 정책으로 후강퉁Shanghai-Hong Kong Stock Connect ; 邑港通[50] 제도가 있는데, 이를 통해 2014년 12월부터 한국의 일반 투자자들도 중국 본토의 주식을 사고팔 수 있게 되었다.

그러나 중국이 후강퉁 제도를 시행한 이유는 단순한 주식 거래가 아니다. 자신들이 보유한 3조 9,900억 달러를 아시아를 거쳐 싱가포르까지, 러시아를 거쳐 유럽까지 보내는 등 자본시장을 개방함으로써 중국의 금융이 전 세계로 진출하기 위해서다.

중국 금융업의 외출이 시작된 것이다. 중국은 2015년 11월에 IMF-SDR(긴급 인출권) 통화에 위안화를 편입시킴으로서 위안화의 국제화에 본격적인 시동을 걸기 시작했다. 2016년에 중국은 런던 증권시장과 상하이 증권시장을 연결하는 후룬퉁Shanghai-London Stock Connect 개설도 추진중이고 중국 개인들이 해외 증시에 투자할 수 있게 하는 QDII-2의 시행도 준비 중이다.

중국 경제는 '3S'

Seven: 7% 성장

중국 경제의 3S 중 첫 번째 S인 'Seven'은 7%의 성장률을 의미한다. 글로벌 금융위기가 시작했던 2008년, 전 세계 GDP에서 중국이 차지하는 비중은 7%였고 미국은 25%에 달했다. 하지만 2015년 중국의 비중은 14%로 글로벌 금융위기 이후 세계 시장에서의 점유율이 2배 이상 높아진 반면 미국은 22%로 3%가 낮아졌다. 최근 중국의 성장률이 6~7%대라고 해서 중국 경제를 경착륙(경제의 급격한 추락)

[그림 3-3] 전세계 GDP 대비 중국과 미국의 비중 추이

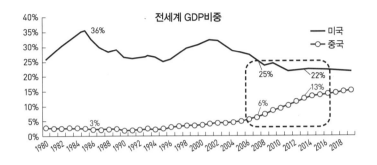

자료: IMF

또는 경제위기라고 보는 시각은 오류가 있다.

중국의 2015년 GDP는 약 11조 달러(추정)를 달성한 것으로 보이는데, 이는 G1국가인 미국의 2003년 GDP 규모이다. 그러나 당시 미국 경제는 3%대의 성장률을 기록하였다. 또한 중국의 전 세계 GDP 대비 비중은 2015년 약 14%에 이른 것으로 추정되는데, 이는 과거 G2를 차지했던 일본의 1997년 비중과 같다. 그러나 당시 일본 경제는 단 2%의 성장률을 보였다. 즉 현재 중국과 비슷하게 세계 시장을 점유할 당시의 일본과 미국에 대해서는 경제성장률이 2%, 3%일 때도 아무 문제를 제기하지 않고 현재 경제성장률이 6~7%대인 중국을 향해 경제위기라고 보는 시각은 분명히 편파적이다.

물론 중국의 GDP 성장률이 표면적으로 12% 내외에서 7%대로 떨어졌기 때문에 급락했다고 볼 수 있겠지만, 현재 중국 산업 구조가 크게 변화한 상태에 주목해야 한다. 즉 경제성장률 자체보다 내부 구

[그림 3-4] 중국의 대기 오염도

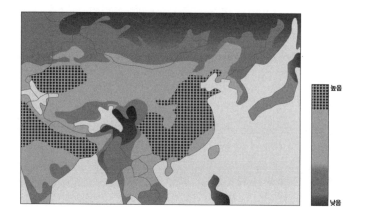

높음

낮음

자료: hongdou.gxnews.com.cn

조 변화라는 근본적인 부분을 살펴봐야 한다는 의미이다.

중국이 경제성장률을 낮춘 가장 중요한 이유는 [그림 3-4]에 잘 나타난다. 전 세계 최대 자동차 시장은 중국인데, 중국이 보유한 약 1억 7,000만 대의 자동차에서 배출되는 초미세먼지Ultrafine Particles, PM 2.5[51]로 앞이 안개처럼 뿌옇게 끼이는 스모그 현상이 베이징에서 365일 중 무려 150일이나 나타났다. 정상적인 경우 초미세먼지 수준은 $50\mu g/\text{m}^3$ 미만이며 $150\mu g/\text{m}^3$이 넘어가면 정상인도 호흡이 상당히 힘들어진다. $300\mu g/\text{m}^3$이 넘어가면 폐에 손상이 갈 정도이다. 즉, 노약자들이 무방비로 노출될 경우 각종 질환을 일으킬 수 있는 대기오염 수준이다. 베이징에서는 1년에 $300\mu g/\text{m}^3$이 넘어가는 날이 50일이 넘었다는 보고가 있다.

경제성장보다 중요한 것은 내 생명, 내 자식들의 생명이다. 중국은 환경이 제일 중요하다고 보았기 때문에 경제성장률을 인위적으로 계속 증가시킬 수 없었다. 즉 중국이 경제성장률을 낮춘 배경에는 환경오염이 있다고 볼 수 있다. 중국에서 초미세먼지를 가장 많이 발생시키는 원인 중 중요한 것이 1억 7,000만 대의 자동차와 철강 및 시멘트 산업이다. 이에 따라 중국은 철강과 시멘트를 1년에 약 3,000만 톤씩 폐기하고 있다. 결국 중국은 고용 안정을 위한 최저 성장률인 6~7%만 유지하면서 환경오염 문제에 대응하지 않을 수 없게 된 것이다.

Silk Road: 일대일로(一帶一路) 정책

두 번째 S는 Silk Road이다. [그림 3-5]의 점선은 한나라 때 장건이 개척한 초원길로 육상 실크로드(일대—帶)이고 이를 "실크로드 경제대"라고 부른다. 실선은 명나라 때 정화 장군이 해상을 통해 개척한 길로서 해상 실크로드(일로—路)인데 이를 '21세기 해상 비단길'이라고 한다. 각 단어의 끝 글자인 '대'와 '길'을 따서 일대일로One Belt and One Road, 一帶一路[52]라고 한다. 이것은 1840년 아편전쟁 이후 벌어지고 있는 중국, 영국, 미국 간 세계 패권 각축전에 종지부를 찍고 싶은 중국의 마음이 포함되어 있는 정책이다. 시진핑의 일대일로 정책은 중국의 과도한 외환 보유고를 줄여 위안화 절상 압력을 줄이고 이 지역으로 철강, 시멘트 등 전통 산업을 이전해 공급 과잉을 해소하고 그 대가로 이들 지역의 싼 원자재를 구입할 수 있는 '일타삼피—打三被' 전략이다.

[그림 3-5] 중국의 실크로드, 일대일로(一帶一路) 정책

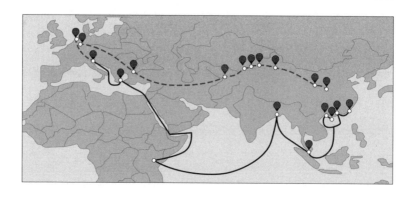

자료: 바이두 백과

　최근 중국의 외환 보유액이 줄어든 것을 근거로 중국 경제가 이전 같지 않다고 말하는 사람들이 있다. 2015년 12월 기준 중국의 외환 보유액은 3조 3,303억 달러로 1년 전의 3조 8,430억 달러에서 5,127억 달러 줄어들었지만, 이는 중국에 핫머니들이 대거 들어오기 전인 2012년과 같은 수준이고 적정 외환 보유고 수준인 1조 5,000억 달러에 비하면 여전히 과도한 외환 보유고다. 또한 중국의 위안화 평가 절하는 수출을 늘리기 위한 전략적 조치라는 분석이 있다. 2015년 7월 중국의 수출은 전년 동기 대비 8.3% 감소했지만, 무역수지 흑자는 오히려 약 430억 달러 늘었다. 만약 중국의 수출이 감소하지 않고 8.3% 증가했다면 연간 무역수지 흑자는 거의 1조 2,000억 달러 늘어난다. 1조 2,000억 달러 무역수지 흑자로 중국의 외환 보유액의 3분의 1 더 늘어날 때 이론적으로는 30%가량 위안화 절상 압력이 증가한다. 이

렇듯 (수출 감소에도 불구하고) 무역수지 흑자가 일어나는 상황에서는 결코 수출을 늘리기 위해 환율을 절하하지 않을 것이다. 중국은 다만 위안화를 10% 절상할 때마다 3,300억 달러가 사라지므로(이는 우리나라 외환 보유액 정도이다), 수출 증가를 위해서가 아니더라도 위안화 절상을 하지 않기 위해 노력하고 있을 뿐이다.

또한 중국의 생산자물가지수PPI가 3년간 마이너스 성장을 기록하고 있기 때문에 중국 경기에 디플레이션이 오는 것이라는 분석이 있다. 현재 전 세계에서 석유를 가장 많이 쓰는 나라는 중국이지만, 유가 하락 등 최근 원자재 가격 폭락의 원인은 중국이 소비를 줄여서가 아니다. 중국의 2015년 1월~7월 누적 원유 수입량은 전년 동기 대비 10% 증가한 수치다. 즉, 원유 가격의 폭락은 중국이 소비 감소가 아니라 미국의 금리 인상 전망 때문에 석유 시장에 들어왔던 달러가 빠져나감으로써 발생한 것이다. 따라서 중국은 사우디와 미국이 경쟁하는 과정에서 발생한 유가 하락 덕택으로 연간 1,000억 달러 이상의 실질적 이득을 보았다.

하지만 중국의 외환 보유액은 과도한 수준이다. 사실 외환 보유액의 적정선은 3개월간 수입 대금에 단기 외채 그리고 포트폴리오 투자의 1/3 정도 수준이라는 것을 감안하면 중국의 적정 외환 보유고는 대략 1조 5,000억 달러 정도로 볼 수 있다. 따라서 지금의 약 3조 3,000억 달러는 두 배 이상 과도한 것으로 평가할 수 있다. 그래서 중국은 이러한 외환 과다 보유로 인해 미국으로부터 위안화 절상 압력을 지속적으로 받고 있다.

중국은 위안화 절상 압력을 피하기 위해 외부로 자금을 돌리기 시작했다. 중국이 보유하고 있는 외환 보유액을 실크로드 지역의 사회간접자본Social Overhead Capital, SOC에 투자하기 위해 은행을 만들었다. 이것이 바로 아시아인프라투자은행Asian Infrastructure Investment Bank, AIIB[53]이다. 사회간접자본에 투자하는 은행을 만들고 이곳의 자금을 활용하여 육상·해상 실크로드의 26개 나라에 투자하는 것이다. 즉 중국 자본으로 중국 기업이 실크로드 국가들의 고속철도, 고속도로, 항만 등을 건설한다. 고속철도 건설은 중국의 철강 과잉 공급 문제를 깨끗이 해결할 수 있다. 또한 고속도로, 부두, 항만 등을 건설함으로써 시멘트 공급 과잉 문제 역시 해결된다. 즉, 현재 중국의 주요 문제 중 하나인 철강과 시멘트의 생산 과잉을 깨끗이 해결하겠다는 의지가 여기에 담겨 있다.

그런데 중국이 외환 보유액이 충분하지 않은 투자 국가를 대상으로 사회간접자본 건설한 후 어떻게 비용을 회수할 것인지가 문제이다. 하지만 중국은 BOTBuild Own·Operate Transfer 방식[54]을 이용한다. 시공사가 일정 기간 이용료를 받아 투자비를 회수한 후에 국가에 기부채납을 하는 방식이다. 통행료를 바꿔줄 달러조차 부족한 투자 대상 국가들이 문제인데, 중국은 달러 대신 이용료 명목으로 현지 원자재를 구입하는 것으로 해결하고자 한다. 현재 글로벌 경기 부진으로 대폭 하락한 국제 원자재 가격에 고민하고 있던 투자 대상국(자원보유국)들 또한 걱정거리를 해소할 수 있는 방법이라고 할 수 있다. 이와 함께 중국은 현지 구매로 국제 시세보다 저렴한 가격에 원자재를 확

[그림 3-6] AIIB 가입국 현황

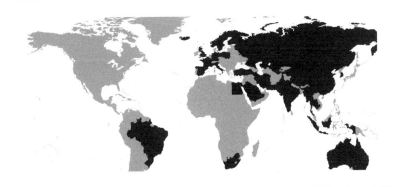

자료: 중국경제금융연구소

보하려 한다. 즉 현지 국가들은 원자재 문제를 해결하고, 중국은 철
강·시멘트 공급 과잉을 해결함과 동시에 저렴한 가격에 원자재를 구
입 할 수 있다. 이것이 바로 중국이 추구하는 일타삼피 전략이다.

　[그림 3-6]을 보면 전 세계의 3분의 2에 표시가 되어 있다. 이것은
아시아인프라투자은행AIIB에 참여한 회원국들의 지도이다. 미국을
제외하고 영국, 프랑스, 독일, 대한민국 등 57개 창립 회원국이 참여
하였다. 대한민국을 비롯하여 회원국들은 미국의 반대로 AIIB 참여
를 망설였으나, 주요 7개국G7 중 최초로 AIIB 참여를 결정한 영국에
이어 독일, 프랑스가 AIIB에 참여를 결정하였다. 이들의 가입으로 다
른 국가들 또한 명분을 얻게 되어 가입을 결정할 수 있었다.

　그렇다면 영국, 프랑스, 독일이 가장 먼저 참여를 결정한 이유는
무엇일까? 우선, 영국은 국제금융시장에서 발행 시장이고 운용 시장
은 뉴욕이다. 전문가들에 따르면 앞으로 10년 간 AIIB에 투자될 자

금은 1조 5,000억 달러의 규모로 전망된다. 그런데 먼저 자금을 펀딩해야 BOT 방식으로 투자를 할 수 있으므로, 영국이 참여하여 자금을 발행할 경우 수수료 등으로 인한 막대한 수입이 예상된다. 이것이 영국이 가입을 결정한 이유이다. 그렇다면 독일과 프랑스가 AIIB에 참여한 이유는 무엇일까? AIIB의 투자 자금으로 실크로드 국가들에 고속철도가 건설된다면, 고속철도 기술을 보유한 독일과 프랑스에게 이들 지역은 새로운 시장이 된다. 즉 AIIB 가입을 통해 고속철도 기술을 활용한 막대한 수입을 기대할 수 있기 때문에 가입한 것이다. 이제는 중국의 인해전술보다 더욱 무서운 것이 중국의 전錢해전술이라고 할 수 있다.

Service: 서비스 산업

중국의 전해전술보다 더욱 두려운 것은 전 세계를 향한 중국 3차 산업의 공습이다. 따라서 세 번째 S는 Service, 3차 산업이다. [그림 3-7]을 통해 2012년 하반기부터 중국의 3차 산업이 2차 산업을 역전했음을 알 수 있다. 이것은 현재 중국 경제성장을 제조업이 아닌 3차 산업이 주도하고 있음을 나타낸다.

소득 수준이 높아짐에 따라 중국인들의 관심사는 집 → 차 → 패션 → 먹거리로 변화하고 있다. 예를 들어, 2009년경에는 차·화·정[55]의 세 개 업종이 대박난 적이 있다. 이후에는 한국의 패션, 화장품 종목이 강세를 보였고, 뒤이어 한국의 식품이 큰 인기를 끌었다. 이러한 인기는 2013년까지로 볼 수 있는데, 이후 이들 종목에 해당하

[그림 3-7] 중국의 2차 산업, 3차 산업 현황

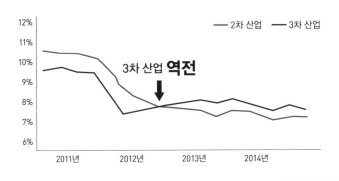

자료: 중국경제금융연구소

는 한국 기업들의 주가를 보면 그 인기가 현재까지 지속되지 못함을 알 수 있다. 한국 기업들은 왜 이러한 인기를 지속시키지 못했을까?

여기에는 두 가지 이유가 있다. 첫째, 중국인들의 눈높이가 높아졌기 때문이다. 2014년 중국의 해외여행자가 1억 2,000만 명에 이르는데, 이렇듯 보편화된 해외여행으로 중국인들의 안목이 높아졌다. 두 번째, 중국의 이동통신 가입자 수가 13억 명에 달한다. 그리고 2015년 6월 말 기준 중국의 인터넷 사용자 수는 6억 8,000만 명에 이르고, 그중에서 스마트폰 사용자가 6억 명 이상으로 추정된다. 이들은 6억 대의 스마트폰을 통해 세계 각국 제품의 품질을 비교한 후 가성비 높은 물건을 선택하고, 해외 직구(직접 구매)를 한다. 즉, 한국 기업이 잘못했다기보다는 해외여행, 모바일 이용으로 인해 중국인들의 눈높이가 높아졌기 때문에 한국 제품이 일류가 아니라는 것을 알아차리게 된 것이다.

2014년 이후 중국인들의 소비 유형을 살펴보면 첫 번째는 해외여행, 두 번째는 쇼핑, 세 번째 성형, 마지막 네 번째 카지노이다. 모두가 서비스 산업을 중심으로 한 3차 산업들이다. 그러나 대한민국 기업들은 이러한 중국의 소비 트렌드에 발맞추지 못하고, 여전히 기존의 차·화·정에 머물러 있는 상태이다.

벨트Belt가 아니라 백Bag, 웹Web이 아니라 앱App

후진타오 주석의 주요 업적 중 하나로 교통과 통신망의 발전을 꼽을 수 있다. 두 인프라의 발전 덕분에 중국의 모바일 가입자 수는 2013년 2분기 기준으로 미국의 3.5배나 되며, 자동차 판매 대수는 2013년 기준 2,249만 대로 미국의 1.4배에 달하고 있다. 그동안의 세계 트렌드를 보았을 때 IT와 자동차 산업을 이끄는 국가들이 곧 경제 대국이었다. 1970년대의 미국, 1980년대의 일본, 2000년대의 한국처럼 중국이 현재 두 산업을 이끌고 있다고 해도 과언이 아니다.

또한 부자들을 보면 그 나라의 방향성이 보인다고 한다. 과거 중국 10대 재벌 중 부동산 업종이 7~8명이었다면, 2014년 중국의 10대 재벌은 IT 업종이 6명, 자동차 업종이 2명, 부동산 업종이 2명이다. 즉 현재 중국을 주도하고 있는 산업은 IT와 자동차라고 할 수 있다.

따라서 이제 한국 기업들은 제조업이 아닌 앱IT에 집중해야 한다. 중국은 시진핑 집권 이후 창업 육성에 공을 들이고 있으며, 2015년 상반기까지 1,013만 개 회사가 창업했다. 하루에 1.1만 개씩 창업을 하는데, 그중 80%가 3차 산업(서비스와 IT)이다. 이는 미래 중국이 3차 산업에서 승부가 날 것임을 뜻한다. 또한 중국 정부는 2025년까지 단계적인 세부 계획을 갖춘 마스터플랜을 수립해두었다. 일대일로—帶—路전략과 함께 2015년 하반기부터 강력하게 추진하고 있는 이 마스터플랜은 인터넷+α 전략과 중국 제조 2025 전략이다. 모든 제조업을 인터넷과 융합한다는 것이 그 핵심이다. 즉 2025년까지 IT 기술과 제조업을 결합하여 제조업을 세계 최고 수준으로 끌어올리겠다는 계획인 것이다. 이것이 중국의 제조업 마스터플랜이다.

지금까지 중국을 이끌어온 것은 공산당과 외국 자본이었다. 하지만 앞으로의 중국을 이끌어갈 새로운 리더는 지식인들이다. 자본가資本家가 아니라 지본가智本家다. 중국의 최고 부자는 이제 부동산 업자들이 아니라, 마윈, 리옌 훙, 마화텅 등 중국을 움직이는 지식 산업, IT업계 거부들인 것이다. 2015년 이후 중국은 결국 모바일과 소비에 의해 바뀔 것이다. 따라서 2015년 이후 중국을 바꿀 키워드로서 정보(모바일), 지갑(소비), 환경에 주목해야 한다.

앞으로 한국은 중국을 결코 소홀히 여겨선 안 된다. 한국 경제는 현재 3가지 덫에 빠져 있다. 첫째, 한국 경제는 후진타오-원자바오 시대까지 중국으로 중간재 수출을 통해 고성장을 이루어냈다. 그러나 이들 산업은 365일, 24시간 가동해야 하는 3교대 산업이다. 우리나라의 대 중국 수출 실적은 2014년 −0.4%, 2015년 상반기 −2.1%로 마이너스 성장세를 기록하고 있다. 바로 3교대 산업의 덫에 걸렸기 때문이다. 이들 3교대 산업은 1인당 소득 3만 달러 이상인 나라에서 살아남은 역사가 없다. 한국은 이미 1인당 소득이 2만 8000달러에

도달했다.

　두 번째는 시진핑-리커창 시대 플랫폼 경제의 덫을 들 수 있다. 이전에는 우리가 중국에 대해 OEM의 주인으로서 역할을 했다면, 정보와 IT를 기반으로 한 중국 플랫폼 경제 하에서는 오히려 우리가 중국 시장에 콘텐츠를 제공하는 OEM 기업이 될 수밖에 없다. 즉 과거 OEM의 주인이던 시절에는 중국에서 한국으로 생산해주기만 하면 이익이 되던 것이, 중국이 플랫폼을 갖춘 지금은 막대한 인구와 경제 규모의 중국 시장에 상품과 서비스를 제공하는 OEM의 하인으로 변모했다(플랫폼 경제에 대해서는 아래 설명을 참조). 그리고 세 번째는 시진핑-리커창 시대의 위안화RMB 금융 경제의 덫이다. 위안화 중심의 금융 시대에 돌입하면 우리나라 경제성장률은 마이너스가 될 수도 있으며, 종국에는 경제 식민지로 전락할 수도 있다.

　결국 대한민국에서 3교대 제조업(철강, 화학, 반도체, LCD)의 시대는 끝났다고 할 수 있다. 미국과 일본을 거쳐 우리나라로 넘어온 3교대 산업(제조업)의 흐름을 볼 때 제조업으로 전성기를 누리는 국가가 계속해서 바뀌는 이유에 주목할 필요가 있다. 국민소득이 올라가면서 힘든 일을 꺼리게 되기 때문에 그렇게 되었다고 분석할 수 있다. 수많은 인재들이 속한 산업이라고 하더라도 그 공장에서 일할 생산 인력이 부족하다면 그 산업은 존재하기 어렵다. 이미 삼성전자와 하이닉스를 비롯하여 중국으로 이동하고 있는 우리나라 공장들을 통해 그 증거를 발견할 수 있다. 결국 1인당 소득 2만 8,000달러인 대한민국 제조업 시대는 끝나가고 있다고 할 수 있다.

그렇다면 한국은 새로운 비즈니스 모델을 만들어야 한다. 1+1은 2가 되는 기존의 계획 경제가 아닌 플랫폼 경제(창의創意 경제)가 되어야 한다. 여기서 플랫폼이란 무엇인가? 중국 기업들 중 대표적인 IT 기업인 BAT(바이두Baidu, 알리바바Alibaba, 텐센트Tancent), 그리고 새로운 기업인 샤오미와 화웨이 등을 플랫폼의 중심으로 볼 수 있다. 이들 IT 기업들을 중심으로 하여 인터넷과 모바일, 정보, 고속철도, 고속도로, 주식과 채권까지 한데 모인다. 즉 정보, 물류, 금융이 한 개의 테이블에서 같이 돌아가도록 하는 플랫폼이 구축된다. 세계에서 제일 큰 플랫폼이 중국에 의해 만들어지고 있다. 인터넷과 다양한 분야가 융합된 플랫폼 경제가 발전하고 있다.

앞으로 한국은 이러한 중국의 플랫폼에 어떻게 편승할지가 관건이 된다. 중국에서 한류 콘텐츠와 스타들이 인기를 얻고 있는 것 같아 보이지만 한류 콘텐츠를 통한 실질적인 수익은 중국 플랫폼 기업들이 벌어들이고 있다. 결국 한류 콘텐츠의 갑은 한국이 아닌 중국이다. 중국이 시장을 쥐고 있고 정부가 진입을 철저히 제어하고 있어서 우리는 그곳의 하청 공장, 즉 OEM 기업 정도로 전락하고 있는 상황이다.

중국 돈을 일하게 하라

앞으로 대한민국이 추구해야 할 비즈니스가 있다. 그것은 중국이 일하게 하고 한국이 그 수익을 거두는 것이다. 예를 들어 2014년 중국 자산 순위 1위인 알리바바의 경우, 2015년 8월 기준 마윈이 보유한 알리바바의 지분은 6.2%에 불과하다. 알리바바의 주가와 매출이 올라가면 가장 많은 이득을 얻는 사람은 마윈이 아닌 30% 가량의 지분을 보유한 일본 소프트뱅크 손정의 회장이다. 즉, 재주는 마윈이 넘고 돈은 손정의가 번다.

또 다른 예로, 중국의 IT 기업 텐센트를 들 수 있다. 텐센트의 대주주는 남아프리카공화국의 미디어 그룹 내스퍼스Naspers이다. 2014년 12월 기준 마화텅이 보유한 텐센트 지분은 9.87%에 불과하다. 따라서 텐센트가 카카오톡과의 합작 등으로 인해 주가와 매출이 올라갈 경우 가장 많은 이득을 얻는 대주주는 내스퍼스이다. 앞으로 한국 경제의 성공 전략은 이처럼 중국 기업에 투자해 수익을 창출하는 것이 되어야 한다. 그러기 위해서는 변화하는 중국 경제에 대한 이해가 반드시 필요하다.

이제 중국은 모방을 일삼는 짝퉁 공화국의 오명을 벗고 창조 경제로 접어들었다. 달라진 중국을 보여주는 대표적인 예가 IT 기업 샤오미이다. 과거, 삼성전자Samsung가 소니Sony를 이겼던 것을 S의 승리라 불렀듯 이번에는 삼성전자가 중국의 신생기업 샤오미에게 추격을 당하고 있다. 대륙의 실수가 대륙의 새로운 트렌드를 만들었다. 새로운 벤처 생태계에 발맞추지 못한 우리나라 대기업들과는 달리 중국의 창업 기업들은 새로운 생태계 만들기에 성공하였다. 이러한 현상은 샤오미로 끝나지 않고 거기서 출발하여 중국 IT 기업들의 새로운 트렌드로 자리매김하고 있다. 일반적으로 빠른 기업이 생존한다고 하지만, 중국의 팔로워Follower 경제는 더 많은 고객을 확보한 기업이

[그림 3-8] 중국 스마트폰 시장 점유율 변화

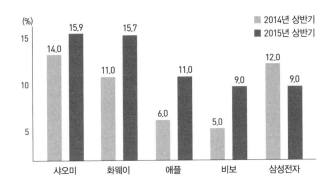

자료: 중국경제금융연구소

살아남는다고 한다. 현재 8억 명의 고객을 확보한 텐센트가 또, 4억 6,000만 명의 고객을 확보한 알리바바가 각각 전체 시장의 대부분을 점유하고 있는 것이 이를 증명한다.

2014년 상반기와 2015년 상반기 중국 내 스마트폰 시장의 점유율 변화를 살펴보면, 세계 최대 IT 기업 삼성전자의 점유율이 점점 떨어지고 있음을 확인할 수 있다. 결국 대한민국이 시진핑-리커창 시대

[그림 3-9] 중국의 경제정책 변화

자료: 중국경제금융연구소

에 플랫폼 경제의 덫을 어떻게 벗어날 것인지가 중요한 이슈가 된다.

지금까지 중국의 경제 정책을 살펴보면 투자 일변도의 중국식 경영으로부터 출발해 2008년 금융위기 이후부터 2013년까지 케인즈식 경영[56], 최근 2년 반 동안 이루어 졌던 레이건식 경영[57], 그리고 2015년부터 등장하는 구글+징기스칸식 경영으로 나눌 수 있다. 기존의 중국식, 케인즈식, 레이건식 경영은 우리가 경험해본 경영 방식이지만, 모든 사물을 인터넷과 결부시키고 그 플랫폼으로 유럽까지 장악해가는 구글+징기스칸식 경영은 전혀 새로운 방식이다. 이러한 경영 방식에 한국 기업들이 당황하고 있다. 따라서 지금까지와는 다른 시각으로 접근하여 플랫폼 경제의 덫을 벗어나야 한다.

최근 새로운 경제 정책을 도입한 중국은 소비 트렌드 또한 명품, 엔터테인먼트, 모바일, 금융 등의 위주로 변화하고 있다. 그러나 우리나라 기업들에게는 이러한 중국의 새로운 트렌드에 발맞춘 상품이

[그림 3-10] 중국 출생 인구 수 추이

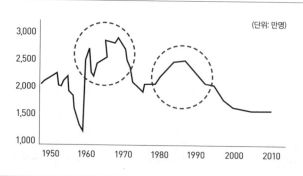

자료: 중국경제금융연구소

[표 3-1] 중국의 1960년대 출생 세대의 연령병화에 따른 주요 소비산업 변천

시기	1990년	2000년	2005년	2007년	2014년
연령	30세	40세	45세	48세	54세
주요 소비산업	가전제품	경·승용차	사치품 명품 소비재 중·고급 부동산	고급 승용차 금융 서비스	금융 의약 여행

자료: 중국경제금융연구소

많지 않다는 것이 가장 큰 문제점이다.

인구통계학적인 관점에서 중국의 인구 분포를 살펴보면 베이비붐 세대Baby-Boom Generation와 에코붐 세대(Echo-Boom Generation) 인구가 가장 많다. 따라서 현재 중국은 40~50대(베이비붐 세대)가 강력한 소비를 하며, 20~30대(에코붐 세대)가 최대 소비 잠재력을 보유함으로써, 현재와 미래 모두에서 강력한 소비 구조를 가지고 있다. 또한 중국 전체 인구의 45.5%가 소비 능력이 가장 높은 시기인 1963±7년 출생자들이다.

[표 3-1]과 같이 중국 경제 발전의 궤적과 1960년대 출생 세대의 소비 행태를 연관 지어 살펴보면 중국 주요 소비 산업의 변천이 1960년대 출생 세대의 소비 행태와 함께한다는 것을 알 수 있다. 즉 현재 중국 최대 성장 산업은 바이오, 금융, 여행업이다. 최근 중국 관광객 덕분에 큰 이익을 거둔 한국 기업이 존재하는데, 한국 최고 부자는 삼성이나 현대 가문이 아니라 2015년 7월 초 주식 부호 1위에 올랐던 아모레퍼시픽의 서경배 회장이다. 2014년 한국을 방문한 40~50대 여성을 중심으로 한 요우커들이 아모레퍼시픽 화장품을

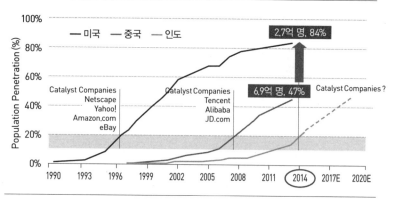

[그림 3-11] 중국과 미국, 인도의 인터넷 보급률

자료: KPCB, Mary Meeker's 2015 Internet Trends

대량 구매함으로써 매출이 높아졌다. 즉, 국내 내수를 살리려면 중국
인들을 사로잡아야 한다. 2014년 한국을 방문한 중국인 수는 613만
명 정도인데, 중국의 연간 해외여행객 1억 2,000만 명 중 4%에 불과
하다. 만약 현재 600여만 명의 숫자를 4,000만 명으로 늘릴 수 있다
면 GDP 성장률 6% 돌파가 꿈은 아닐 것이다. 결론적으로 한국은 발
상의 전환을 통해 제조업에 목숨 걸지 말고 중국 관광객들을 잡아야
한다.

중국과 미국의 인터넷 보급률도 살펴볼 필요가 있다. 미국은
2014년 기준으로 사용자 2억 7,000만 명, 보급률 84%이고 구글, 마
이크로소프트 등 세계적 기업들을 탄생시켰으며 인터넷 대국으로 성
장했다. 하지만 중국은 2014년 기준으로 사용자가 6억 9,000만 명이
나 되는데도 보급률이 47%밖에 되지 않는다. 따라서 미국의 2배가

[그림 3-12] 전자상거래 기업 연간 총 거래액(GMV)

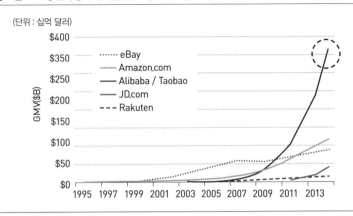

자료: KPCB, Mary Meeker's 2015 Internet Trends

넘는 시장이 만들어낼 미래 가치는 상상을 초월한다. 중국의 인터넷 관련 시장의 가능성은 무한하며, 빌 게이츠의 뒤를 이을 세계 최고 부자는 중국 IT 기업 중에서 나올 것이다.

바이두, 알리바바, 텐센트BAT는 창업부터 상장까지 최대 14년이 걸렸다. 하지만 최근에 등장한 중국 신흥 기업들은 설립 4년 만에 나스닥 상장까지 성공하였다. 이러한 일은 모두 모바일 가입자 13억 명과 인터넷 가입자 6억 9,000만 명의 사용자를 기반으로 발전 속도가 더욱 빨라졌기 때문에 가능한 일이라고 할 수 있다.

중국 기업 알리바바는 미국의 아마존, 이베이 등 그 어떤 전자상거래 기업보다 연간 총 거래액GMV이 가장 급격하게 성장하고 있다. 이렇듯 중국의 IT 관련 기업들은 급격한 성장세를 보인다. 이러한 중국 기업들의 급격한 성장에 주목한 손정의 회장과 내스퍼스처럼 앞으로 한국은 발상의 전환을 통해 중국 기업에 투자함으로써 수익을 낼 수 있을 것이다. 한국에는 이제 제조업의 시대가 끝나가고 있다. 1+1=2가 아닌 1+1=∞인 창의적인 비즈니스를 해야 할 시기가 도래하였다.

한국의 제조업은 세계 최대 제조업 강국인 중국에 대응이 불가능한 수준이다. 중국의 기술은 레이더에도 잡히지 않는 스텔스기를 만들고 항공모함을 만들었고 우주선과 우주정거장도 쏘아 올렸다. 이렇듯 중국은 일반적인 기술 발전 단계를 초월한 나라이다. 한국은 전자제품, 반도체, 자동차 생산 기술로 인정받고 있다. 하지만 만약 중국이 스텔스기, 인공위성 제작 기술로 자동차나 반도체를 만든다면 어떻게 될지 곰곰이 생각해볼 필요가 있다. 중국은 더 이상 짝퉁만 만드는 기술 후진국이 아니다. 특히 중국이 발전시킨 기술들은 선진국이 가르쳐준 기술이 아니다. 독자적인 기술을 통해 놀라운 속도로 진보를 이루고 있다.

한국은 앞으로 다양한 분야에서 중국 전문가 양성이 필요하다. 진정한 중국 전문가란 중국을 직접 경험해본 인재를 말한다. 한국 기업들이 중국 비즈니스에 어려움을 겪는 이유는 한국에서 파견한 인적 자원 중에 중국을 제대로 아는 전문가가 부족하기 때문이다. 기업은 대표의 그릇만큼 성장한다. 중국 사업의 성공을 위해서는 최고 경영자부터 중국을 잘 알아야 한다. 즉, 중국에 대해 잘 아는 것이 이 시대의 경쟁력이라고 할 수 있다. 지피지기면 백전불태知彼知己百戰不殆, 중국을 잘 알면 새로운 도약의 문이 열릴 것이다.

04
생각의 오류를 극복하고 성공의 기회로

이홍(광운대학교 경영학과 교수)

역사적으로 한반도가 처한 어려움의 상당부분은 G2 시대와 밀접한 관련이 있다. 이상하게도 한반도를 중심으로 강한 두 개의 국가가 부딪칠 때 변란을 경험하였다. 이것은 조선 시대에 특히 심했다. 임진왜란壬辰倭亂[58]이 이 시기에 터졌다. 당시 G2국가였던 명나라와 신흥국 일본이라는 두 국가의 틈바구니에서 일어난 사건이다. 정묘호란丁卯胡亂[59]과 병자호란丙子胡亂[60]도 조선 시대에 터졌다. 명나라와 후금 그리고 명나라와 후금에서 국명을 바꾼 청나라 사이의 충돌로 인해 발생한 사건들이다. 세 개의 사건 모두 두 강대국의 충돌로 인해 조선이 피해를 본 일들이다. 그런데 이 시기 변란을 살펴보면 공통적인 특징이 하나 있다. 강대한 두 나라의 등장과 동시에 조선이라는 나라가 역사상 최약체로 빠지면서 일어난 현상이라는 것이다. 강한 두 나라의 등장은 외부적인 여건으로 통제 밖의 일이다. 하지만 국가가 약해지는 것은 전적으로 내부적인 문제이고 이것은 철저한 반성을 통해 개선되어야 하는 것이다.

왜 국가가 약해지는가? 이유는 간명하다. 의사결정 계층에서 빚어진 생각의 오류 때문이다. 잘못된 생각으로 국가를 경영하면 국가는 당연히 쇠퇴 국면으로 들어간다. 국가의 의사결정계층은 다양한 사람들을 포함한다. 정치적 의사결정에 참여하는 사람들, 국정의 공무를 집행하는 사람들 그리고 이들에게 조언을 하는 사람들이 여기에 속한다. "혹시 오늘날에도 조선 시대에 벌어졌던 생각의 오류들을 범하고 있는 것은 아닌가? 이것을 극복하려면 무엇을 하여야 하는가?" 이 물음에 답하는 것이 이 장의 목적이다.

G2 시대의 의미

G2 시대란 강력한 두 나라가 패권을 가르고 있는 시대를 의미한다. 그런데 G2는 어느 시대에서나 존재했었다. 경제적·군사적으로 앞서가는 강대국이 G2다. 1970년대의 G2는 미국과 일본이었다. 이 두 나라 사이에 한국이 존재하였다. 하지만 이 시기에는 한반도에 큰 문제가 없었다. 미국과 일본이 같은 방향으로 움직였기 때문이다. 그래서 한반도에는 이들의 적대적 기류로 인한 사건이 발생하지 않았다. 2010년에 들어서면서부터 상황이 바뀌었다. G2에서 일본이 빠지고 중국이 등장하면서다. 미국과 중국이 한반도에 영향을 미치는 강력한 G2 국가가 된 것이다. 문제는 미국과 중국의 지향점이 다르다는 것이다. 이들 국가는 한국에게 서로 다른 것을 요구하고 있다. 학자

들에 의하면 2030년경에는 중국이 최대 국가로 떠오를 것이라고 한다. 이렇게 되면 한국이 겪는 혼란은 더 커질 것이다. 기존의 최강자인 미국과 중국 간의 갈등이 증폭될 가능성이 높기 때문이다.

1970년대와 1980년대 초반만 하더라도 우리나라의 최대 수출국은 미국이었다. 어림잡아 70% 이상이 미국으로 수출되었다. 그런데 최근에는 전혀 다른 현상이 일어나고 있다. 2014년을 기준으로 볼 때 한국의 대 미국 수출 비중은 12.3%로 줄어들었다. 이에 반하여 대 중국 수출 비중은 미국의 두 배인 25.4%로 늘어났다. 무엇을 의미하는가? 한반도에 영향을 미치는 최대 고객이 바뀌었음을 뜻한다. 그렇다면 한국은 중국에 더 밀착하여야 하는가? 상황이 녹녹치 않다. 시장 규모로만 봤을 때는 중국이다. 하지만 미국은 정치적·군사적 그리고 첨단 기술 시장에서 한국이 의존하지 않으면 안 되는 국가다. 여기서 한국은 많은 혼란을 경험하게 된다. 대한민국은 세계 유일의 분단국가다. 한반도의 특수한 지정학적 위치 때문에 발생하는 정치적인 문제, 북한과 남한과의 문제, 핵문제, 사드THAAD[61] 배치 문제 등 대한민국 사회를 위협하는 복잡한 문제들이 터져 나오고 있다. 이런 이유로 한국은 미국에 의존하여야 하는 상황에 놓여 있다.

G2 시대에 대한 우려: 반복된 불행한 역사

서로 간의 이해가 갈리는 G2 시대가 되면 떠오르는 악몽이 있다. 한반도는 여지없이 이들 국가로 인해 국난을 겪었기 때문이었다. 임진왜란은 당시 조선과 우호적인 관계를 맺고 있던 명나라와 새롭게

[표 4-1] G2 시대에 대한 우려: 반복된 불행의 역사

	임진왜란	정묘호란	병자호란
시기	1592년 4월 14일 왜선 700여 척, 군사 16만 명	1627년 1월 13일 군사 3만 명	1636년 12월 9일 군사 10만 명
전개 양상	4월 13일 부산포, 5월 3일 한성 점령 → 20일	1월 13일 압력강 남하 1월 14일 의주 진입 1월 24일 평양성 함락 1월 25일 인조 강화 몽진 → 12일	12월 9일 압록강 남하 12월 15일 한강 도하, 인조 남한산성 몽진 → 6일

떠오른 일본 간의 알력으로 발생한 사건이었다. 또 다른 사건도 터졌다. 임진왜란 이후 불과 30년이 지난 시점 조선은 정묘호란을 경험하였다. 이 전쟁은 새로운 G2 국가로 떠오른 후금後金과 명나라 간의 충돌로 인한 것이다. 더 한심한 일은 정묘호란 10년 후 조선이 병자호란이라는 전대미문의 전쟁에 또 다시 휘말렸다는 것이다. 병자호란은 임진왜란과 정묘호란과는 차원이 다른 국가적 피해를 주었다. 한반도의 모든 산야가 찢겼고 국민의 고통은 하늘을 찔렀다.

여기서 주목해야 할 것이 하나 있다. 이런 난국이 발생하였을 때 조선의 상황이다. 임진왜란이 발발하자 부산포에서 한성까지 뚫리는 데 20일이 걸렸다. 전쟁다운 전쟁 한 번 치러보지 못하고 수도가 뚫렸다는 것을 의미한다. 정묘호란의 경우는 후금이 압록강을 건넌 후 평양성을 돌파하고 인조가 강화로 피신하기까지 12일이 걸렸다. 병자호란은 더 한심하다. 후금에서 국가 이름을 바꾼 청이 압록강을 넘어 한성을 뚫는 데 6일이 걸렸다. 도대체 조선은 무엇을 한 것일까?

이 한심한 일들의 근본적인 원인이 무엇이었을까?

비극의 원인은 바로 국가 경제력에 있었다. 임진왜란, 정묘호란 그리고 병자호란을 겪을 당시 조선의 국가 경제력은 약해질 대로 약해져 있었다. 국민을 부양하는 것은 고사하고 최소한의 국방조차 어려웠다. 구체적으로 살펴보자. 태종 때에는 곡식 생산이 가능한 토지가 100만 결 수준이었고, 정규군이 20만 명 정도였다. 약해진 고려를 이어 받은 초기이니 그럴 만했다. 세종 대에는 생산 가능한 토지의 확충이 늘어나 150만 결 정도에 이르렀다. 덕분에 군사력도 강해져 여진족을 칠 수 있었다. 이 힘으로 신라 시대 이후 잃어버린 오늘날의 함경남·북도를 한반도의 영토로 편입하였다. 또한 대마도 원정을 통해 이 섬을 조선의 땅으로 복속시켰다. 이후 대마도는 400년 동안 경상도에 복속되어 있었다. 성종대에는 식량을 생산할 수 있는 땅이 175만 결로 더욱 늘어났다. 정규군은 15만 명이 되었고, 여기에 전선이 1,000여 척으로 조선 역사상 가장 막강한 군사력을 보유하였다.

그런데 선조 시대에 이르자 상황이 바뀌었다. 국가 자체가 식량난을 겪는 수준으로 경제가 급격히 무너지기 시작하였다. 이런 상황을 선조 시절 이이는 이렇게 표현했다. "조선은 기둥을 바꾸면 서까래가 내려앉고, 지붕을 고치면 벽이 무너지는, 어느 대목도 손을 댈 수 없는 집입니다(만언봉사)." 그리고 "지금 국가의 저축은 1년을 지탱하지 못합니다. 이야말로 진실로 나라가 나라가 아닙니다(육조계)"라고 했다. 선조 시대의 국가 경제력이 얼마나 붕괴되었는지 알려주는 대목이다. 임진왜란이 터지자 유성룡이 한탄하였다. "아, 곡식이 1만 석만 있었다면 아니 적게는 수천 석만 있었다면. 참으로 오늘의 걱정은 군사 없는데 있지 않고 식량 없는 데 있다." 실제로 당시 조선에는 1만 명이 5일정도 먹을 수 있는 군량밖에 없었다. 이 얼마나 처참한 상황인가? 군대가 없어서 임진왜란을 겪은 것이 아니고 군대를 먹여 살릴 식량이 없어서 임진왜란을 겪었다는 말이다. 임진왜란 당시 국가 장부에는 약 4만 명의 정규군 명단이 있었다고 한다. 식량 사정이 어려우니 정규군을 많이 둘 수 없었던 탓이다. 성종 때의 15만 명에 비하면 턱없이 적은 숫자다. 일본이 이러한 조선의 사정을 꿰뚫고 일으킨 전쟁이 바로 임진왜란이다.

광해군 때의 상황은 더 나빠졌다. 이 시절 농지는 모두 초토화되어 식량 생산이 가능한 토지는 50만 결로 줄어들었다. 인조 시대로 접어들면서 생산 가능한 토지가 복원되었다. 약 125만결에 이르렀다. 하지만 조선을 지탱하기에는 턱없이 부족하였다. 정묘호란 때에는 후금이 이러한 조선의 궁핍한 사정을 정확히 알지 못하였다. 그래서 평양성 정도까지만 침투하였다. 너무 깊이 들어가 조선군의 역습을 받는 것을 두려워해서다. 그런데 병자호란 때는 조선의 사정이 낱낱이 청에게 알려졌다. 이들이 한반도 전체를 휘젓고 돌아다닌 이유다.

한반도 최강의 국가 탄생, 그러나…

그렇다면 당시 조선 시대와 현재의 한국은 같은 모습일까? 당연히 다르다. 현재 대한민국은 한반도 역사상 최강의 국가다. 우선 경제력이 다르다. 한국의 수출 규모는 2014년 기준 세계 7위 수준으로 올라섰다. 수출입을 합친 무역 규모에 있어서는 세계 9번째로 1조 달러를 달성하는 등 한반도 역사상 최강의 국가가 형성되었다. 중국 군사 전문 매체 전연망에 따르면 한국의 2015년 기준 군사력은 세계 7위 수준이다. 그렇다면 이러한 경제력을 갖춘 대한민국의 현 상황을 과거 G2 시대와 비교하는 것은 옳지 않은 일이 아닐까? 이 질문에 "맞다"라는 확고한 대답을 할 수 없는 것이 현실이다. 왜일까?

불안감의 근원은 한국의 국가 경쟁력이 약화 현상을 보이고 있음에서 찾을 수 있다. 세계경제포럼WEF과 국제경영개발대학원IMD에서는 매년 국가 경쟁력을 평가하고 있다. 세계경제포럼WEF에 따르면, 2007년 한국의 국가 경쟁력은 11위였다. 그런데 해가 갈수록 경쟁력이 처지기 시작하였다. 2014년에는 26위로 떨어져 불과 7년 만에 경쟁력이 2배 이상 하락하였다. 문제는 순위가 앞으로도 올라갈 기미가 약하다는 것이다. 국제경영개발대학원IMD 역시 한국의 경쟁력이 약화되고 있음을 지적하고 있다. 2009년 세계 29위이던 경쟁력은 지속적으로 상승하여 2011년 22위까지 올라갔다. 하지만 2014년에는 다시 26위로 내려앉았다. 이것만이 아니다. 한국이 그토록 자랑하는 제조업은 시시각각 경쟁력을 잃어가고 있다. 한국 제조업의 근간이 되는 핵심 5대 산업은 철강, 조선, 전기전자, 정유화학 그리고 자동차다. 이 중 자동차를 제외하고는 그 뿌리가 모두 흔들리고 있다.

이런 시기에 한국은 불행히도 미국과 중국이라는 G2 사이에 끼어 있다. 이 두 국가는 서로 다른 지향점을 가지면서 한반도에서 끊임없이 갈등하고 있다. 이런 시기 한국의 생존 전략은 무엇일까? 이 두 국

[그림 4-1] 대한민국의 국가 경쟁력 순위 변화[62]

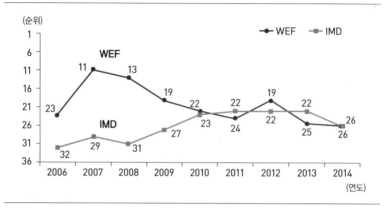

가 사이에서 줄타기를 잘하는 것일까? 물론 단기적으로는 그럴 수 있다. 하지만 줄타기는 언젠가 엄청난 위험을 가져다 준다. 조선 시대 광해군은 후금과 명나라 사이에서 줄타기를 잘한 것으로 평가되고 있지만 이것은 궁극적인 해결책이 아니었다. 줄타기는 시간이 갈수록 피곤해지기만 한다. 가장 강력한 해결책은 G2 국가의 간섭에서 벗어날 정도로 국가 경쟁력을 막강하게 키우는 것이다. 이러면 G2에 휘둘리지 않을 수 있다. 나라가 궁핍해지면 반드시 피곤한 역사가 전개된다. 태조 이후 태평성대를 누리던 조선은 선조 시대로 접어들며 궁핍한 나라로 급격히 전락하면서 G2 국가들과의 이해관계 충돌로 인해 불행한 역사를 맞는다.

역사 속에서 원인 찾기: 생각의 오류

그렇다면 명과 일본, 명과 후금 그리고 명과 청 사이에 끼었던 선조, 광해 그리고 인조 시대 조선의 국가 경쟁력은 왜 그토록 허약했단 말인가? 이것은 국가의 의사결정에 영향을 미치는 계층들의 생각의 오류에서 기인한 바가 크다. 아무리 강한 국가도 의사결정에 영향을 미치는 사람들이 잘못된 의사결정을 반복하면 반드시 쇠퇴한다. 이것은 최고 의사결정자 한 사람의 문제가 아니다. 이 시기 다양한 이해구조를 가지면서 통치에 참여하였던 정치 세력들과 공조직 그리고 이들에게 조언하는 모든 의사결정 계층들의 사고 오류와 연계되어 있다. 이들 계층에서 생각의 오류가 얼마나 심각했는지는 전쟁을 겪는 위기 상황 속에서도 잘 드러난다. 임진왜란, 정묘호란 그리고 병자호란 시절 조선 내부에서 일어난 일련의 의사결정 과정을 보면 머리를 흔들 정도의 생각의 오류들을 발견할 수 있다. 국가 변란이라는 위기 상황 속에서조차 이러하니 평상시에는 얼마나 심했을까? 조선 역사상 가장 강력한 생각의 오류가 작동했던 시기가 바로 병자호란 시절이다. 이것은 단지 병자호란이라는 전쟁을 경험하였던 시기만 그랬다는 것은 아니다. 그 한참 이전부터 조선의 의사결정에는 난기류가 흐르고 있었음을 의미한다. 이런 의사결정의 난기류들이 모여 국가 경쟁력의 쇠퇴를 이끌었고 결국 병자호란의 국난으로 이어졌다. 더욱 심각한 문제는 이러한 국난 속에서도 생각의 오류는 수정되지 않았다는 것이다.

정묘호란 이후 조선은 후금과 형제 관계를 맺었다. 이에 후금은 노골적으로 조선을 아래 국가로 취급하기 시작하였다. 그러다 후금이 트집을 잡았다. 후금에 보낸 조공이 마음에 들지 않는다는 것이었다. 후금은 명나라와 동등한 수준의 조공과 예우를 요구하였다. 하지만 조선의 의사결정자들은 이에 단호하였다. 오랑캐 국가인 후금을 성리학의 태두 국가인 명나라와 동일시할 수 없다는 이유였다. 이때 조정에서는 한바탕 논쟁이 벌어졌다. 윤방과 최명길은 후금의 요구를 들어주자고 하였다. 후금에 기근이 들었으니 이때 인심을 살 필요가 있고 또한 괜히 명분에 집착하여 화를 재촉할 필요가 없다는 이유였다. 아마도 대적할 수 있는 시간을 벌자는 의도도 깔려 있었을 것이다. 그러나 이에 대하여 당시 부교리 윤집은 최명길 등을 매국노로 비유하며 독설적 공격을 가한다. 당시 인조는 서인西人의 도움으로 반정에 성공하여 왕위에 올랐다. 따라서 서인들의 의견을 무시할 수 없었다. 대부분의 서인 세력은 후금에 대하여 강력한 대응을 주문하였다. 인조 역시 이들의 의견에 동조하지 않으면 안 되었다. 결국 인조는 후금과의 절교를 선택하는 외길로 몰리게 된다. 아래의 글은 후금과 절교 당시 인조가 국민들에게 보낸 교서다.

"국가가 불행하여 강한 오랑캐와 가까운 이웃을 삼았다. … 노적이 이리처럼 한없는 욕심을 품고 온갖 방법으로 구색하다 우리가 보낸 폐물을 되돌려 보내면서 우리에게 폐물을 더 내라고 협박하였다. 심지어는 … 중국의 사신처럼 대접해 달라는 것이며 … 이는 명의 신하가 된 나라로서 차마 들을 수 없는 일이다. 이는 대의에 관계되어 다른 일은 돌아볼 겨를이 없는 것이기에 사람을 보내 절교를 고하고 맹약을 어긴 데 대해 힐책하였다. 그러나 짐승같은 마음을 끝내 의리로 회유할 수 없으니 변방의 싸움이 이로부터 시작될 것이다. 불쌍한 우리 백성들이 여러 차례의 변란을 겪고 … 말이 여기에 이르고 보니 매우 마음이 아프다. 그러나 … 진실로 충의를 가다듬어 상하가 함께 원수에 대항한다면 천리의 강토로써 남을 두려워할 것이 있겠는가?"63

인조는 후금과 절교를 하면 전쟁이 일어날 것을 알고 있었다. "변방의 싸움이 이로부터 시작될 것"이라는 대목에서 알 수 있다. 전쟁의 역량이 전혀 없는 국가가 전쟁을 하겠다고 나서는 이상한 의사결정을 한 것이다. 이러면 산하는 초토화되고 조선의 국가 경쟁력은 더더욱 나락을 향해 갈 것임은 말할 나위도 없다. 인조도 이것을 알고 있었다. "불쌍한 우리 백성들이 여러 차례의 변란을 겪고 … 말이 여기에 이르고 보니 매우 마음이 아프다." 이 대목이 이 사실을 말해준다. 아무런 역량도 능력도 없는 조선은 막강한 군사력을 지닌 후금에 대하여 왜 이처럼 어처구니없는 결정을 하였을까?

그 이유는 당시 의사결정에 참여하였던 조정이 엄청난 박스 사고에 빠져 있었기 때문이었다. 박스 사고란 무엇인가? 사람들의 경험이나 신념으로 인해 생기는 근시안적 또는 고착적 사고를 말한다. 한마디로 자신의 생각 박스 속에서 세상을 바라보는 사고를 말한다. 박스 사고의 출발은 앵커링이다. 앵커링이란 생각의 기초가 되는 단서를 말한다. 다음의 예를 보자. 만일 여러분이 [그림 4-2]의 맨 위에

[그림 4-2] 앵커링과 강화

있는 그림을 보았다고 하자. 여러분은 이것이 어떤 의미인지 알기 어려울 것이다. 하지만 [그림 4-2]의 가운데 그림처럼 앞에 A자가 놓여 있으면 여러분은 이것을 B로 해석하게 된다. 이때 A가 앵커링이 되는 정보다. 즉 뒤에 나오는 정보의 의미 해석에 영향을 주는 정보를 말한다. 하지만 앵커링을 바꾸면 해석이 전혀 달라진다. 만일 [그림 4-2]의 맨 아래처럼 12가 주어지면 여러분은 처음 애매하였던 그림을 13으로 해석하게 된다.

이때 자신의 생각이 옳다고 확신하는 정보가 주어지면 이런 생각은 확고한 상태로 굳어진다. 이것을 '강화'라고 한다. 강화란 어떤 요인에 의해 자극과 반응 사이의 특정 관계가 단단해지는 현상을 말한다. 다시 [그림 4-2]로 가보자. 여러분이 최초의 애매한 그림을 보기 전 A라는 정보에 노출되었다고 하자. 그러면 여러분은 애매한 정보를 B라고 해석할 것이다. 그런데 여기에 C라는 정보가 뒤따라오면 이 애매한 정보는 확실히 B가 맞다고 확신하게 된다. 그 이후로는 자신의 생각을 바꾸려고 하지 않게 된다. 이것이 강화다. [그림 4-2]의 맨 아래 그림에서도 유사한 현상이 발생할 수 있다. 처음 주어진 앵커링 정보가 12라면 여러분은 최초의 애매한 정보를 13으로 해석하게 된다. 그리고 이후 14라는 정보가 주어지면 이 애매한 정보가 13이 맞다고 굳건하게 믿게 된다. 강화가 발생해서이다. 이렇게 되면 어느 누구도 막을 수 없는 난공불락의 박스 사고가 만들어진다.

인조의 조정에는 이런 박스 사고에 갇힌 사람들이 의사결정의 핵심 세력으로 등장하였다. 이들에게 주어진 앵커는 성리학과 성리학의 태두 국가인 명나라였다. 그런데 이 명나라가 붕괴 조짐을 보이고 있었다. 그럼에도 조선 조정에게 성리학과 명나라는 세상의 전부였다. 이런 생각을 강화하는 사건이 조선에서 터졌다. 바로 임진왜란이었다. 임진왜란은 오로지 조선 사람들의 힘으로 극복된 변란임에도 선조는 자신의 치적을 내세우기 위하여 명나라의 도움을 임진왜란 극복의 결정적인 요인으로 지목하였다. 그래서 등장한 단어가 '재조지은再造之恩'이다. 조선을 재건하게 만들어준 은혜라는 뜻이다. 이후 조선조정은 재조지은이라는 말을 금과옥조로 생각하였다. 그렇지 않아도 명나라를 아버지의 국가로 앵커링하였던 조선의 사대부들에게 임진왜란 시 재조지은의 은덕을 베푼 명에 대한 충성심은 상상할 초월할 정도로 강화되기에 이른다. 그러니 이 사람들이 새롭게 떠오르는 청나라에 대한 정보에 귀기울이고 이것을 제대로 해석하려고 노력하였을 리 만무하였다.

이것을 박스 사고가 가져다주는 경직성이라고 한다. 이 경직성이 어떻게 작용하였는지 병자호란 당시의 상황을 더 들여다보자. 청나라는 여진족이 세운 나라다. 과거 여진족은 조선의 입장에서는 한 수 아래의 떠돌이 민족에 불과하였다. 조선 사람들이 여진족을 낮추어 부르는 말이 하나 있다. 바로 '되놈'이다. 이것이 변화된 말이 '떼놈'이다. 당시 사람들은 청나라를 '떼놈'의 국가로 인식하였다. 이 단어들을 통하여 당시 조선인들이 청나라를 보는 시각을 읽을 수 있다. 이런 생각이 얼마나 강고하게 자리 잡았는지 조선이 청나라를 인정하는 데에 걸린 시간을 보면 알 수 있다. 병자호란 이후 무려 144년이 지나서야 청의 수준 높은 문화를 수용할 것을 주장한 북학파 실학자인 박지원이 쓴 『열하일기』가 등장했다.

당시 조선의 의사결정자들이 지독한 박스 사고에 갇혀 있었음을 알 수 있는 기록이 남아 있다. 병자호란이 터지기 직전 명나라의 감군어사인 황손무라는 사람이 조선에 와서 남긴 말이다. 황손무는 조선과 청나라를 이간질하여 조선을 명나라에 붙들어 두기 위한 목적으로 조선에 파견된 명나라 관리다.

"경학經學을 연구하는 것은 장차 이용하기 위한 것인데 나는 귀국의 학사와 대부들이 읽는 것이 무슨 책이며 경제하는 것이 무슨 일인지 이해할 수 없소. 뜻도 모르고 웅얼거리고 의관이나 갖추고 영화를 누리고 있으니 … 귀국의 인심과 군비를 볼 때 저 강한 도적들을 감당하기 어렵습니다. … 그들과의 화친을 끊지 마십시오."[64]

이런 말은 황손무로서는 해서는 안 되는 것이다. 조선을 명나라 편에 붙들어 두고 청나라와의 관계를 끊도록 하여야 하는 그의 입장에서 이런 말은 자신에게 매우 위험한 것이었다. 그럼에도 황손무는 조선의 관료들에게 진심 어린 조언을 한다. 그가 이런 말을 한 이유가 있었다. 그는 조선에 머물면서 조정의 유력 인사들을 만났다. 황손무의 눈에 조정의 국사를 책임지는 사람들의 생각이 얼마나 허접한 것인지 들어왔다. 경학이란 유학 또는 사서오경을 말한다. 이것을 읽는 목적은 분명히 국가를 강하게 만들고 국민을 위함인데 도대체 조선의 관료들은 경학을 위한 경학 즉 경학이라는 도그마에 빠져 국가와 국민과는 아무 상관이 없는 전혀 딴 세상의 경학을 이야기하고 있었음을 발견하였다. 그러고 난 후 한 말이 위에 적힌 글이다. 이런 이들의 행태가 얼마나 한심하고 위험하였는지가 "절대 그들과 화친을 끊지 마십시오"라는 말에 묻어 있다. 그들이란 청나라를 말한다. 황손무의 눈에도 조선의 의사결정자 집단은 한심한 박스 사고에 매몰된 것으로 보였다.

박스 사고와 정보 고립

의사결정 계층들의 박스 사고가 강해지면서 조선에서는 이상한 일이 일어났다. 청에 대한 정보 자체를 얻는 것을 기피하는 현상이 빚어졌다. 전쟁이 임박한 상황에서 적국에 대한 정보에 눈감아버리는 기가 막힌 일이 벌어진 것이다. 당연히 조선 조정은 청나라에 대한 정보 고립 상황에 빠졌다. 정보 고립은 세 가지 방식으로 일어난다.

하나는 정보가 아예 없는 상태다. 하룻강아지 신드롬을 말한다. 하룻강아지는 태어난 지 하루밖에 안 되어 세상 정보가 아예 없다. 그러다 보니 호랑이가 무서운 동물인지 알 리가 없다. 다음은 정보 단절이다. 정보를 지속적으로 업데이트하여야 함에도 이것을 게을리할 때 나타나는 일이다. 조선의 사람들이 청나라를 여진족 시절의 국가로만 인식한 것은 청나라 이후 여진족의 정보가 업데이트되지 못하면서 생긴 일이다. 세 번째는 의도적인 정보 수집 기피다. 상대에 대한 정보 자체를 알려고 노력하지 않는 것을 말한다.

당시 조선은 정보 단절도 모자라 적국인 청나라에 대한 정보를 수집하는 행위 자체를 스스로 거부하는 어처구니없는 짓을 하였다. 광해군 시절만 하여도 청이 되기 전의 후금에 대한 정보가 매우 상세하게 조선 조정에 들어왔다. 명나라의 강요에 의해 후금과의 전쟁에 참여한 후 후금의 포로가 된 강홍립 장군으로부터였다. 그는 끊임없이 후금의 상황을 광해군에게 알렸다. 이런 정보에 기초하여 조선은 그나마 명나라와 후금 사이의 줄타기를 할 수 있었다. 그런데 인조 시대에 들어오면서 이런 모든 정보 채널이 막히고 만다. 강홍립을 국가를 파탄낸 죄인으로 취급하면서다. 더 한심한 일이 벌어졌다. 황손무의 충고 이후 조선의 조정에서도 반간계 즉 청나라에 스파이를 잠입시키자는 논의가 일어났다. 인조도 그렇게 하기로 하였다. 그래서 박인범과 권인록을 당시 청나라의 수도였던 심양으로 보내 적의 동태를 살피기로 하였다. 그런데 이들은 돌연 심양에 들어가지 못하고 의주에서 대기하게 된다. 조정의 신료들이 이들이 청나라로 들어가는 것이 잘못된 일이라고 주장하였기 때문이다. 이들의 주장을 들어보자. 우선 오달제와 이일상이라는 사람의 주장이다.

"황손무의 충고를 따르는 것은 의롭지 못한 행동이며 우리는 이미 오랑캐와 절교하여 사신이 통하지 않으니 간첩을 쓰는 것은 있을 수 없다."[65]

조빈이라는 사람의 또 다른 주장도 제기되었다.

"청에 다시 사신을 보내면 반란을 생각하고 있는 백성들에게 구실을 줄수 있다."[66]

상대에 대한 정보를 갖지 못한 국가가 어찌 상대를 당해낼 수 있겠는가? 그것도 전쟁이 임박한 상태에서 적국의 정보를 스스로 포기하는 국가가 어찌 변란을 피할 수 있는가? 결국 조선은 정묘호란 이후 10년 만에 다시 병자호란의 참화를 겪는다. 국가와 국민이 피폐해지는 질곡의 시간 속으로 빠져든다. 임진왜란, 정묘호란도 일본과 후금에 대한 정확한 정보 없이 정치 세력에 기초한 의사결정 계층들이 명분과 이념이라는 박스 사고에서 헤어나지 못하여 일어난 일이다. 이런 일들은 결코 병자호란이라는 전쟁 기간 중에만 국한된 것은 아니다. 이미 그 이전부터 이런 생각의 오류들이 있었고 병자호란 중에도 그 관성대로 흘러간 것뿐이다.

무엇을 배울 것인가?

진화론의 다윈은 유명한 말을 남겼다. "강한 자가 살아남는 것이 아니라 살아남은 자가 강한 것이다." 그러나 이 말은 오해를 살 소지가 있다. "강한 자가 살아남는 것이 아니라, 변화하는 자가 살아남는 것이다"라고 바꿀 필요가 있다. 변화한다는 것은 무엇을 말하는가? 유연해지는 것을 뜻한다.

박스 사고가 위험한 이유는 사고의 유연성을 잃게 하고 결국 변화를 막기 때문이다. 변화에 대하여 좀 더 살펴보자. 변화는 어디에서 시작하는가? 학습이 그 출발점이다. 학습에는 두 종류가 있다. 하나는 채우는 학습이다. 새로운 지식과 경험을 머릿속에 넣는 것을 말한다. 우리가 유치원 때부터 해오던 것이다. 하지만 채우는 학습은 변화를 보장하지는 않는다. 변화하기 위해서는 버리는 학습이 필요하다. 무엇을 버려야 하는가? 생각의 박스 속에 꽉 차 있는 쓸모없는 지식과 정보들을 버려야 한다. 버리기 위한 조건이 있다. 성찰이다. 현재의 상황을 돌아보며 문제를 인식하는 과정이다. 그런데 박스 사고에 집착하면 버리는 학습을 경험할 수 없다. 자신의 박스 속에서 세상을 바라보니 세상의 변화가 보이지 않아서다. 우물 안에서 세상을 보면 우물 바로 위의 맑은 하늘은 볼 수 있지만 저 멀리서 다가오는 먹구름은 볼 수가 없다. 박스 사고도 비슷한 역할을 한다. 특히 병자호란을 겪던 시기 조선의 위정자들과 정치 세력들은 단단한 박스 사고 속에 갇혀 있었다. 이 눈으로 세상을 보니 몰려오는 먹구름을 어떻게 볼 수 있었겠는가?

그렇다면 어떻게 하여야 박스 사고를 벗어날 수 있는가? 몇 가지 요령이 있다. 첫 번째는 자신이 박스 사고를 한다는 사실 자체를 인정하여야 한다. 모든 사람은 박스 사고를 한다. 문제는 박스 사고를 하고 있음을 인정하지 않는 것이다. 이렇게 되면 변화는 일어나지 않는다. 모든 변화의 시작은 '인정하기'에서부터 시작된다. 내 사고방식에 오류가 있을 수 있음을 인정할 줄 알아야 다른 사람의 생각이 들어온다. 병자호란 당시 이런 생각에 눈뜬 사람이 있었다. 청과의 전쟁을 말린 주화파主和派 최명길이다. 그는 청과의 전쟁은 아무 득이 없는 손실만 있는 게임임을 알았다. 그 역시 철저히 성리학을 신봉하던 사람이었다. 따라서 과거 오랑캐 나라였던 청을 형제나 아버지 나라로 모셔야 한다는 사실에 당연히 비분강개하였을 것이다. 하지만 최명길은 자신의 생각이 틀릴 수 있음을 직감하였다. 국가를 위해서는 자신의 소신에 변화가 생겨야 한다는 것을 알고 있었다. 그는 어떻게 해서든 청과의 전쟁은 막아야 한다고 생각하였다.

최명길과 정반대에 있었던 사람이 바로 척화파斥和派 김상헌이다. 그는 자신의 신념 즉 명만이 사대를 받아야 하는 유일한 국가라는 생각을 끝까지 버리지 않은 사람이다. 명은 영원히 존재할 것이라는 생각 속에 빠져 있었다. 청이 강한 나라로 등장하는 것도 무시하였다. 그에게 중요한 것은 자신의 생각을 굽히지 않는 선비정신이었다. 이 두 사람의 행보를 보여주는 일화가 있다. 청과의 전쟁에서 인조는 남한산성 밖으로 나와 청 황제에게 9번 머리를 땅에 찧는 치욕적인 조아림을 한 후 전쟁을 끝낼 수 있었다. 결국 전쟁의 책임을 지

[표 4-2] 최명길 VS 김상헌

	최명길	김상헌
당파	서인	서인
반정가담	인조반정 가담	인조반정 비가담
청 유배 후 귀국 전 청 황제 절 강요시 행동	청 황제에 절	청 황제에 절 거부
사상적 유연성	성리학 + 양명학 → 실리주의 •양명학: 심즉리(心卽理) •세상의 도리를 책이 아닌 마음의 다스림에서 찾음	성리학(주자학) → 명분주의 •주자학: 성즉리(性卽理) •세상의 도리를 성현의 책에서 찾음
역사에의 영향	후손 소론(양명학 계승) → 이용후생(利用厚生)(박지원, 박제가, 정약용 등)	후손 노론(조선 세력의 거점) → 안동 김씨 세도정치의 뿌리
계속된 갈등	양명학: 노론에 의해 사문난적(斯文亂賊)으로 비판받음	양명학에 대한 비판적 시각 → 사문난적이라고 비판

고 최명길과 김상헌은 청나라의 수도 심양으로 잡혀갔다. 이들은 거기서 옥살이를 한 후 다시 조선으로 풀려나게 된다. 그런데 풀어주는 조건이 하나 있었다. 청황제가 있는 곳을 향하여 절을 하라는 것이었다. 최명길은 공손히 절을 하였다. 하지만 김상헌은 끝까지 절하기를 거부하였다. 이것만 보면 최명길은 비겁한 인물로 김상헌은 꼿꼿한 절개 있는 인물로 평가할 수 있다. 하지만 그 이후를 보면 두 사람의 행보가 갈린다. 최명길은 귀국 후 양명학에 대하여도 관심을 갖는다. 성리학이 이념에만 치우쳐 더 이상 세상을 밝혀주지 못한다는 왕양명의 생각을 받아들이기 시작한 것이다. 이러한 그의 변화는 후학들이 새로운 사조를 펼치는 계기를 주었다. 실사구시實事求是와 이용

후생利用厚生이라는 실학사상으로 이어진 것이다. 그의 유연한 생각이 후대에 영향을 미쳤다. 하지만 끝까지 성리학만을 신봉하며 명나라가 성리학에 의해 세워진 나라라고 믿은 김상헌 이후의 후대들은 조선의 최대 당파 세력인 노론을 탄생시켰다. 이 뿌리는 정조 사후 안동 김씨라는 세도정치로 이어진다. 김상헌과는 비교가 되지 않을 정도의 박스 사고에 갇힌 인물과 여기에 탐욕까지 겸비한 세력들이 조선을 좌지우지 하는 시대가 만들어진 것이었다. 이로 인한 폐단은 일본에 국권을 빼앗기는 비극적 결말로까지 이어진다.

두 번째는 '내부귀인'하기다. 귀인이라는 말은 행위와 이로 인한 결과 책임을 누구에게 묻느냐는 말이다. 두 가지가 있다, 하나는 내가 잘못했다고 인정하는 것이다. 이것을 내부귀인이라고 한다. 다른 하나는 주위 환경으로 인해 어쩔 수 없이 그런 일이 벌어졌다고 생각하는 것이다. 이것을 '외부귀인'이라고 한다. "잘되면 내 탓, 못되면 남의 탓"이라는 말이 있다. 내 탓이 바로 내부귀인이고 남의 탓이 외부귀인이다. 그런데 결과가 잘못되었을 때 누구에게 귀인하느냐가 중요하다. 변화가 생기기 위해서는 잘못에 대해 '내 탓'이라는 고백이 필요하다. 이를 통해 자신의 잘못을 돌아보는 성찰이 일어나기 때문이다. 그런데 조선의 치욕의 역사를 보면 이런 내 탓이 사라져 있음을 발견할 수 있다. 이것을 알 수 있는 단서가 있다. 백성의 삶을 극도로 피폐하게 만든 임진왜란, 정묘호란, 병자호란이라는 말 속에서 이상한 점 하나가 발견된다. 모두 '난亂'이라는 말로 끝난다는 것이다. 난은 기본적으로 무도한 자들에 의해 일어난 정변을 의미한다. 홍경래의 난에서 사용된 난이라는 단어는 이런 의미를 담고 있다. 무도한 자인 홍경래가 국가 질서를 어지럽혔다는 뜻이다. 따라서 난이라는 단어를 쓰는 이유는 당시의 위정자들은 아무 책임이 없고 무도한 자인 홍경래 같은 사람들에게 책임이 있다는 것을 강조하기 위해서다. 문제는 이 난이라는 단어를 임진왜란, 정묘호란 그리고 병자호란에도 사용하였다는 점이다. 이들 세 전쟁은 본질적으로 국가 간의 무력충돌이었다. 그럼에도 불구하고 이들 전쟁의 이름이 난으로 끝난다. 무엇을 의미하는가? 조선은 아무 잘못이 없고 조선을 침공한 일본과 후금 그리고 청이 문제라는 뜻이다. 난이라는 단어를 붙임으로 조선은 책임이 없으며 모든 책임은 무도하게도 조선을 침공한 나라에 있음을 강조했다. 뒤집어 이야기하면 조선의 위정자들은 아무런 책임이 없다는 의미가 된다. 결국 조선은 세 차례의 전쟁을 치루면서 제대로 된 반성 한 번 하지 못하고 국가가 기우는 길로 들어섰다. 내부 귀인을 못하니 성찰이 없고, 성찰이 없으니 변화할 줄 모르는 국가로 전락한 것이다.

　세 번째는 상위의 목적함수를 이해하는 능력이 있어야 한다. 박스 사고에 갇혀 있다는 말은 다른 의미로는 자신만을 위한 목적함수에 집착한다는 말로도 표현할 수 있다. 우리는 가끔 의사결정이 어려울 때가 있다. 어디로 가야 하는가? 갈팡질팡할 때가 있다. 그런데 이럴 경우 목적함수를 상위로 올리면 해답이 나온다. 목적함수를 상위로 올린다는 것은 나의 목적에 집착하지 않고 더욱 큰 목적에 무게를 둠을 의미한다. 최명길의 예로 돌아가 보자. 그는 청과의 화평을 주장하였다. 굴욕적이긴 하지만 이것이 조선을 위해 더 낫다고 보았다. 왜 이런 생각을 하게 되었을까? 그의 머릿속에는 상위의 목적함수가 작동하고 있었기 때문이었다. 그 역시 성리학을 신봉하는 학자다. 그래서 분명히 청보다는 명을 선택하고 싶어 하는 사람이다. 하지만 그는 청과의 갈등을 회피하는 선택을 한다. 왜일까? 청을 선택하는 것이 좋아서가 아니라 그렇지 않을 경우 조선의 안위라는 상위의 목적함수에 문제가 생기기 때문이었다. 김상헌의 경우는 어떠한가? 그의 목적함수는 소신을 지키는 자신이었다. 그에게 상위의 목적함수인 국가와 국민은 없었다. 자신의 절개를 지키는 것이 최고의 목적함수였다. 그러니 자신의 목적함수에만 함몰된 박스 사고 속에서 국가가 보였겠는가? 이와 관련하여 연암 박지원이 뼈아픈 글을 남겼다. 박지원은 1737년에서 1805년 사이에 생존하였던 인물임으로 병자호란 발발 시기인 1636년과 비교하면 101년 후 태어난 사람이다. 그는 당시의 사대부 선비들을 세 종류로 구분하였다. 그의 글이다.

상등 선비: "청에는 아무것도 볼만한 것이 없다. … 모두 되놈인 것이다. 되놈은 개돼지 같은 짐승이니 그들에게 무슨 볼만한 것이 있겠는가?"

중등 선비: "명이 망한 뒤 중국에는 노린내가 나고 사용하는 말과 글조차 야만인의 것이 되고 말았다. 10만 대군을 얻을 수만 있다면 산해관으로 쳐들어가 중국 천지를 말끔히 씻어내고 싶다."

하등 선비: "치자는 백성과 나라를 이롭게 할 수 있다면 그 법이 비록 오랑캐에서 나왔다고 하더라도 배워야 한다. 오랑캐를 물리치려면 중국의 법제를 모조리 배워 우리의 고루하고 거친 풍습부터 바꾸어야 한다."[67]

위의 글에서 보면 상등 선비와 중등 선비는 모두 청을 나라로 인정하지 않고 여전히 여진족의 후예인 떼놈으로 인식하고 있음을 알 수 있다. 이들의 공통점은 힘만 있으면 청이라는 야만족 국가를 없애고 싶다는 것이다. 매우 의기가 충만한 사람들이다. 문제는 이들에게 그런 힘이 없었다는 점이다. 울분에만 쌓여 있을 뿐이었다. 기껏 이들이 할 수 있는 일은 청의 문물을 배우는 것을 거부하고 이들과 말을 섞는 것을 치욕으로 생각하는 정도였다. 이들의 목적함수는 무엇이었을까? 자기 자신의 울분을 해소하는 것이 전부였다.

그런데 박지원은 이들과 다르게 생각하는 선비, 하지만 조선에서는 제대로 대접받지 못하는 선비가 있었다고 말한다. 바로 하등 선비다. 이들은 백성과 나라를 이롭게 할 수만 있다면 그 법이 오랑캐의 나라에서 나왔다고 하더라도 배우자고 했다. 이런 생각의 저변에는 하등 선비 역시 오랑캐에 대한 울분이 있었음을 보여준다. 하지만 이들은 여기에서 그치지 않았다. 목적함수를 '나'에서 '국가와 국민'으로 높였다. 그러니 치욕은 좀 참고 이들에게서 이들을 극복할 수 있는 지식과 문물을 받아들이자는 것이다. 이 글을 보면 연암 박지원은 그 자신을 하등 선비로 구분하고 있음을 추정할 수 있다. 그는 앞장서서 청을 받아들이는 『열하일기』를 지은 장본인이기 때문이다.

정리해보자. 한반도는 지금 최강의 두 국가 틈바구니 속에 놓여 있다. 어떻게 하여야 하는가? 가장 낮은 방책이 줄타기다. 이곳과 저곳을 눈치보며 줄타기하는 거다. 물론 이것도 필요하다. 하지만 더 중요한 것이 있다. 바로 국가의 경쟁력을 최고의 수준으로 유지하는 것이다. 이렇게 되면 굳이 줄타기하지 않아도 우리의 목소리를 높일 수 있다. 그런데 이것이 만만치 않다. 국가의 운명을 책임지는 의사결정 계층들의 박스 사고가 생각보다 강하기 때문이다. 박스 사고가 강해지면 내 생각만 옳고 다른 사람의 생각은 틀리다는 아집에 빠지기 쉽다. 그리고 목적함수는 국가와 국민을 향해 있지 못하다. 이것이 조선의 역사 그중에서도 가장 치욕적인 역사 중의 하나인 병자호란이 우리에게 주는 교훈이다.

중국을 딛고 미래로

한국은 중국이 G2로 등장하면서 시련과 기회를 동시에 안고 있다. 과거 미국과 일본이 G2로 있을 때에 비하여 신경 써야 할 것이 서너 배로 늘었다. 한 가지 의사결정을 할 때마다 두 나라의 눈치를 살펴야 하는 일이 빈번해졌다. 이런 일들은 한국의 국가 경쟁력이 약해지면 약해질수록 더욱 심해질 것이다. 어떻게 하여야 하는가? 누누이 말했지만 한국의 경쟁력을 최고조로 끌어 올리는 길 이외는 달리 길이 없다. 이런 점에서 현재의 G2 상황에 대한 명확한 인식이 있어야 하고 이들 통해 생각의 오류를 막으려는 노력이 있어야 한다. 몇 가지가 필요하다.

첫 번째는 새로운 G2로 떠오른 중국을 더욱 정확히 이해하여야 한다. 이것을 위해서는 과거의 중국에 대한 정보와 지식을 버리고 다른 시각으로 새롭게 볼 필요가 있다. 경제적 관점에서 볼 때 중국은 한국과 달리 절대적인 두 가지 경쟁 우위를 가지고 있다. 하나는 중국 시장이 갖는 크기다. 이로 인해 중국 기업은 다른 나라 기업들이 누릴 수 없는 규모의 경제 효과를 누릴 수 있다. 기업이 큰 규모의 시장을 접한다는 것은 무조건 경쟁에서 유리함을 의미한다. 원가를 낮추는 게임을 할 수 있기 때문이다. 아주 간단한 예로 한국의 5,000만 명에게서 1,000원씩 이윤을 남길 수 있는 비즈니스가 있다고 하자. 그러면 이 기업은 500억 원의 이윤을 남길 수 있다. 그런데 같은 종류의 제품을 중국에서는 1/10인 100원만 남기고 13억의 인구에게 이윤을 남길 수 있다고 하자. 이 기업은 1,300억 원을 벌 수 있다. 이윤을 적게 남겨도 한국 기업보다 더 많이 벌 수 있는 중국 기업들은 규모의 경제로 인해 원가를 말도 안 되게 낮출 수 있다. 샤오미의 경쟁력의 한 축이 여기서 나온다.

또 다른 경쟁력은 최근에 만들어진 것이다. 무지막지한 자본력을 중국이 가지면서다. 기업이 제일 어려워하는 것이 있다. 바로 브랜드 파워를 갖는 것이다. 얼마 전까지만 하여도 중국 기업들은 브랜드 파워가 낮은 것으로 생각했다. 이것은 오산이다. 중국은 막강한 자본력을 바탕으로 닥치는 대로 해외 기업을 사들이고 있다. IBM의 노트북 사업부를 레노버가 사들인 것을 필두로 자동차 회사인 볼보가 중국 기업에게 팔렸고 GE의 최고급 빌트인 가전 사업부도 중국 기업 소유가 되었다. 수십 년 동안 만들어진 브랜드를 아예 사버리는 것이다.

이런 중국을 과거의 시각으로 바라보는 것은 정말 바보 같은 짓이다. 정보 자체가 업데이트 되지 못하면 의사결정에 오류가 생긴다. 이제 중국을 중국 그 자체로 다시 보아야 한다. 한국에서 바라보는 중국이 아닌 중국 내륙에서 바라보는 중국을 이해하여야 한다. 그리고 이들이 한국을 쳐다보는 시각 속에서 중국을 이해하여야 한다. 이렇게 하려면 정말 중국을 제대로 이해하는 전문가를 길러야 한다. 중국에 몇 년 살다 온 사람들이 아니라 중국에서 학교를 나오고 생각도 중국인처럼 하는 한국인 전문가를 서둘러 양성하여 한다. 이 사람들이 마치 광해군 때의 강홍립과 같은 역할을 할 수 있도록 해주어야 한다. 그저 중국의 급부상에 벌벌 떨고 있거나 중국 예찬론만 늘어놓고만 있는 그런 사람들이 아니라 중국의 강점과 약점을 정확히 짚어낼 줄 아는 사람들이 필요하다. 또한 그런 사람들이 관료로도 기용되어야 한다.

둘째는 내부귀인하기다. 우리의 현실은 딱하다. 국가의 운명을 가르는 의사결정에 참여하는 다양한 집단들이 내 탓보다는 남의 탓을 하는 것이 오늘 날의 현실이다. 국가가 경쟁력을 유지하는 유일한 방법은 변화를 끊임없이 모색하는 것이다. 그런데 최근 한국의 현실을 들여다보면 그렇지 않다. 한국은 엄청난 변화 저항에 부딪쳐 있다. 새로운 기술 하나를 들여오려고 하여도 기존 이해집단의 눈치를 보느라 아무 일도 못한다. 국가가 창의적으로 변모하기 위한 첫 번째 조건은 자유로운 사고를 할 수 있어야 한다는 거다. 이것을 가로막는 것이 각종 규제다. 천지가 규제로 막혀 있는데 창의적 아이디어가 나올 수 있는가? 그 예를 드론에서 볼 수 있다. 한국은 세계적 수준의 드론을 만들 수 있는 역량을 가진 나라다. 전자 기술, 기계 기술, 항공 기술 그리고 소프트웨어 기술들이 골고루 잘 발달되어 있다. 그런데 한국의 드론 산업은 전 세계 바닥권이다. 고급 기술은 미국과 유럽 기업들이 모두 가지고 있고 조립 기술은 중국이 선도하고 있다. 이유는 드론을 띄울 수 없게 만드는 다양한 규제들이 산재해 있어서다. 이런 문제들에 부닥치면 이 문제를 해결할 수 있는 의사결정 계층에서 생각의 변화가 일어나야 한다. 혹시 나의 경직된 사고로 인해 미래 유망 산업이 망가지는 것은 아닐지 돌아보아야 한다. 그러나 현실은 반대다. 많은 의사결정 계층들은 드론을 골치아파한다. '드론으로 인해 사고가 터지는 것은 아닌가? 드론을 띄워 골치 아파지는 것보다는 못 뜨게 하면 책임을 면할 수 있다. 그러니 띄우지 말라고 했는데 굳이 띄우겠다고 하는 사람들이 밉다.' 이런 사고가 횡횡한 상황에서는 아마 한국에 라이트 형제가 있었어도 국내 비행 산업의 발전은 요원하였을 것이다. 이런 것들이 자신들이 하는 생각의 오류로부터 시작된다는 것을 의사결정의 위치에 있는 사람들이 알아야 한다.

이제 한국의 중국에 대한 선택은 하나다. 과거의 조립하고 제조하는 능력이 아니라 머리를 사용하는 창의력을 극대화해주는 방향으로 모든 산업의 길을 열어주어야 중국을 극복할 수 있다. 최근의 한류가 이것을 여실히 보여주고 있지 않은가? 중국은 아직도 콘텐츠 제작에 있어서의 제약조건이 많다. 상대적으로 자유로운 국가인 한국에서 한류가 태어난 이유이기도 하다. 이것 없이는 G2 시대에서 중국과의 대적은 어렵다.

마지막은 상위의 목적함수 인식하기다. 한국이 가진 치명적인 약점은 생각의 목적함수가 기능 영역에 갇혀 있다는 것이다. 정치권은 자신의 표밭이라는 기능적 목적함수에 갇히면서 국가와 국민이라는 상위의 목적함수를 내팽개쳤다. 자신들의 목적함수 이외의 이야기를 하는 사람들은 모두 적으로 생각한다. 앞에서도 말했지만 G2 시대에 가장 중요한 역량은 국가 경쟁력을 유지하고 이를 통해 경제력과 군사력을 강하게 유지하는 길뿐이다. 그래야 우리의 목소리를 높일 수 있다. 이런 생각을 하는 것은 편협한 국수주의와는 다르다. 국가가 허약해지면 절대 아무도 그 국가를 돕지 않는다. 먹잇감을 돕는 바보 같은 나라가 어디에 있겠는가? 국가가 약하면 당한다는 현실을 우리는 역사 속에서 반복적으로 보았다. 따라서 국가가 강해져야 한다는 사실은 국수주의적 사고와는 거리가 멀다. 생존하자는 것이다. 이렇게 하려면 의사결정의 품질이 좋아야 한다. 이것을 달성하는 유일한 방법은 모든 의사결정이 상위의 목적함수에 입각하여 이루어지는 것이다. 매번 의사결정의 품질이 좋아도 국가 경쟁력을 끌어올리기 어려운 상황에서 상위의 목적함수에 입각한 좋은 의사결정은 지연시키고 자신의 목적함수에만 집착하는 나쁜 의사결정만이 반복된다면 G2 시대 한국은 새로운 국난에 직면할 가능성이 높아질 것이다.

Ⅱ부

한국 기업,
어떻게 대응할 것인가?

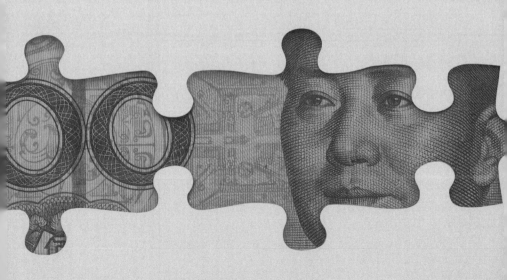

05
한국 기업의 중국 진출과 협력 방안

노재헌(한중문화센터(중국) 원장)

중국 시장은 그 어느 시장보다 거대하면서도 빠르다. 이러한 중국 시장에서 살아남고 궁극적으로 성공하기 위해서는 각 산업별로 구체적이고 실증적인 접근을 통해 적합성이 있고 현실적인 협력 모델이 만들어져야 한다. 그동안 한국의 많은 기업들이 중국에 진출해왔다. 하지만 아직도 중국 진출 기업들의 경험담 중 가장 흔히 듣는 말이 "중국은 어렵다"이다. 너무 쉽게 중국을 보고 접근한 경향이 있어 나타나는 결과이기도 하지만, 아직 우리가 중국을 잘 모르고 있다는 반증이기도 하다.

따라서 이 기회를 빌어 먼저 중국의 투자 환경 변화를 짚어보고 이러한 변화 과정에서 우리에게 기회가 주어질 수 있는 분야는 어디인지 그리고 극복해야 할 도전과 이슈는 무엇인지 살펴보고 어떤 협력이 필요할지 제언하고자 한다.

한국 기업의 중국 진출 및 투자

중국 진출의 선구자들

1992년 한중 수교 이후 많은 기업이 중국 시장에 진출하였다. 1990년대 후반 제조 기업들의 현지 생산을 통한 성공적인 중국 시장 공략의 선구적 사례로 오리온과 이랜드가 꼽힌다. 2000년대 후반부터는 현지 배급 파트너와의 수익 배분 제휴를 통해 중국 게임 시장을 석권하다시피 한 넥슨과 스마일게이트가 있다. 그리고 2010년도 들어서 급성장한 한류 콘텐츠에 힘입어 방송 제작사와 종합 기획사 그리고 한류 파급 효과에 힘입은 분야(뷰티, 푸드, 패션 등 라이프스타일 상품) 기업들이 중국 진출을 주도해왔다. 하지만 안타깝게도 이러한 몇몇 기업의 성공에 비해 훨씬 많은 기업들이 중국 시장에서 실패를 경험하고 있는 것이 현실이다. 중국 진출 기업의 성공은 단기적인 경영 성과에 집착하지 않고 장기적인 투자를 통한 현지화 기반 위에서 급속도로 변화하는 중국 시장의 변화에 대응한 신속한 의사결정의 결과라 할 수 있다. 전략을 다 준비하고 진출하기에는 너무 늦다. 샤오미의 창업자이자 CEO인 레이쥔 회장은 바로 성공 가능성만 보고 신속하게 사업을 시작하고 변화에 따라 전략을 수정해가는 방식으로 성공을 이뤄가고 있다.

급속히 변화하는 중국 투자 환경의 현주소

국가의 경제성장은 가계·기업·정부의 투자와 지출의 함수이다. 그러나 중국은 정부 정책이 절대적인 변수이다. 가계와 기업은 정부 정책의 종속변수로 보아야 한다. 즉 중국의 투자 환경은 철저히 정책으로 접근해야 하며 산업 구조의 재편, 지역 발전, 기업 투자, 가계 소비 등이 모두 정부 정책에 따라 결정된다. 따라서 2015년 10월 25일~29일에 열린 제18기 중앙위원회 5차 전체 회의에서 채택된 「국민 경제 및 사회 발전에 관한 13차 5개년 계획 (2016~2020)」이 향후 중국 투자 환경을 파악하는 데 중요한 포인트가 된다.

그러면 경제발전 계획에 따라 중국은 어떻게 바뀌는 것인가? 13차 5개년 계획의 정책 목표는 첫째, 고성장이 아닌 중성장이다. 경제성장률 목표치를 6%대로 낮추었으며, 보편적 중산층 사회인 샤오캉[68] 사회 건설이 중국이 목표하는 바이다. 투자와 수출이 아닌 소비가 성장의 기본 원동력이 되며 서비스업 비중을 높여 내수 증진과 일자리 창출을 촉진하려한다. 국유 기업을 개혁해 경영 효율을 높이고, 민간 기업은 중소기업의 지위와 역할을 강화해 경제 활력을 제고해나가고 외국 기업에 대한 차별 역시 철폐해나가고자 한다. 또한 지역 개발에 있어서는 일대일로[69], 징진지프로젝트[70], 창장경제벨트[71]의 다양한 광역화·도시화 프로젝트를 통해 신도시 교통, 환경 등의 인프라를 구축하여 전 지역 균형 성장을 도모하며 효율적인 자원 배분으로 지역 간 시너지도 극대화해나갈 것이다. 고질적인 환경 문제와 자원 문제를 해결하여 친환경적 경제성장을 지향하며, 동시에 고령화와 소득수준 향상에 따라 의료기관과 의료보험 등 제도 개선을 통한 '건강 중국'을 추진한다. 인프라 사업과 인터넷 기술을 전통 산업에 융합하여 전통 산업의 발전 또한 촉진하고자 한다.

이러한 정부 정책에 따라 시장은 이미 즉각적으로 반응하고 있으며 급격히 변화 중이다. 우리가 가장 주목할 만한 변화로는 중국이 소비의 시대에 들어서면서 소비가 중국의 성장 원동력으로 자리매김하게 된 것이다. 또한 중국 정부는 소비 여력 유지와 확대를 위하여 2020년까지 최저임금 인상폭을 연간 5~8%로 유지하는 소득배증倍增 정책을 실시하고 있다. 이 과정에서 저부가가치 제조업은 도태되고 내수 서비스 산업 위주의 안정적 성장이 실현될 것이라 본다.

따라서 중국 경제 '신창타이'72의 수혜분야는 바로 서비스 산업이 될 것이다. 유망 서비스 산업 분야는 의료, 교육, 문화, 콘텐츠 등이며 3대 소비 주체인 유아, 여성, 노인 대상 서비스 산업이 각광받게 될 것이다. 또한 자본시장이 개혁되고 커지면서 금융 업종에 대한 관심도도 높아질 것으로 보인다.

중국 시장의 변화가 대한민국에 미칠 영향은?

중국의 경제발전은 우리에게 많은 기회를 가져다 줄 것이다. 반면 경쟁력이 약한 산업 분야에는 큰 위기가 될 수 있다. 즉 중국의 경제발전으로 파이는 늘어나지만 우리의 몫은 작아질수 있다는 것이다. 과거에 비해 비약적으로 높아진 제품 경쟁력, 여기에 축적된 자본과 정부 지원으로 무장한 중국 기업들의 강력한 도전에 직면한 상황이다. 자본, 시장, 인재 등 모든 것을 갖춘 중국에 어떻게 대처해야 하는가에 대한 답은 바로 선택과 집중이다. 중국이 원하는 분야, 우리가 경쟁력을 가진 분야에 집중하고 중국 기업들과 함께 성장하여 이익을 함께 나눌 수 있는 방법을 찾아야 할 것이다.

중국 시장 진출 전략

반도체 산업에 집중하라!

중국 반도체 산업은 절대적으로 수입 의존적이다. 우리나라 수출 1위 품목인 반도체 산업이 중국에서는 반대로 수입 1위 산업이다. 또한 중국 반도체 산업의 상위 10개 업체가 모두 외국 기업이다. 그러나 최근 들어 비약적으로 수요가 늘어난 스마트 기기용 반도체 설계 업체들이 성장하면서 팹리스[73] 위주로 발전하고 있다. 그리고 중국 정부는 이러한 팹리스들의 수탁 생산을 담당하는 파운드리[74]도 함께 성장을 지원하고 있다. 후공정 분야는 이미 인건비 경쟁력을 바탕으로 오랫동안 전 세계 반도체 후공정 분야 패키징 및 테스트 하우스 역할을 담당하며 발전했다. 반면 전 분야에 걸쳐 성장하고 있는 비메모리 분야에 비해 메모리 분야는 상당히 낙후된 상황이다. 이에 중국 정부는 작년 막대한 투자 기금과 대대적인 산업 지원 프로그램을 마련하며 2020년까지 세계 수준의 반도체 산업으로 발전을 추진 중이다.

중앙정부와 지방정부가 함께 반도체 지원 펀드를 결성하고 있으며 2020년까지 업계 전체 매출의 연평균 성장률을 20% 이상 끌어올리는 것이 목표이다. 중앙정부 펀드는 당초 목표액이었던 188억 달러

[표 5-1] 중국 반도체 산업 개관

팹리스	파운드리	후공정
중국 팹리스 기업들은 중국 정부의 반도체 펀드 및 적극적인 금융 지원을 통해 M&A에 적극적으로 참여하며 대형화가 빠르게 진행 •(대표 업체 스프레드트럼) 2014년 팹리스 매출액 상위 50개 기업 중 대만이 16개, 중국이 9개로 중화권 업체가 절반을 차지 •2014년 중국 IC 설계 시장은 1,047억 위안, 전체의 34.7%로 전년 대비 29.5% 성장	적극적인 정부 지원 정책 •수탁 생산인 파운드리 업체 중 SMIC는 글로벌 5위로 2015년 2분기 가동률이 10.2%를 기록, 하지만 아직은 저가 저기술 집중 •2014년 파운드리 시장은 전년 대비 11.0% 성장	인건비 경쟁력으로 외국인 투자에 힘입어 발달 •중국은 세계 반도체 산업의 패키지 하우스의 역할을 담당하고 있으며 10대 IDM 기업들 중 8개 업체가 중국에 패키징 및 테스트 제조 시설을 갖추고 있음 •최근 스태츠칩팩을 인수한 JCET가 글로벌 3위권 •2014년 후공정 시장은 전년 대비 15.2% 성장

에서 219억 달러를 넘어설 예정이며 베이징, 상하이, 칭다오 등 지방 정부가 조성 중인 펀드까지 포함한다면 2020년까지 전체 펀드 규모는 1,200억 달러에 이를 전망이다. 기 조성된 펀드들은 중국 반도체 산업의 선두 기업에 집중하여 투자를 집행하였고 그 결과 대형 반도체 기업으로 성장하고 있는 반도체 기업 집단들이 있다. 바로 칭화유니그룹, 다탕, CEC 등이 중국 반도체 산업 굴기의 주역들이며 이미 다수의 팹리스, 파운드리, 후공정 기업들을 수직계열화하여 보유하고 있으며 공격적인 투자를 이어가고 있다. 중국 반도체 비메모리 분야는 향후에도 대형화가 가속화되는 팹리스와 함께 이를 수탁 생산하는 비메모리 분야 파운드리 기업이 함께 성장하고 패키징과 테스트의 후공정 기업이 따라가는 3각 체제의 발전이 가속화되어갈 것

으로 예상된다. 그러나 상대적으로 낙후된 메모리 분야에서는 단기간 압축 성장을 위해 대규모 인수합병을 계획·추진 중인데 그중 가장 앞장서나가고 있는 회사가 칭화유니그룹이다. 칭화유니그룹은 미국 메모리 반도체 기업인 마이크론의 인수합병에는 실패하였지만 미국 웨스턴디지털 지분 15% 인수에 이어 샌디스크를 우회 인수하였고 800억 위안 규모의 유상증자를 실시하여 조달한 자금을 메모리칩 공장 설립에 투입할 예정이다.

중국 반도체 시장에 투자해온 대표적 외국 반도체 기업 투자 형태는?

1) 피동형

중국 현지에 생산 공장 투자 없이 IP[75]관리와 로열티 징수를 위한 현지 법인만을 운영하는 투자 형태로 미국의 퀄컴이 대표적이다. 당연히 중국에서는 과실 송금만을 목적으로 하는 피동형 투자 방식을 환영하지 않는다. 최악의 경우 중국 정부의 징벌적 대상이 될 수 있으며 실제로 퀄컴은 조 단위의 과징금 부과 처분을 받기도 하였다.

2) 수동형

중국에 100% 자회사 형태로 대규모 생산 공장을 운영하는 투자 방식이다. 중국 현지의 막대한 고용 창출과 세수 증대 유발 효과로 중국의 반도체 굴기 선언 전까지만 해도 중국 중앙정부 및 지방정부로부터 각종 세제 혜택 등으로 환영받았던 모델이었다. 우리나라 삼성전자와 SK하이닉스의 시안과 우시의 투자가 이에 해당한다. 하지만 이제 반도체 기술 독립을 선언한 중국 반도체 업계에서 더 이상

적극적인 환영을 받지 못하는 모델이다.

3) 상생능동형

IP를 활용하여 중국과 적극적인 기술 및 자본 제휴 관계를 맺는 조인트 벤처 모델 즉 합자 모델이다. 인텔의 경우 칭화유니그룹의 UNIS 스프레드트럼 RDA에 15억 달러 20% 지분 투자 이후 중국 로컬기업을 대상으로 퀄컴에 비해 열세였던 모바일 AP 점유율을 높여 가고 있으며 1억 달러 규모의 펀드를 설립하여 중국 반도체 생태계 조성에도 역할을 하고 있다. 결국 적극적인 기술 및 자본 제휴의 결과는 인텔의 중국 내 지속적인 시장점유율 확대와 성장으로 나타나고 있다.

한국의 반도체 기업들, 중국에 어떻게 진출했는가?

종합 반도체 기업인 삼성전자와 SK하이닉스를 중심으로 전후 공정 전반에 걸쳐 중국 대비 경쟁우위가 있는 생태계가 확립되어 있다. 국내 종합 반도체 업계는 메모리의 패키징 및 테스트 후공정 분야는 1990년대 후반부터 이미 중국으로 전환하였으며 2000년대 들어서부터는 대규모 생산 시설인 전 공정 Fab[76] 투자에 나서고 있다. 삼성전자의 경우 75억 달러가 투자된 중국 시안의 낸드플래시 Fab을 최근 가동하기 시작했다. SK하이닉스는 이보다 훨씬 앞서 중국 우시에 D램 Fab을 운영 해오고 있다.

이에 전 공정의 장비, 재료 및 후공정의 패키징과 테스트 국내 주요 중소 반도체 기업들도 종합 반도체 기업과 중국에 동반 진출하여 현지 사업을 수행해나가고 있다.

중국 '반도체 굴기'가 한국 기업에 미칠 영향과 대응은?

중국 반도체 산업의 변화는 우리에게는 위기이자 기회다. 우선 종합 반도체 기업에게는 크나큰 위기가 될 것이다. 부족한 기술력을 거의 무한정 자본을 투입해 확보하려는 중국 정부의 지원에 힘입은 칭화유니를 비롯한 거대 중국 반도체 기업 집단들의 도전 속에서 우리 삼성전자나 SK하이닉스는 협력이냐 경쟁이냐라는 전략적 선택의 기로에 놓일 것이다. 이에 대한 대응 전략의 수립이 중요한 시점이다. 반면 중국이 보유하지 못한 기술을 보유한 우리 중소 반도체 기업들에게는 좋은 기회가 될 것이다. 우리 반도체 기업들의 기술력과 노하우에 관심을 보이고 있는 중국과 우리의 것을 지키며 원-원할 수 있는 협력 모델을 찾되 중국 자본에 장악되지 않도록 주의해야 한다. 즉 우리의 기술 IP를 자산으로 중국 자본과 결합하여 현지 합작사를 설립하고 현지 합작사를 통해 새롭게 개발된 기술로 중국 시장을 공략하고 성장하여 성과를 나누는 상생의 한중 합작 모델이 필요할 때이다.

문화 산업을 공략하라!

무엇보다 '문화는 산업이다'라는 인식이 중요하다. 문화는 산업 영역과 창의 영역이 결합된 고부가가치 고성장 산업이다. 2009년 이후 세계 산업의 평균 성장률(2.9%)과 비교해보더라도 문화 산업의 성장률(4.7%)은 두 배에 이른다.

이러한 '문화'가 산업화되기 위한 필수 조건으로는 지속적인 수익모델의 등장이 있다. 파급 효과가 큰 문화 상품에 지속가능한 수익 모델이 결합되어야 한다. 또한 문화 산업은 정부가 개입해야하는 산업 분야인 만큼 규제와 정책을 집행하는 정책 당국의 마인드가 중요하다. 무엇보다 문화를 산업으로 바라보는 인식이 중요하며 문화 산업에 대한 정부의 실질적이고 실용적인 지원이 필요하다. 더불어 문화 산업에 대한 규제는 현재 상황을 고려해서 이루어져야 한다. 중국의 경우 문화 콘텐츠 산업에 대한 규제는 강력하지만, 자국의 문화 콘텐츠를 보호하기 위한 정책은 실용적이며 현실적이다.

문화 산업의 융합과 트렌드

이제 200년 동안 서양 문화가 주도한 문화 산업의 축이 중국을 중심으로 한 동양으로 움직이려 하고 있다. 이러한 문화 산업 발전을 좌우할 키워드는 융합과 트렌드이다.

1) 기술, 서비스 및 문화의 융합

라이프스타일 전반에 걸쳐 O2O[77]서비스가 급격하고 거대한 변화를 가져오고 있다. 스마트폰을 활용한 모바일 결제를 바탕으로 오프라인 상품과 서비스의 소비가 온라인과 모바일로 급격히 이동하고 있다. 중국 오프라인 유통의 강자인 완다와 인터넷 거대 기업인 알리바바와 텐센트 등 온·오프라인 기업 가릴 것 없이 O2O 플랫폼을 선점하기 위하여 막대한 투자를 하고 있다.

2) 동서양의 문화 융합

'한류의 본질은 서양의 문화를 동양화했다는 것'이다. 대표적 예로

싸이의 「강남 스타일」은 서양의 음악 스타일과 동양의 해학적 요소를 동시에 담고 있다. 중국도 이러한 서구 문화의 로컬화라는 문화 산업 발전을 추진하고 있고 한국이 필요한 이유가 여기에 있다. 나아가서 한국의 브랜딩 노하우와 프로듀싱 능력이 중국의 자본과 인력을 만나게 되면 아시아 중심적이면서도 글로벌한 문화 상품으로 발전이 가능할 것이다.

3) 문화는 트렌드

한류의 본질은 결국 새로운 트렌드이며 콘텐츠 자체보다는 파급 효과로 만들어진 한류 라이프스타일의 팬시함을 통해 소비되는 측면이 더욱 강하다. 따라서 한류가 트렌드 세터Trend Setter로서의 지위를 상실하지 않고 어떻게 유지해 나가느냐가 한류 발전의 또 하나의 관건이다.

문화 콘텐츠 산업이 어떻게 중국 시장에 진출할 것인가?

중국은 자국 문화 콘텐츠를 '외상투자산업지도목록'[78]으로 규제하고 있다. 심의·쿼터 등 기본 규제 이외에도 제작·배급 등 콘텐츠의 생산과 유통 전 단계에서 모두 외국 기업과의 합자를 원천적으로 금지하는 강력한 규제를 시행하고 있다.

이러한 규제 속에서도 현재까지 성장을 지속해온 한국 문화 콘텐츠의 중국 진출 모델을 살펴보면, 초창기 완성된 콘텐츠 수출, 즉 방송판권 판매의 형태가 주류를 이루다가 〈아빠 어디가〉, 〈런닝맨〉 등의 프로그램 포맷을 수출하는 형태로 발전해왔으며 현재는 개별적

[그림 5-1] 동서양의 문화융합

인력 수출 형태인 한중 합작 제작이 주를 이루고 있다. 이제는 기획과 제작의 현지화 모델인 시스템 수출 단계로의 발전이 필요한 상황이다.

시스템 수출을 위해서는 공동 제작의 한계를 탈피하고 영속적인 비즈니스가 가능하도록 중국 기업과의 합자 모델이 필수이며 합자회사를 통해 지적재산권, 자본, 현지 네트워크를 축적하게 되면 전형적인 현지 제작사로의 성장과 도약이 가능하다. 따라서 아직 영화, 드라마, 예능 등 외자의 투자가 엄격하게 규제되는 분야에서 합자 모델에 대한 한중 정책 당국의 심각한 고민이 필요하다.

규제가 심한 영화, 드라마, 예능 등의 분야는 근본적으로 외국 기업이 제작과 배급에 투자자로 참여하는 것이 제한되어 있는 상황이며 한중 FTA에도 불구하고 한국 문화 콘텐츠 기업에 더 유리한 내용은 없다. 즉, 이미 문화 콘텐츠 분야에서 제작과 배급을 모두 개방한 우리와 달리 중국은 대부분의 콘텐츠 분야를 아직도 보호 산업으로 규제하고 있다. 외국 기업의 저작권 인정과 보호 또한 잘 이루어지지 않아서 현재 수출이 활발한 포맷 수출조차 중국 내 저작권을 제대로 행사하지 못하고 있는 것이 현주소이다. 따라서 중국의 각종 제한을 완화하는 한중 간 투자 협정 개선을 위한 정책적 협력이 시급한 시점이다. 구체적으로는 문화 산업 분야에서도 가장 높은 양허수준의 개방이 이루어져서 외국 자본 기업의 업종별 투자 제한 해소 및 지분 제한 완화가 허용되어야 하며 높은 수준의 지적재산권 규범 정비와 불법 저작물 유통 감소 대책이 실행되어야 한다. 한중 투자 협정 개선 이외에 한중 문화 협력 사업에 공동 투자하는 한중 문화 펀드의 조성 또한 다른 정책적 해결 방안이 될 수 있겠다.

반면 합자 모델은 규제가 적은 문화 상품인 한류 패션, 뷰티, 푸드 등 라이프스타일 분야에서는 이미 대세가 되었고 향후 성장 전망도 밝다. 한 예로 중국 최고의 쇼핑 시즌인 광군제[79]에는 알리바바의 전자상거래 플랫폼에서만 하루 동안 900억 위안의 매출을 달성하였다고 한다. 이는 한화로 16조 3,000억 원 정도 되는 금액이다. 이날 소비되는 제품 대부분이 젊은 계층이 선호하는 라이프스타일 상품들임을 감안하면 O2O시장의 중심에 있는 알리바바를 비롯한 강력한 O2O채널과의 연계 강화를 통한 성장 잠재력은 무궁무진해 보인다. 한류 상품을 지렛대 삼아 중국 플랫폼들과의 긴밀한 협력 방안을 고민해봐야 할 것이다.

합자 모델이 가능한 또 다른 문화 산업 분야는 공연 산업이다. 공연 산업은 49% 이하의 외국 자본 투자가 허용되는 유일한 분야이다. 공연 시장의 경제적 규모는 10조 원 이상으로 한국(5,000억 원)의 약 20배에 달한다. 성장성 측면에서 중국 내 창작 뮤지컬의 제작 현황만 보더라도 2008년 5편에 불과했던 제작 편수는 2012년에는 47편으로 급증하였다. 최근 중국에 진출하여 성황리에 공연을 이어간 한국 창작극 〈난타〉의 경우 꾸준한 관객 호응과 흥행으로 광저우에 전용극장도 문을 열었다. 앞으로는 한발 더 나아가 우리의 창작 노하우와 중국의 자본을 결합한 글로벌한 창작 공연물의 제작으로 발전하리라 기대된다.

이제 중국 시장에 진출하는 콘텐츠는 한류 콘텐츠를 뛰어넘은 범 아시아적인 콘텐츠의 개발로 전환되어야 한다. 자국 문화에 대한 자부심이 강한 나라가 중국이다. 한류에 대한 인식이 어느 날 급격히 식어버릴 수도 있다. 중국과 함께 손잡고 아시아의 가치를 담는 콘텐츠를 개발해야 우리의 미래가 밝다. 이를 위해서는 콘텐츠의 근간이 되는 아티스트 육성 프로그램인 아카데미 사업도 필요하다. 우리의 아티스트 발굴 및 육성 노하우와 중국의 인재들을 결합하여 범 아시아 스타, 나아가 글로벌 스타들을 지속적으로 배출시켜야 한다.

중국 진출 기업들에 대한 제언

끝으로 중국에 진출하는 우리 기업들이 늘 유념했으면 하는 점을 이야기하겠다. 첫째, (우리가 원하는 것이 아닌) 중국이 원하는 것을 찾고 둘째, 빨리 움직여야 하고 셋째, 많이 주고 (신뢰 관계를 형성하고) 우리

것으로 만들고 넷째, 함께 힘을 합치는 것이다. 최근에 상하이미디어 그룹, 알리바바, 텐센트가 함께 100억 위안 규모의 문화 펀드를 조성한 사례가 있다. 함께 협력하며 사업을 모색하고 있는 중국의 거대 기업들이 낸 성과이다. 대한민국 기업들 역시 함께 지혜를 모아야 할 시기이다.

06

[중국 기업들의 한국 기업에 대한
                          이해와 협력 방안]

김보형(킹앤우드 맬리슨스 파트너 변호사)

이 장에서는 중국 자본의 해외 투자 추세와 한국으로의 투자 유치 전략 등에 대해 논의해보고자 한다.

최근 중국은 왜 전 세계적으로 뜨거운 관심을 받고 있는 것일까? 그 이유는 바로 중국의 규모이다. 중국의 인구는 35개국의 인구를 합친 것과 비슷한 수준이다. 즉 중국과 교역하는 것은 많은 국가들과 동시에 교역하는 것과 마찬가지인 셈이다. 또한 중국어를 모국어로 사용하고 있는 인구는 영어, 스페인어, 아랍어를 모국어로 사용하는 인구를 모두 합한 수치에 달한다. 이러한 중국의 규모는 중국의 잠재력을 뜻한다.

개혁개방 이래 중국은 세계의 투자처를 자처하며, 시장을 기술 및 자본과 맞바꾼다는 전략에 기초하여 적극적으로 외자를 유치해왔다. 그러던 중국이 2000년대 들어 해외에 눈을 돌렸다. 해외 투자를 통계로 잡기 시작한 2003년부터 2014년까지 12년 동안 중국의 해외 투자 규모는 45.6배 성장하였다. 무려 37.5%의 연 평균 성장률을 기록한 것이다. 2013년과 2014년, 중국은 2년 연속 미국과 일본에 이어 3대 투자국의 지위를 차지하였다. 또한 2014년에는 최초로 외자 유입과 해외 투자 비율이 1:1의 균형을 이루었다. 참고로 1990년대에는 외자 유입과 해외 투자의 비율이 18:1이였다.

2014년 말 중국의 해외 직접투자 누적액은 8,826억 4,000만 달러로 세계 8위를 기록했고 처음으로 세계 10위 안에 진입했다. 중국이 해외 투자에 나선지 얼마 되지 않았기 때문에 투자 누적액은 미국과 일본 등 기존 해외 투자 대국의 수준에 크게 못 미쳤다. 2014년 말 중국의 대외 투자 누적액은 GDP의 7% 수준으로 미국의 36% 수준을 크게 밑돈다. 이는 중국의 해외 투자는 아직도 엄청난 여력을 가지고 있음을 뜻한다. 지난 2014년 열린 APEC 회의에서 시진핑 주석은 향후 10년간 1조 2,500억 달러를 추가로 투자할 것이라고 발표했다. 그 규모는 총 2조 달러에 육박한다.

통 큰 중국 투자자들! 한국은 어떻게 중국의 마음을 사로잡을 것인가? 이것이 우리에게 주어진 과제이다.

중국의 해외 투자

중국의 해외 투자 유형별 구분

[표 6-1]은 중국의 해외 투자를 첫째, 자원·에너지 둘째, 기술·브

[표 6-1] 중국 해외투자 목적별 분류

분류	상세내용
자원, 에너지	경제의 급성장에 따른 충분한 자원, 에너지 접근성 확대 필요
기술, 브랜드	발전된 기술, 제조 프로세스 경영노하우 확보
신시장 개척	내수시장 경쟁 심화로 인한 미개척 시장으로 확장
무역장벽 우회, 완화	북미, 유럽시장 진출에 대한 제한을 줄이려는 해외투자 등 진행

자료: 중국의 대한투자 매력과 시사점, FIP-2014-0002 (통권 제 201호, 2014. 07. 01), 전경련

랜드 셋째, 신시장 개척 넷째, 무역장벽 우회·완화의 4가지 목적으로 분류한 것이다.

첫째, '자원·에너지'는 급속한 경제성장을 지속하기 위해 원자재인 자원과 에너지에 대한 접근성을 확보하려는 목적성을 띤다. 중국이 공격적으로 아프리카에 진출하며 만들어진 신조어인 차이나아프리카China+Africa를 예로 들 수 있다.

둘째, '기술·브랜드'에서는 주로 브랜드 인지도가 높으나 재무 사정이 좋지 않은 기업을 인수함으로써 시장 진출의 교두보를 마련하고 선진 기술을 습득하려는 목적성을 가진다. 지리자동차가 볼보를 인수한 사례라던가 동펑자동차가 푸조시트로엥을 인수한 사례 등이 좋은 예이다.

셋째, '신시장 개척'은 내수 시장의 경쟁 심화에 대응하는 한편 미개척 시장에서의 시장 선점 우위를 확보하기 위한 목적성을 가진다. 2013년 인도네시아 서부 자바 댐 건설에 참여한 사례 또는 카자흐스탄 카샤간 유전 매입 등이 신시장 개척을 위한 투자 사례이다.

끝으로 '무역장벽의 우회·완화'는 중국산 제품에 대한 외국의 쿼터, 관세, 기타 장벽을 피하기 위한 목적성을 가진다. 중국 TV 제조사 TCL은 중국산 TV에 대한 유럽의 쿼터를 회피하기 위한 목적으로 2002년 독일 슈나이더를 인수한 바 있다.

최근 중국 정부가 적극적으로 추진하고 있는 금융 분야에 대한 투자 역시 최근의 새로운 트렌드이다. 이 투자는 위안화의 국제화를 위한 거래 인프라 구축 및 금융 수출을 위한 교두보 마련의 목적성을 가진다. 그 예로 2014년에 푸싱그룹이 카이하 세로구스 에 사우데를 인수하였으며, 공상은행은 스탠다드은행 글로벌 사업부문을 인수하였다.

해외 투자 단계별 변화

위에 언급된 각 목적별 투자가 칼로 자른 듯 단계별로 나뉘지는 않지만, 중국의 해외 투자는 자원·에너지 → 기술·브랜드 → 신시장 개척 → 무역장벽 우회·완화 → 금융 인프라의 순으로 확장되는 추세를 보였다.

투자의 주체도 국유 기업과 정부 위주에서 민간 기업으로 변화하고 있다. 2013년 말 비금융 부문의 해외 직접투자액(누계) 5,434억 달러 중 민간 기업의 비중은 44.8%로 2013년보다 4.6%p 늘었다. 정부 차원의 해외 직접투자도 중앙정부 주도였던 과거와 달리 지방정부의 독자적 투자도 늘어나고 있다. 2013년 지방정부 차원의 해외 직접투자 규모(금융 부문 제외)는 364억 1,500만 달러로 중국의 해외 직접투자 총액 중 39.3%를 차지했다. 지역별로는 광둥广东, 산둥山东, 베이징北京의 해외 직접투자 규모가 컸다.

관련 법률 법규의 변화

해외 투자의 활성화에 따라, 관련 법률 법규 및 정부의 관리·감독도 변하고 있다. 개정의 방향은 행정의 간소화와 감독권의 하향 이관이다. 사전 심사 비준제는 사후 등록제로 개정되어 '선 투자와 후 관리'로 변하였다.

중국 해외 투자는 정부의 관리·감독을 받는다. 그 주체는 균형적 발전을 위한 조타수 역할을 맡고 있는 '국가발전개혁위원회', 중국 문지기 역할을 하고 있는 '상무부', 외환의 통제·송금 등을 관장하는 '외환관리국' 그리고 국유 기업 관리 및 감독을 하는 '국유자산감독관리위원회'이다. [표 6-2]와 [표 6-3]은 국가발전개혁위원회와 상무부의 비준 기준을 개정 전과 개정 후로 나타낸 것이다. 민감 국가[80]와 민감 업종[81]은 [그림 6-1]과 같다.

[표 6-2] 국가 발전과 개혁 위원회

(달러)	개정 전		개정 후
	자원 개발류	기타	
국무원 심사 비준	2억 이상	5,000만 이상	20억 이상의 민감 국가 또는 민감 업종
국가발전과개혁위원회 심사 비준	3,000만~2억	1,000만~5,000만	민감 국가 또는 민감 업종
성급 발전과개혁 부서 심사 비준	3,000만 이하	1,000만 이하	등록

[표 6-3] 상무부

비준 부서	개정 전	개정 후
상무부	미수교국 또는 특정 국가 투자 투자액이 1억 위안 이상 해외에 특수 목적 회사 설립 시	민감 국가 또는 민감 업종
성급 상무부서	투자액 1,000만 달러 이상 에너지·광산류 해외 투자 국내 투자 유치를 요하는 투자	등록
기타	형식 심사 비준	

[그림 6-1] 상무부 절차

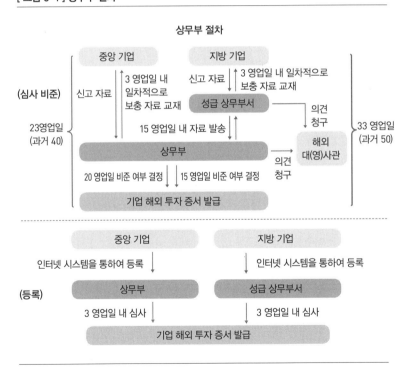

상무부 절차

Ⅱ부 한국 기업, 어떻게 대응할 것인가? 167

[그림 6-1]은 투자 대상국이 민감 국가이거나 민감 업종일 경우 거쳐야 하는 심사 비준을 나타낸 것이다. 과거 40~50 영업일이 소요됐던 심사 비준은 개정 후 20~30 영업일로 단축되었다. 심사 비준을 받지 않아도 되는 경우는 원칙적으로 3일 안에 등록 절차를 완료하도록 하였다. 이는 신속하게 시장에 대응하며 효율적인 투자 활동이 가능하도록 관련 법규를 개정하였다는 것을 나타낸다.

중국의 한국 투자

중국의 한국 투자 현황

2014년 국내 유입된 외국인 직접투자 규모는 신고 기준 190억 달러로 역대 최고 수준에 달한 가운데, 이 중 중국 자본의 직접투자는 11억 9,000만 달러를 기록했다. 2015년 3분기까지 벌써 15억 3,000만 달러를 기록하여 역대 최고 기록을 갱신한 것으로 보인다.

[그림 6-2]는 중국의 대 한국 투자 규모를 나타낸다. 2004년에 일시적으로 투자 규모가 증가한 부분은 쌍용자동차 인수 관련 투자를 했던 시기이다. 중국의 한국 투자는 2003년~2012년 연평균 22.6%씩 늘어난 것으로 나타났는데, 2013년 이후 가파르게 증가하였다. 그러나 앞서 언급한 대로 중국의 전체 해외 투자 연 평균 성장률인 37.5%에는 크게 밑도는 수준이며, 2014년 중국의 전체 해외 투자액이 1,231억 달러에 달했던 것과 비교해도 11억 9,000만 달러는 1%대의 미미한 수준이다.

[그림 6-2] 중국의 한국 투자 규모

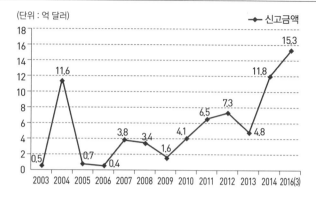

자료: 산업통상자원부 외국인 투자 통계

단계별·유형별 변화

중국 자본의 국내 유입은 제조업을 넘어 부동산, 문화, 금융 등 각 분야로 확대되는 다원화 추세가 뚜렷하다.

부동산 분야에서는 2014년 현재 전체 외국인 소유 토지 중 중국인이 소유한 토지는 5.6%에 불과하지만, 최근 2~3년 사이 증가분이 85%를 차지한다. 중국 자본의 부동산 투자는 2010년 투자이민제[82]가 도입되면서 제주도를 시작으로 빠른 속도로 증가했으며, 최근에는 인천과 강원도 지역으로 확대는 양상을 보이고 있다. 그 일례로 강릉시는 샹차오홀딩스와 정동진 일원 50만㎡ 부지에 2,000억 원 규모의 '차이나 드림시티 조성 사업'에 투자 양해각서를 체결했다.

또 하나 눈에 띄는 성장을 보이고 있는 분야는 문화, 엔터테인먼트이다. 2014년 화책미디어가 NEW에, 소후닷컴이 키이스트에 투자한

건 등이 그 사례다.

금융업은 최근 중국이 관심을 보이고 있는 분야이다. 중국 자본의 한국 주식시장 투자는 2014년 2조 20억 원을 매입, 미국과 일본에 이어 3위 투자자가 되었으며, 채권시장의 순투자 금액은 2조 2,000억 원으로 1위를 차지했다. 최근 중국 자본의 금융 부문에 대한 투자는 단순히 증권시장에서 주식과 채권을 매입하는 포트폴리오 투자를 넘어서 우리나라 증권사와 보험사를 인수하는 수준에 이르렀다. 2015년 2월 중국의 안방보험은 동양생명을 인수해 중국 자본이 국내 대형 금융사를 인수한 첫 사례가 되었다.

투자 분야별 사례

최근 중국 자본의 투자 중 제조업에서는 중국의 패션 기업 랑시그룹이 한국의 유아 의류용품 기업인 아가방앤컴퍼니를 인수한 사례가 있다. 중국 교포 3세인 신동일 회장이 설립한 랑시그룹이 아가방앤컴퍼니의 구주 인수와 제3자 유상증자를 통해 26%의 지분을 차지하며 최대 주주가 되었다. 신동일 회장은 언론과의 인터뷰에서 랑시와 아가방의 제휴를 "중국 내 광범위한 의류 판매 및 유통망을 확보한 랑시그룹과 강력한 브랜드 파워와 기획력, 디자인과 생산력을 갖춘 아가방앤컴퍼니의 전략적 제휴"라고 평가했다. 랑시그룹은 양사가 지닌 강점을 적극 활용해 한국과 중국에서 동반 성장을 꾀하며 아가방앤컴퍼니를 세계적인 유아업체로 키워나간다는 계획이다. 랑시그룹이 아가방앤컴퍼니를 인수한 주된 이유는 중국 시장 내에서 사업 분야 확장과 유아용품 시장을 선점하려는 것이다. 여기에 또 다른 이유가 있다. 바로 'Made in Korea'라는 이미지다. 대부분 중국인은 랑시를 한국브랜드로 알고 있다. 'Made in Korea'라는 이미지는 랑시가 단시간에 대형 패션 기업으로 성장하는 밑거름이 되었다. 아가방이라는 브랜드 자체가 중국 내에서 그다지 인지도 높지 않다는 사실은 랑시가 아가방을 인수하면서 노린 브랜드는 '아가방'이 아닌 'Made in Korea'라는 추측을 가능하게 한다.

최근 중국 자본이 가장 많이 투자한 분야는 문화 콘텐츠 즉, '한류韓流' 시장을 선점하려는 엔터테인먼트 산업이다. 중국 기업들은 드라마·예능 제작과 관련하여 '한국 방송 제작사 지분 매입 → 한중 합작 콘텐츠 생산 → 전문 인력과 자체 제작 노하우 확보' 순서로 경쟁력을 확보해가고 있다. 그 주요한 사례로 화책미디어가 영화 투자 배급사 NEW에 535억 원을 투자한 것이 있다. 또한 소후닷컴은 키이스트에 150억 원을 투자하였다. 중국 자본이 문화 콘텐츠 부문 기업에 투자하는 이유는 우수한 한중 합작 콘텐츠 제작 인력 흡수와 노하우 습득이라는 목적성에서 찾을 수 있다.

중국 자본이 주목하는 또 다른 분야는 게임 산업이다. 2015년 룽투게임즈는 모바일 게임 〈무탑전기〉를 흥행시키면서 중국 모바일 시장의 강자로 떠올랐다. 룽투게임즈가 밝힌 인수 목적은 한국 게임 업체의 중국 및 해외 시장 진출 자원과 경쟁력 있는 한국 게임을 발굴·투자하기 위한 것이라고 밝혔다. 로코조이의 경우 코스닥 상장업체인 이너스텍 인수 후 인수 목적으로 우수한 게임 개발 기술을 바탕으로 한국을 테스트 베드로 이용하겠다고 밝혔다. 중국 게임 업체들이 밝힌 공통된 인수 목적은 한중 업체 간 시너지 효과를 발생시키겠다는 것이다.

최근 중국 자본이 우회 상장을 목적으로 코스닥에 상장된 페이퍼 컴퍼니를 인수하는 사례가 나오고 있다. 중국법상 게임 및 엔터테인먼트의 문화 사업과 인터넷 사업 등은 외국인 투자가 금지 또는 제한되어 있다. 이런 업체가 해외에 상장되면 외국 투자 기업으로 분류되기 때문에, 통상 라이선스를 보유한 내자 기업을 직접 상장시키지 않고, 외국 상장사의 중국 내 자회사가 계약적으로 내자 회사를 지배하는 VIE 구조를 사용한다. 한국증권거래소는 이러한 VIE구조를 인정하지 않고 있기 때문에 중국 업체가 한국 내 상장업체를 인수하고 그를 통해 자본시장에서 모집한 금액을 다시 중국으로 재투자하려는 경우가 많다.

투자 확대를 위한 개선 방안

중국 자본 투자 유치 어떻게 해야 할 것인가?

앞에서 설명한 바와 같이 중국의 해외 투자 목적 분류로는 첫째, 자원·에너지 둘째, 브랜드 셋째, 신시장 개척 넷째, 무역장벽 우회·완화와 금융이 있다. 그렇다면 중국에서 과연 우리나라에 흥미를 느낄 수 있는 분야로는 어떤 것들이 있을까?

자원·에너지 분야는 우리나라가 풍부하지 않아 중국에서 흥미를 느끼지 못할 것이다. 하지만 기술·브랜드 분야는 기술 노하우와 뛰어난 인재를 많이 보유하고 있으므로 우리나라가 매우 강점을 띄는 부분이다. 그리고 아가방 사례에서 봤듯이 'Made in Korea'라는 브랜드는 중국 시장에서 충분한 가치를 인정받고 있다. 신시장 개척 부분은 협소한 내수 시장과 치열한 경쟁 때문에 투자국으로는 메리트를 느끼지 못할 것이다. 마지막으로 중국 자본의 투자 유치를 위해 가장 눈여겨봐야 할 무역장벽 우회·완화 측면에서의 투자이다. 대한민국은 52개 지역 및 국가와 FTA를 체결한 국가이다. 대한민국의 FTA의 경제 영토는 전 세계 56.3%를 차지할 정도로 매우 넓다. 다양한 FTA 체결국을 보유한 점에 대해 다양한 홍보를 한다면 투자국으로 적합한 조건이 될 것이다. 그리고 금융 시스템은 중국 투자자들에게 인정받고 있는 편이다. 선진 금융 시스템과 동일한 아시아 문화권을 가지고 있으며 용이한 접근성까지 갖춘 최적화된 시장임을 강조하며 적극적으로 투자 유치에 나서야 할 것이다.

우리는 다음과 같은 중국 자본 유치의 저해 요인들에 유의해야 한다.

첫째, 중국의 해외 투자 목적 분류 중 우리가 상대적 우위를 가진 부문은 기술·브랜드 분야이다. 하지만 사실 이 부분 역시 매우 모호하다. 그 이유는 세계적 수준의 원천 기술 또는 높은 인지도를 갖춘 브랜드는 많지 않기 때문이다. 그러므로 중국 투자자들을 매료시킬 한국만의 특별한 인센티브를 개발해야 한다. 중국의 부동산 투자자들이 제주도에 집중한 이유는 지리적인 인접성과 부동산 투자이민

[표 6-4] 투자 목적 분류에 따른 한국의 경쟁력

분류	경쟁력
자원·에너지	자원·에너지 부족
기술·브랜드	기술·노하우가 뛰어난 기업과 우수 인재 보유 Made in Korea
신시장 개척	내수 시장 협소
무역장벽 우회·완화 금융	최다 FTA 체결국 선진화된 금융 시스템

제도라는 인센티브가 있었기 때문이다. 이러한 인센티브를 더욱 더 개발해야 할 것이다.

둘째, 건전한 노사관계의 확립이 중요하다. 중국의 시선으로 바라본 쌍용차 사태는 한국의 강경 노조에 의해 중국 자본이 쫓겨났다는 것이다. 그런데 그게 중국만의 시각은 아니다. 세계경제포럼에 따르면 한국의 노동시장 효율성은 83위였다. 더 안타까운 점도 있다. 중국 상무부에서 매년 발표하고 있는 「대외 투자 합작 가이드라인」은 한국 노조에 대해 이렇게 평가한다. "투쟁성과 적대성이 강하며 매년 정기적으로 노조의 힘을 과시하며 임금 인상과 복지 개선을 요구한다." 물론 노조를 탓할 수만은 없지만, 너무 과하지 않았으면 하는 바람이다.

또 다른 이유는 시장 제한적 인·허가 제도이다. 중국의 정책은 일관성 있고 예측이 가능하다. 하지만 한국은 지방 정권이 바뀔 때마다 정책이 바뀌는 현실 때문에 해외 투자자에게는 정책의 불확실성이 위험 요소로 작용한다. 한 예로 중국 부동산 개발 회사 뤼디그룹이 제주도에 카지노 복합 리조트를 56층 높이로 짓기로 제주도청으로부터 허가받은 상태였지만, 새로운 도지사가 부임하며 경관과 교통 등의 이유로 건축 허가를 재검토했다. 결국 56층에서 38층으로 높이를 변경하였다. 물론 제주도의 자연환경을 해쳐서는 안 되지만 처음부터 다양한 요건을 고려해 신중히 허가를 내줬어야 한다. 이미 비준된 사항을 뒤집는 행태는 한국의 투자 환경에 대한 신뢰도를 떨어뜨리게 된다.

중국 투자 유치 확대를 위한 개선 방안

결론적으로 중국 자본 유치를 위한 개선 방안으로 아래 몇 가지를 제안 할 수 있다.

- 투자 수요별 인센티브 개발
- Korea 브랜드 제고 및 부가가치 향상
- 무역장벽 우회가 가능한 FTA 강국으로서 강점 홍보
- 투자 환경의 불확실성 개선
- 건전한 노사 문화 정립

07

중국 경제 변화와 한국 중소기업의
내수 시장 진출 방안

함정오(대한무역투자진흥공사 부사장)

이 장에서는 신창타이新常態 시대에 한국 중소기업들에게 어떠한 기회가 있으며, 대 중국 진출을 확대하기 위해서는 어떠한 전략을 구사해야 하는지에 대해 논의하고자 한다. 또한 대한무역투자진흥공사 KOTRA에서 지원해주는 사업에 대해서도 살펴보고자 한다.

신창타이 시대

신창타이new normal란 고도 성장기를 지나 새로운 상태인 안정 성장 시대를 맞이하고 있다는 뜻의 중국식 표현이다. 현재 글로벌 경기 불황으로 세계 경제 시장은 어려움에 직면했다. 또한 세계 시장 수요 축소로 신흥국들의 경제성장률이 하락세를 보이고 있다. 즉 저성장·저물가·저금리인 신창타이는 세계적인 현상이라고 할 수 있다. 세계 무역에서 중국이 차지하는 비중이 커졌지만 최근 들어와서는 전 세

[그림 7-1] 新 패러다임으로 전환

| 중국의 New Normal (신창타이, 新常態) | + | 유가 하락 | + | 재정 위기 | + | 신흥국 성장 하락 |

성장 패턴 전환
(7%대의 성장률 감수),
질적 성장 도모
(제조업→서비스)

중동 오일 달러
타격으로
중동 프로젝트
수주 어려움

러시아, 베네수엘라
디폴트 가능성

선진국 경기 회복
미약으로 선진국에
의존하는 신흥국의
성장세 하락 전망

자료: KOTRA

계 수출입 비중이 하락하고 있다. 2008년 금융위기 이후 7년이 지난 지금은 저성장, 고실업 등이 일상화되면서 세계 경제는 중국의 뉴 노멀New Normal 등 새로운 패러다임으로 전환하고 있다.

중국 무역의 형태는 크게 3가지로 변화하고 있다. 첫째, 외자 기업의 역할이 감소하고 있다. 2008년 세계 경제 위기 이후 외자 기업의 투자 축소로 인하여 외자 기업의 역할이 줄고 있으며 가공무역도 감소하고 있다. 최근 중국은 내수 진작 정책(바오바 정책[83])을 활용하면서 소비재 산업의 비중을 증가시키고 있다.

중국을 깊게 이해하려면 역사적으로 살펴볼 필요가 있다. 예를 들면 중국 사람들은 마오쩌둥이 중국 최초의 통일 국가를 탄생시켰다고 말하고 있다. 과거 중국은 정치적인 통일을 이뤘지만 경제난을 겪었다. 또한 1960~1970년대 중국을 휩쓴 대기근은 경제 상황과 민생을 더욱 어렵게 했다. 이후 중국의 개혁개방 3인방인 덩샤오핑, 장쩌민과 후진타오는 개혁개방을 본격적으로 추진한다. 특히 덩샤오핑은

[그림 7-2] 개혁개방 1.0 시대의 경제권역 발전과정

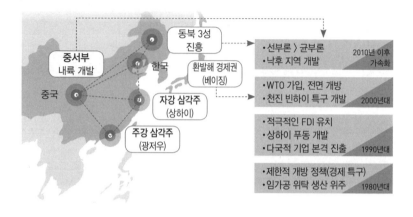

자료: KOTRA

실용주의에 입각한 개혁 조치를 단행한다. 이때를 개혁개방 1.0 시대[84]라 한다. 덩샤오핑이 1978년에 주장한 선부론[85]이라 일컫는 개혁개방의 기본 원칙에 따라 대대적인 개혁개방을 통해 경제성장을 달성하였다. 또한 중국은 선전, 주하이, 산터우라는 주강 삼각주 주요 도시를 중심으로 점·선·면 전략[86]을 시행하여 경제발전을 한다. 개혁개방 1.0의 성과로 중국은 G2 국가로 부상하였고 포춘 500대 기업 중 중국 기업이 92개(2015년 기준)를 차지하고 있으며 외환 보유 세계 1위를 기록했다.

한편 큰 성과와 달리 중국 개혁개방 1.0의 부작용도 발생했다. 지역, 계층 격차, 환경오염, 에너지 과다 소모와 정치·사회·경제 불안정과 지방의 부정부패 등이 만연하다는 문제점에 직면하게 된다.

이후 시진핑이 정권을 잡은 후 "무조건적인 개혁개방은 좋지 않다" 는 주장과 함께 개혁개방 2.0시대, 즉 신창타이 시대로 접어들게 된다. 시진핑 주석의 국가 비전은 '중국몽'[87]이다. 개혁 개방 1.0시대의 부작용으로 인해 국민들의 불만은 최고조로 달하였기에 시진핑 주석은 국민들에게 꿈을 심어준다는 의미에서 중국몽 슬로건을 내세운 것이다. 정치적으로는 강력한 리더십과 법치 강화, 부패 척결을 중심으로, 경제에 있어서는 산업 구조 개혁과 민생 경제 중점으로 개혁개방을 시행하고 있다. 시진핑의 파트너는 리커창[88] 국무원 총리이다. 그는 10% 내외의 고속 성장이 아닌 6~7% 경제성장을 이루는 온중구진[89] 정책을 펼친다. 즉 중국은 경제성장과 개혁이라는 두 마리 토끼를 잡겠다는 목표를 가지고 있다. 중국은 미국과는 시스템이 다르다. 현재 중국은 중앙정부의 정책 변화에 따라 경제가 좌우되며 베이징이 중국 정치와 경제의 중심지이다. 하지만 중국은 한족을 제외하고 55개 소수민족으로 이루어져 있다. 이러한 점들은 '중국에 대한 사고의 폭을 넓히고 그들의 경제 정책을 잘 살펴봐야 한다'는 시사점을 제공한다.

신창타이 시대 중국 경제의 특징은 다음과 같다. 첫째, 중고속 성장이다. 둘째, 산업 구조가 변화하고 있다. 셋째, 성장 동력이 변환되고 있다. 넷째, 불확실성이 지속되고 있다.

신창타이 시대 〈13.5 규획(2016년~2020년)〉 중국의 경제 정책

다음은 신창타이 시대 13.5 규획에 대해서 살펴보자. [표 7-1]은

[그림 7-3] 신창타이 시대 중국 경제의 특징

자료: KOTRA

신창타이 시대 13.5 규획의 중국 경제 정책을 요약한 것이다. 핵심적인 3가지를 살펴보자.

첫 번째는 '일대일로─帶─路' 정책[90]이다. 일대일로 정책의 업종별 수요로는 SOC(철도, 항구), 에너지, 가스관, 여행, 온라인, 교통 물류 등이 있다. 일대일로 정책에는 중국과 파키스탄을 연결해주는 철도, 도로 가스관 설치, 중국과 동남아시아의 연결 등 큰 프로젝트가 있다. [그림 7-4]는 일대일로의 전략 구상을 나타낸다.

두 번째는 '신형 도시화 정책[91]이다. 신형 도시화 정책의 목적은 귀농민들이 지역 도시에 자립할 수 있는 최첨단 사회적 인프라 구축이다. 신형 도시화 정책에 따라 새로운 수요가 발생한다. 예를 들어 교통 인프라, 스마트 시티, 의료 보건, 건설 건축 등 여러 가지 분야에서 수요가 발생하게 된다. [그림 7-5]는 신형 도시화 정책을 표현한 내용이다.

[표 7–1] 신창타이 시대 13.5 규획의 중국 경제 정책 요약

분야	이슈		주요 정책
기본 방향	기본 방향		혁신(革新), 협조(協助), 녹색, 개방, 동반(同伴)
	거시정책	성장률 산업 고도화	– 중고속 성장, 2010년~2020년 GDP 및 1인당 소득 2 배 성장 – 산업 수준 제고, 소비 기반 성장, 도시화 진전
	경제 개혁	정부 기능 조정 국유 기업 개혁	– 기능 전환, 권한 조정, 효율 제고, 거시 조절 기능 강화 – 국유 자산 관리 개선
5개 정책 분야	혁신(革新) 경제	발전 동력 육성 발전 공간 창출 혁신 거점 육성 신성장 산업 육성	– 혁신형 창업·대중 창업·대중 혁신 통한 신수요–공 급원 발굴 – 권역별 중심지 육성, '인터넷+' 추진 – 과학 기술 프로젝트 실험실 추진 – '중국 제조 2025' 추진
	균형 성장	지역 간 균형 도농 간 협조	– 지역 간 협조 강화: 요소의 이동, 지역별 기능 조정 등 – 도농 간 협조, 도농 일체화 추진
	생태 발전	생태 보호 에너지 절감	– 녹색 저탄소 순환 발전 시스템 구축 – 에너지 절감 및 고효율 자원 이용 추진
	대외 개방	무역 개방 투자 개방 해외 진출·협력 FTA	– 개방 통한 발전, 외자 투자 법제화·국제화·원활화, 설 집전 내국민 대우·네거티브 리스트 도입, 서비스 개방 – 일대일로 통한 국제 협력, 개방과 국내 지역 특화 발전 연계 – 글로벌 거버넌스 참여 및 공공재 공급 확대, FTA 확대
	동반(同伴) 성장	동반 성장 지속 성장	– 공공 서비스 공급, 빈곤 구제, 소득 격차 감소 – 교육 제고, 취업·창업 지원, 사회보장 확대, 위생, 인구 (2자녀 정책)

자료: KOTRA

세 번째는 '중국 제조 2025' 정책이다. 이는 중국을 거대 제조업 국
가에서 세계의 제조업 강국으로 변신시킨다는 전략을 나타낸다.

[그림 7-4] 일대일로(一帶一路) 전략 구상

일대일로 전략 의의 : 공급과잉 소화, 자원 획득, 산업 재배치, 안보, TPP, TTIP 대응

국내 경제와 국제 통상의 연결 시도
관련국 인근국에 대한 직간접 투자 협력
중국 주도 메가 FTA인 RCEP 정책 강화
기존 FTA 체결사항 성실 이행
국제통상마찰 가급적 회피

업종별 수요 : SOC(철도·항구), 에너지, 가스관, 여행(시안), 온라인, 교통물류, 농산품, 유통, 금융

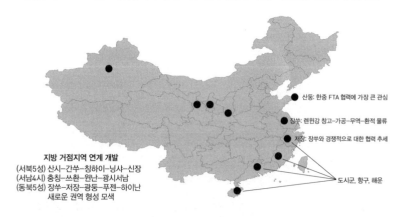

산둥: 한중 FTA 협력에 가장 큰 관심
장쑤: 렌윈강 창고-가공-무역-환적 물류
저장: 장쑤와 경쟁적으로 대한 협력 추세
도시군, 항구, 해운

지방 거점지역 연계 개발
(서북5성) 산시-간쑤-칭하이-닝샤-신장
(서남4시) 충칭-쓰촨-윈난-광시서남
(동북5성) 장쑤-저장-광둥-푸젠-하이난
새로운 권역 형성 모색

[그림 7-5] 신형 도시화 정책

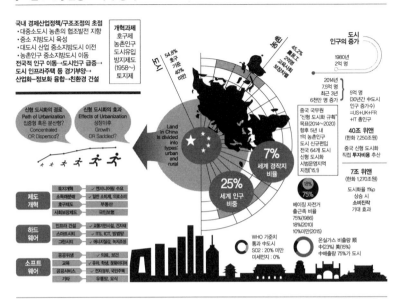

자료: KOTRA

[그림 7-6] 중국 제조 2025

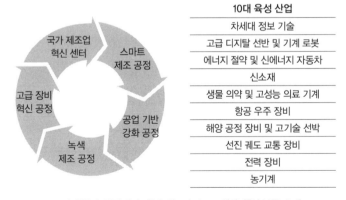

자료: KOTRA

신창타이 시대, 한국 중소기업의 기회

그렇다면 신창타이 시대에서 한국 중소기업의 기회로는 어떠한 것들이 있을까? 결론적으로 말해 'Made in China(세계의 공장)' → 'Made for China(세계의 시장)' → 'Made with China(한중 공동 제3국 시장 개척)'로 가야만 한다.

그러나 다음과 같은 6가지 과제가 남아있다. 신창타이 시대에 있어서 신예타이[92]의 수요 포착을 잘해야만 하며, 중국 정부와의 관계를 강화시켜야 한다. 특히, 현지화 경영 전략과 CSR[93] 경영을 강화해야만 한다. 중국 현지에서 기업을 운영할 때 지역사회 공헌 활동은 필수이다.

현재 중소기업의 대중 수출 품목은 반도체, 디스플레이 전자제품,

[그림 7-7] 신창타이 시대 대중전략의 전환

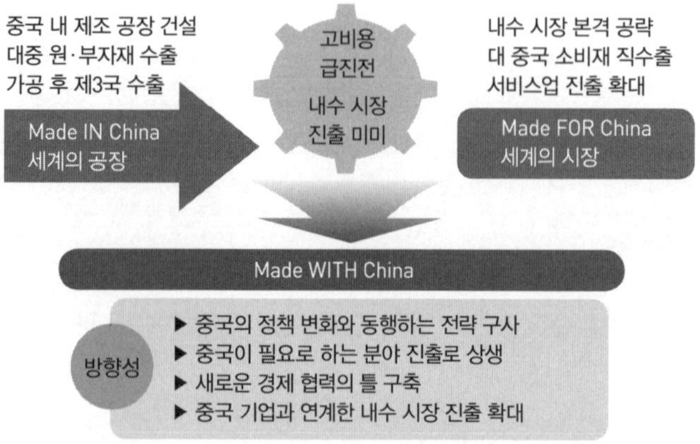

중국 내 제조 공장 건설
대중 원·부자재 수출
가공 후 제3국 수출

Made IN China
세계의 공장

고비용
급진전
내수 시장
진출 미미

내수 시장 본격 공략
대 중국 소비재 직수출
서비스업 진출 확대

Made FOR China
세계의 시장

Made WITH China

방향성

▶ 중국의 정책 변화와 동행하는 전략 구사
▶ 중국이 필요로 하는 분야 진출로 상생
▶ 새로운 경제 협력의 틀 구축
▶ 중국 기업과 연계한 내수 시장 진출 확대

자료: KOTRA

[그림 7-8] Made WITH China의 과제

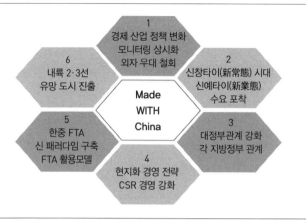

1
경제 산업 정책 변화
모니터링 상시화
외자 우대 철회

6
내륙 2·3선
유망 도시 진출

Made
WITH
China

2
신창타이(新常態) 시대
신예타이(新業態)
수요 포착

5
한중 FTA
신 패러다임 구축
FTA 활용모델

3
대정부관계 강화
각 지방정부 관계

4
현지화 경영 전략
CSR 경영 강화

자료: KOTRA

석유화학, 자동차와 같은 대기업과 중복되는 품목들이 대부분이다.
즉 다른 품목을 개척해야만 하는데 특히 소비재 산업이 희망이 있다
고 예상된다.

한국 중소기업 신 5P로 도전하라!

그렇다면 우리나라 중소기업들은 중국 진출 성공을 위하여 어
떠한 전략을 취해야 하는가? 그 해답은 바로 5P전략이다. 첫째,
Product-유망 상품을 찾아야한다. 즉, 신수요를 잘 발견하여야 한
다. 예를 들어 서비스, 스마트 소비, 녹색, 건강(웰빙), 안전, 엔젤(유아)
과 실버 사업 등이 신수요 사업이라고 예측된다. 최근 중국 시장에서
인기를 끄는 품목이 있다. 바로 녹즙기다. 고가임에도 대히트를 치고
있다. 이처럼 중국 소비 고급화 바람을 타고 창의적인 아이템으로 시

[그림 7-9] 신창타이 시대 우리 중소기업의 진출 전략

자료: KOTRA

장을 선점해야 한다. 둘째, Promotion-신유통과 신시장을 찾아야 한다. 현재 중국의 전자상거래 수출입이 증가하고 있다. 전자상거래 시장에서 중국 소비자들이 많이 사는 품목은 화장품과 패션 및 생활용품 분야이다. 즉 소비재 품목이 강세이다. 우리나라 중소기업들에게 새로운 기회가 될 전자상거래이다. 그러므로 이 점을 눈여겨보아야 할 것이다.

셋째, Place-전장戰場(타깃 시장)을 잘 선택하여야 한다. 현재 한국 기업 대부분이 베이징, 상하이, 광저우 등 큰 시장만 공략하여 하나의 기업이 중국 내 모든 시장을 장악하려고 하고 있지만 이는 실패의 지름길이다. 중소기업들은 사업 거점을 잘 선택한 후 한 지역만 집중 공략해야 성공할 수 있다. 중국 시장 진출에 성공한 데니스라는 대만 업체가 있다. 현재 백화점 10개, 마트 50개, 수입 매장 3개를 보유

[그림 7-10] 중국의 전자상거래 증가율 그래프

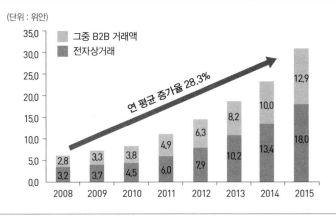

자료: KOTRA

하고 있는데 중국에서 가장 가난한 도시로 알려진 허난성만 집중 공략하여 중국 시장 진출에 성공한 대표적인 사례이다. 또한 데니스 사례를 통하여 지역에 상관없이 분명한 타깃을 두고 집중 공략하는 것이 중요하다는 점을 이해해야 한다. 우리나라 중소기업들도 중국 내 블루오션을 찾아 집중 공략하면 성공할 확률이 높다.

넷째는 Policy-정책 관련 사업을 잘 활용해야만 한다. 중국 산시성 시안에 가면 사과나무 숲이 있다. 이곳에는 사과나무 개체 수가 많아 해마다 가지치기로 인한 공해 문제가 발생한다. 이것을 활용하여 바이오매스 발전소[94]를 설립하였다. 이것을 발전시킬 뿐만 아니라, CDM(청정 개발 체제)[95]을 활용하여 탄소 배출권을 상품화시켜 팔 수도 있다.

다섯 번째는 Platform-한중 FTA를 잘 활용하면 기회가 생길 것이

[그림 7-11] 한중 FTA 사업 모델 분석

업종		활용 유형	비즈니스 모델
상품	기계	GVC (글로벌 가치 사슬)	기술협력형 GVC
	전자 전기	수출 촉진	개성공단 활용
			해외 임가공 활용
서비스	문화 콘텐츠	서비스 투자 진출	공동 제작을 통한 내국인 배우 활용
	관광 및 여행	투자 유치	중국 자본 유치를 통한 내수 시장 진출

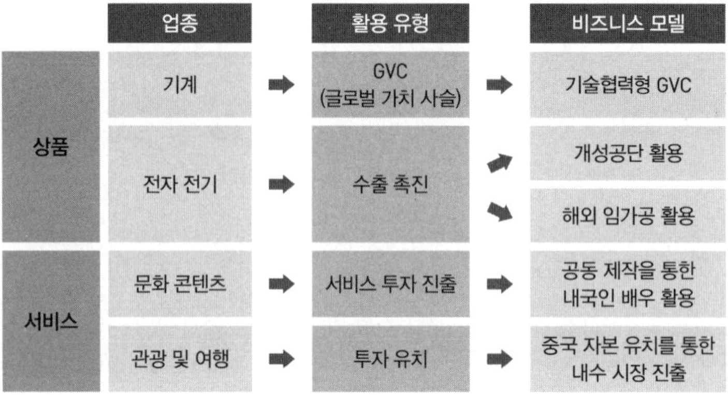

다. [그림 7-11]은 한중 FTA 사업 모델 분석을 한 것이다. 이것을 활용하면 많은 비즈니스 기회가 열릴 것이다.

중국 시장 진출 노하우에 대해 요약해보자. 첫째, 세계에서 통해야 중국에서 통한다! 둘째, 중국은 정부 정책이 경제를 좌우하기 때문에 정책 변화의 내용과 트렌드를 잘 읽어야 한다. 셋째, 중국은 하나가 아니다. 시장을 세분화해서 분석하고 공략해야만 한다. 넷째, 한중 FTA를 잘 활용해야만 한다. 다섯째, 중국인들과의 인맥만 믿었다가는 사업에 실패하는 경우가 많다. 꽌시는 윤활유일 뿐, 신용과 실력이 근본이 되어야 한다. 여섯째, 혼자 중국에 진출하지 말고, 반드시 중국 파트너와 손잡고 진출해야 한다. 중국의 내수 시장은 중국 기업이 가장 잘 알기 때문에 중국 기업과 윈-윈해야 성공할 확률이 높아진다. 일곱째, KOTRA 및 유관 기관의 자원을 잘 활용하여 정보를 얻어야 한다. 현재 한국은 경제 위기에 직면해 있다. 앞으로는 중소기업이 한국의 수출을 주도해야만 하며, 중국의 변화 속에서 기회를 찾아야 할 것이다.

Ⅲ부

사례와 전략

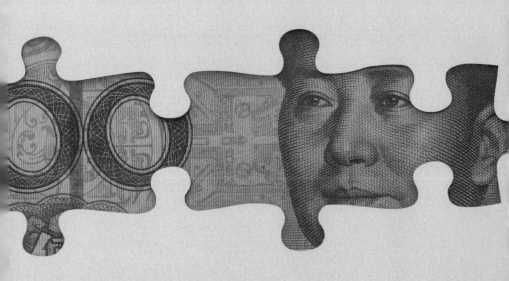

중국의 약진과 한국 기업의 대응 전략

안건준(크루셜텍 대표이사)

중국의 급성장, 한국 경제의 위기

중국에 밀리는 한국 기업, 위기의 돌파구는?

2015년 심각한 위기 상황에 놓인 한국 경제

기업인으로서 직접 경험한 중국은 무서운 나라다!

중국 경제의 규모, 한국에 비해 너무 크다

연매출 5,200억 IT 벤처기업의 생존기

창업 후 들이닥친 시련과 과감한 선택

크루셜텍은 모바일에 들어가는 지문 인식 모듈[96] 메인 사업을 하고 있는 회사이다. 2001년에 설립한 이후 매년 성장을 거듭해 크루셜텍 계열사 매출 총액은 지난 2014년 4,200억 원에서 2015년 5,200억 원

[그림 8-1] 크루셜텍 매출 현황

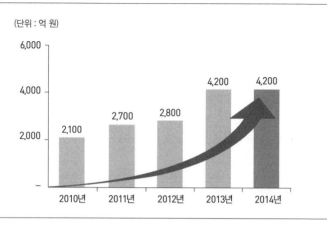

(단위 : 억 원)

으로 늘었다.

그러나 크루셜텍은 평탄하게 커온 회사는 아니다. 2001년 창업 당시 정보통신 분야의 화두였던 광통신 모듈[97]을 주력 사업으로 선정하였다. 그 시절만 하더라도 '光+OPTIC'의 아이템에 투자 자금이 쏟아지던 분위기였기 때문이다. 그중에서도 광통신 모듈과 나노 머신 사업을 시작했고, 10여 명 정도의 인원이 6~7개월 만에 약 1억 달러의 수주를 따내며 사업은 순조로운 듯했다. 그러나 이후부터 정보통신 산업이 갑작스럽게 하락세를 걷기 시작했다. 당시 따낸 수주의 대부분이 최종 계약으로 이어지지 못했다. 아니나 다를까 창업 후 8개월 만에 수주량이 급감하게 되었다. 제품 주문 건에 대한 최종 계약이 계속 미뤄지자 위기 상황은 점점 더 악화되었다. '다음 달에는 나아질 거야'라는 생각으로 위기 속에서 힘겹게 버티며 8개월이 지났지

194

만, 수주 금액은 0원이 되었고 결국 창업 후 1년 6개월 만에 자본금까지 모두 잃게 되었다.

그 후 안건준 대표는 사업 재기를 위해 경기도 분당에 자리한 오피스텔에 연구실을 마련하고 회사 안팎의 후배들과 함께 향후 사업 방향에 대해 다시 고민하였다. "앞으로 내가 가진 정보통신 기술로 어떤 사업을 할 수 있을까?"에 대한 고민이 약 4개월 정도 이어졌고, 치열하게 고민한 끝에 내린 결론은 -그 당시가 피쳐폰Feature Phone 시절이었음에도 불구하고- "과감히 광통신 사업을 접고 모바일 쪽으로 진출하자"는 것이었다. 당시 광통신 분야에서 세계 최초로 기술을 개발했기 때문에 해외 기업에서도 거액의 스카우트 제의가 쏟아졌지만, 과감하게 광통신 사업 관련 기술을 포기하고, 새로운 길을 개척하기 위해 휴대폰 디바이스 사업에 도전했다. 위기를 극복하기 위한 전략으로 "내가 가지고 있는 나의 가치를 내려놓자"는 결론을 내리고, 이를 통해 새롭게 찾은 길이 모바일 사업이었다. 이후 안건준 대표와 크루셜텍은 모바일과 광통신 기술을 연계할 수 있는 사업 아이템을 찾았으며, 카메라 모듈 및 보조광원Flash 사업에 전념하였다.

첫 번째 모멘텀: OTP

이 와중에 크루셜텍은 OTP[98]라는 사업을 시작하면서 관련 보유 기술을 발판 삼아 급성장하였다. '휴대폰의 상하좌우 버튼에 광마우스 기술을 접목시키면 좋겠다'는 생각은 누구나 다 가지고 있었으나, 이를 실현하는 OTP 기술은 냉장고 속에 코끼리를 넣는 것처럼 매우 어려운 기술이었다. 컴퓨터 광마우스 기능을 모바일에서 구현하기 위해 다각도로 연구개발한 결과, 드디어 세계 최초로 모바일과 광마우스 기술의 접목에 성공하게 되었다. 이 기술은 당시 국내 주요 기업들과 블랙베리와 같은 해외 유명 모바일 업체에 공급되었다. 특히 오바마 폰으로 유명했던 블랙베리 제품에 탑재되면서 회사의 매출이 급격히 증가하였다.

그러나 현재 크루셜텍의 수익을 창출하고 있는 사업은 OTP 관련 제품이 아니라 지문 인식 모듈 사업이다. 최근 스마트폰은 홈 버튼을 통해 사용자 지문을 인식하는 기능이 있는데, 이 기능에 사용되는 지문 인식 모듈이 크루셜텍의 주력 사업 분야인 BTP[99] 사업이다. BTP 사업을 시작하게 된 배경에는 OTP 사업이 있다. 안건준 대표는 OTP로 회사가 성장할 당시 과연 이 사업이 얼마나 갈 것인가에 대해 고민하고 있었다. 당시 크루셜텍은 세계 최초의 OTP 기술로 가장 많은 특허를 내고 글로벌 시장을 장악하고 있었는데, 전 세계를 장악한 OTP 기술을 보유했음에도 불구하고 사업 수명이 길지 않다는 것을 직감한 것이다. 그는 당시에 OTP 기술의 수명을 약 4년 정도로 예상했으나, 실제 수명은 약 7년 정도 유지되었다고 한다.

두 번째 모멘텀: BTP

'OTP 기술을 대체할 것이 무엇일까?'를 생각했을 때 도출된 것이 바로 '지문 인식'이었다. 애플이나 삼성전자의 지문 인식 모듈이 상용화가 된 시기가 약 2년 반 전이었는데, 이미 8년 전부터 지문 인식 모둘 사업을 예측하고 준비한 셈이다. 이렇게 빠른 예측과 준비가 가능했던 것은 당시 OTP 또한 지문의 이미지를 움직여서 마우스화 시킨 것이었기 때문이다. 그래서 실제로는 지문 인식 기능으로 볼 수 있었다. 그는 여기서 더 나아가 '이제 모바일 안에 실제 지문을 넣어보자'고 생각하게 된 것이다.

크루셜텍은 사실 천재적인 인재를 가진 회사는 아니다. 크루셜텍의 경쟁력은 좋은 기술을 가지고 있다는 점과 정확한 시장 예측과 빠른 기술 개발 능력이 있다는 점이다. BTP 개발을 위해 천재적인 두뇌가 필요했을 당시 크루셜텍은 미국의 어센텍AuthenTec[100]과 협업을 구상하였다. 어센텍은 이미 나스닥에 상장된 회사이며, 2012년 애플이 약 4,000억 원에 인수한 기업이다. 안건준 대표는 어센텍의 창업주 스캇[101]에게 직접 찾아가 모바일 지문 기술 공동 개발을 제안하였다. 그러나 당시 스캇은 크루셜텍을 잠재적인 경쟁자로 인식했기에 단칼에 협업을 거절했다. 그러나 포기하지 않고 계속해서 찾아가 설득하고 이해시킴으로써 결국 10개월 만에 공동 기술 개발 협약을 체결하게 되었다. 당시 "노트북과 모바일 분야의 1인자끼리 힘을 뭉치면 서로에게 득이 될 것이다"는 것을 강조하고, 크루셜텍이 가진 모바일 기술의 노하우를 적극적으로 어필한 것이 공동 기술 개발을 성사시킨 비결이었다.

하지만 시대를 너무 앞서갔던 모바일 지문 인식 모듈 개발은 크루셜텍의 발목을 잡았다. 이로 인해 약 4년 동안은 수익 없는 투자의 연속이었다. 4년여가 지나서야 비로소 BTP를 탑재한 제품이 판매되

[그림 8-2] BTP의 개념과 장점

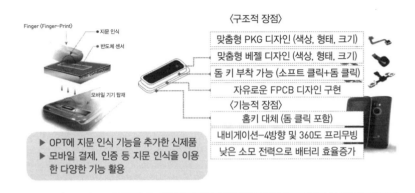

〈구조적 장점〉

Finger 〈Finger-Print〉
● 지문 인식
● 반도체 센서

모바일 기기 탑재

맞춤형 PKG 디자인 (색상, 형태, 크기)
맞춤형 베젤 디자인 (색상, 형태, 크기)
돔 키 부착 가능 (소프트 클릭+돔 클릭)
자유로운 FPCB 디자인 구현
〈기능적 장점〉
홈키 대체 (돔 클릭 포함)
내비게이션-4방향 및 360도 프리무빙
낮은 소모 전력으로 배터리 효율증가

▶ OPT에 지문 인식 기능을 추가한 신제품
▶ 모바일 결제, 인증 등 지문 인식을 이용한 다양한 기능 활용

기 시작했고 2014년부터 급속한 성장을 했다. 비록 기술 개발이 시기적으로는 빨랐지만 미래 주력 사업 창출에 성공한 것이다. 이렇듯 위기 속에서도 끊임없이 새로운 기회를 만들고 혁신적인 도전을 멈추지 않은 것이 크루셜텍의 성공 비결이라고 할 수 있다.

환경 변화, 그 잠재적 위기를 극복하는 방법

기업 환경을 이해하지 못하면 뒤처질 수밖에 없다

크루셜텍의 위기는 생각보다 빨리 찾아왔다. 그 당시 OTP를 탑재한 블랙베리가 스마트폰 시장을 장악하고 있을 시기였다. 그래서 회사는 적어도 블랙베리가 있는 향후 10년은 걱정 없을 것이라 생각했다. 블랙베리 한 곳에 판매한 금액만 매년 약 1,500억 원이나 되므로 당시 블랙베리는 최고의 거래처였다. 또한 세계 2위 규모의 HTC가 블랙베리에 이은 두 번째 구매처였으므로 크루셜텍의 성장은 계속될 것으로 기대되던 시기였다.

기업의 위기는 대부분 기술 한계나 자금 부족, 조직력 결핍 등 내부적인 문제로 인해 발생한다. 하지만 기업 외부 환경의 변화에 따라 잘나가던 회사도 한순간 위기에 처할 수 있다. 구글의 안드로이드나 애플의 iOS가 성장하는 과정에서 볼 수 있듯이 IT 기업을 둘러싼 환경 변화에 적절히 대처하지 못하는 경우 한순간 위기에 놓이고 만다.

크루셜텍은 '어떻게 하면 지문 인식 모듈을 더 빨리 시장에 선보일 수 있을까?'라는 고민만 하고 있었고, 지문 인식 모듈 시장 선점을 위해 역량을 집중하자는 결론을 내린 상태였다. 그러던 어느 날 갑자기 회사 내부에 아무런 문제가 없더라도 위기 상황에 놓일 수 있다는 것을 새로이 깨닫게 되었다. 이후 안 대표는 앞으로 다가올 IT 산업의 큰 변화를 예측하고 'iOS나 안드로이드 등에 표준화된 시스템을 개발하면 어떨까?'라는 아이디어를 떠올렸다. 환경 변화에 발 빠르게 대처함으로써 기업의 주문에 따른 생산이 아니라 수요가 예상되는 제품을 미리 제작함으로써 "국내 및 글로벌 기업들이 우리 제품을 쓸 수밖에 없도록 만들자"는 논리였다. 그래서 전략적으로 안드로이드와 같은 스마트폰 OS에 맞는 지문 인식 모듈 개발에 집중하였다.

2년 만에 안드로이드 API(응용 프로그램 인터페이스)에 지문 인식 솔루션 탑재하는 데 성공했고 이러한 과정을 통해 다양한 애플리케이션을 직접 개발해 기업에 제안하는 방식으로 수익을 창출하게 되었다. 시장의 최초 진입자First Mover로서 안건준 대표가 강조하는 것은 "대부분 기업들이 혁신적인 제품 개발에만 집중하고 판매 루트에 대한 고민은 하지 않고 있다"는 점이다. 그래서 그는 회사 내부에 미디어랩[102]이라는 조직을 구성하여 7년 전부터 제품 개발뿐만 아니라 사용자 환경에도 집중하고 있다. 결국에는 아무리 좋은 제품을 만든다고 하더라도 사용자가 구매할 수 있는 환경을 만들어야 판매가 가능하기 때문에 이에 맞는 전략이 필요하다는 신념이 미디어랩으로 구현되었다고 볼 수 있다. 기업을 둘러싼 환경 변화를 예측하고 미리 대비하는 것이야 말로 위기를 극복하고 성공으로 가는 지름길임을 증명한 셈이다.

중국의 변화, 제대로 읽어야 한다

중국의 급성장, 그 배경에 대한 이해와 대응이 필요하다

한국 IT 산업은 현재 심각한 궁지에 몰려있다. 문제는 한국 IT 산업이 직면한 위기가 어느 정도인지에 대한 현실인식이 부족하다는 것이다. 미국, 중국, 일본, 유럽 등지의 글로벌 기업 현장에서 바라본 한국 IT 산업의 위기는 언론에서 보는 것보다 훨씬 더 심각하다. 실제로 최근 이슈가 되고 있는 인터넷 결제 서비스인 페이먼트Payment 사업의 경우 중국이 오히려 한국보다 약 2년 앞서고 있는 수준이다.

많은 기업가와 전문가들은 자신들이 중국에 대해 잘 안다고 생각하고 있는 것 같다. 그런데 우리는 실제로 중국을 과연 얼마나 알고

[그림 8-3] 전 세계 모바일 결제 거래량

(단위 : 10억 달러)

235 · 2013
325 · 2014
431 · 2015E
563 · 2016E
721 · 2017E

자료: 가트너, 노무라연구소

있을까? 급성장하는 중국 경제가 내년에는 어떻게 변화할지에 대한 정보가 많이 부족한 것 같다.

안건준 대표는 중국이 생각보다 굉장히 무서운 나라라고 강조한다. 특히 그는 중국 대표 IT 기업인 화웨이, 레노버, 샤오미, ZTE 등의 디렉터나 매니저급 핵심 인력들을 만나보면 그들의 뛰어난 역량으로 인해 굉장한 위기감을 느낀다고 한다. 이러한 중국 핵심 인력들이 오히려 국내 대기업 구성원보다 뛰어나다고 느껴지는 이유는 그들은 애플, 노키아, 모토로라, 소니 등 글로벌 IT 기업에서 실력을 키운 인재들로서 거대 글로벌 IT 기업에서 역량을 쌓았기 때문이다.

중국의 IT 기업이 우리에게 두려운 존재로 다가오는 이유는 근본적으로 내수 시장 규모에서 한국과 중국 간의 엄청난 차이가 나기 때문이다. 아무리 뛰어난 기술과 시스템을 보유하고 있는 탄탄한 국내 기업이라고 하더라도 중국에 들어가는 순간 중국 기업과의 경쟁에서 밀리게 된다. 예를 들어 중국 기업들은 미국 실리콘밸리 등 해외파 출신의 엘리트 인재를 상당수 보유하고 있고 자금 또한 풍부하다. 심지어 중국 정부는 자국 기업에게 한국에서는 상상하지 못할 만큼 엄청난 지원을 해주고 있다. 그래서 현실적으로 중국 기업과 경쟁하기가 어렵다. 더욱이 지금 중국은 해외 글로벌 기업으로부터 배운 시스템까지 갖추었다.

이러한 이유로 중국 시장을 바라보는 국내 언론과 기업인들은 걱정이 앞서는 것 같다. 하지만 우리는 중국의 약진을 제대로 파악하고 이러한 현실을 받아들여야 한다. 강력한 IT 인프라를 구축한 중국은 이미 서비스 분야까지 진출한 상태이다. 얼마 전 중국에 방문했을 때 깜짝 놀랐던 점은 중국이 매우 큰 대륙임에도 불구하고 아주 먼 지역의 숙소 예약부터 대금 지불에 이르기까지 스마트폰을 이용해 결제가 이루어진다는 것이었다. 상하이와 같은 대도시의 경우 작은 규모 식당도 모바일로 결제가 가능하다. 중요한 것은 한국도 이것이 가능하다거나 불가능하다는 차원의 문제가 아니다. 평범한 중국 젊은이들이 매우 자연스럽고 편안하게 서비스를 이용하고 있고 사이버 세상에 참여하고 있다는 사실이다. 이제 한국과 중국의 IT 인프라에 대한 단순 비교는 무의미하다. 중국인들은 지금 무서운 속도로 IT 산업을 발전시켜 생활의 편리를 누리고 있다.

이제 중국과의 하드웨어 경쟁이 끝나가고 있는 상황에 대한 이해가 필요하다. 그리고 이러한 위기 상황을 어떻게 이겨내야 할지에 관한 지혜를 구해야 한다.

한국 기업, 글로벌 마인드를 가져야 한다

글로벌 마인드: 중국을 넘어 세계 시장에서 미래 산업을 리드하라

우리는 해외에서 석·박사를 해야 글로벌 마인드를 가진다고 생각하는 경향이 있다. 그러나 안건준 대표의 경우 해외 유학파도 아니고 해외에서 주재원을 하지도 않았다. 하지만 글로벌 시장 진출에 대한 부담이 없었다. 기업 경영자라면 해외 진출에 대한 부담감이 없어야 한다. '중국이든 일본이든 미국이든 유럽이든 어차피 시장은 월드 와이드Worldwide이고 이제는 월드 와이드 마켓밖에 없다. 월드 와이드 마켓 시대로서 중국도 세계 시장의 하나일 뿐이다'라는 마인드가 굉장히 중요하다. 한국에도 영어를 비롯한 각국의 언어를 잘하는 사람들이 많기 때문에 해외 진출에 있어서 언어는 더 이상 장벽이 아니다. 즉 해외 진출에 있어서 가장 중요한 것은 관심인 것 같다. 기본적으로 '내가 우리 회사를 살리겠다, 우리 회사의 성장을 도모하겠다'라고 생각한다면 당연히 기업 성장을 위해 글로벌 마인드와 변화된 시각을 갖지 않을 수 없다. 글로벌 시장 진출은 기업인의 '역량'이 아닌 '자세'의 문제이다.

최근 글로벌 시장에서 IT 산업만 따져본다면, 시장에 큰 변화가 생겼다. 과거에는 IT가 한국, 일본, 유럽 등 다양한 나라에서 골고루 발전해왔다. 그런데 어느 순간 미국밖에 보이지 않는다. 이것은 우리가 그동안 간과해온 IT 시장의 변화 때문이다. 이 변화는 10년 전부터 발생했다. 그 당시 아이팟을 들고 왔던 애플이나 급성장하던 구글, 또한 최근 페이스북과 트위터의 성장을 보면 그동안 엄청난 변화가 있었음을 실감할 수 있다. 이러한 변화는 최근 5년 전부터 더욱 가속되어 이제 IT 산업은 미국이 모두 주도하는 형국이 되었다.

이렇듯 미국이 주도하고 있는 IT산업의 장벽을 넘어서기 위한 크루셜텍의 전략은 미국 텍사스의 휴스턴에 대한 꾸준한 투자이다. 안건준 대표는 종종 "IT기업을 경영하면서 왜 실리콘밸리로 가지 않나?"라는 얘기를 듣는데, 이 말에 그는 항상 "도대체 왜 꼭 실리콘밸리여야 하나?"라고 되묻곤 한다. 미국 진출을 희망하는 IT 기업인들에게 그는 굳이 실리콘밸리에 집착할 필요가 없음을 주장한다. 먼저 실리콘밸리는 물가가 너무 비싸다. 현재 투자처인 텍사스 주 휴스턴은 미국에서 네 번째로 큰 도시임에도 불구하고 사무실 임차 비용을 비교하면 실리콘밸리의 사무실 임차 비용에 1/3에 불과하다. 그리고 실리콘밸리에는 대학과 인재가 많다는 장점이 있지만, 미국은 각 지역마다 좋은 대학이 있기 때문에 실리콘밸리가 아닌 다른 지역이라도 인력이 또한 풍부하다. 실리콘밸리에 좋은 인재가 많은 것은 사실이지만, 실리콘밸리의 좋은 인재들이 원하는 곳은 결국 유명 글로벌 회사들이라는 점을 간과해서는 안 된다. 미국에 진출하고자 하는 한국의 IT 기업가들은 미국에 이민간 것도 아니고, 시민권자도 아니고 한국인일 뿐이므로 투자를 위해 진출한 미국의 기업 환경을 따져봐야한다. 특히 실리콘밸리는 좋은 아이디어들이 너무나 많은 창업 천국으로 그 경쟁이 매우 치열하다. 적어도 한국에서 기술과 아이디어를 가지고 실리콘밸리에 진출하는 기업 입장에서, 회사 내에 있는 미국 인재들에게 아이디어를 뺏길 가능성이 너무 많다는 점에서 실리콘밸리는 아이디어를 보호받을 수 없는 곳이기도 하다.

크루셜텍이 투자 지역으로 텍사스 휴스턴을 선택한 이유는 의료와 에너지 사업이 급성장하고 있는 도시라는 점이었다. 크루셜텍은 미래 사업을 위해 의료와 에너지 분야에 관심을 가지고 있는데, 이는 의료와 에너지 사업에 IT 기술이 필요하기 때문이다. IT 산업은 더 이상 독립적인 분야가 아니다. 앞으로 IT 기술은 모든 산업에 적용될 것이다. 안건준 대표가 생각하는 고민은 IT와 의료 및 에너지를 어떻게 접목시켜 사업화할 것인지이다. 이러한 고민을 한 지 4년 정도 되었고 지금도 의료와 에너지 분야에서 미래 사업을 준비 중이다. 새로운 아이디어만 있으면 미국이 사업하기 좋은 나라가 될 것이라고 강조한다. 그는 미국 진출을 앞두고 있는 IT 기업가라면 저렴한 운영 비용뿐만 아니라 사업에 유리한 조건을 가진 도시를 선택해야 한다고 조언한다.

가장 큰 무기는 특허

중국 시장 진출의 핵심, 특허

과거에는 중국이 특허를 베끼는 모방의 나라라고 생각했지만, 이것은 옛날 얘기다. 불과 1~2년 사이에 중국의 특허 상황은 엄청나게 변화했다. 현재 특허 법원이 세 군데나 있고, 중국 기업들 또한 해외 특허 기술에 대한 보호 의식이 매우 커지고 있다.

크루셜텍의 사례를 보면 한국 기업이 중국 시장에 진출하기 위한 여러 가지 방법 중에 핵심적인 부분이 특허임에 틀림없다. 특허에는 여러 종류가 있는데, 기술적인 특허와 전략적인 특허로 구분할 수 있다. 기술적인 특허는 기술적으로 가치가 있는 특허이고, 전략적인 특허는 사업적으로 활용할 수 있는 특허를 말한다. 특허란 상대를 제압하기 위한 목적만이 전부가 아니다. 기업이 특허를 갖는 목적은 첫째 상대를 제압하기 위해서이고, 둘째 협상을 통해 이익을 얻기 위함이다. 따라서 한국 기업들은 두 가지 목적에 맞는 특허 기술을 균형 있게 준비해야 하며 정말 중요한 핵심 기술에 대해 철저한 보안 유지를 하는 것이 필요하다. 왜냐하면 시장을 선도하는 기업인 초기 진입자First Mover는 후발 기업들Fast Follower에게 경계와 분석의 대상이되기 때문이다. 후발 기업들은 주로 초기 진입 기업의 특허를 분석해 그와 유사한 특허를 내는 것이 일반적이다. 따라서 크루셜텍의 경우 특허 100개가 있다면 가장 핵심적인 것 몇 개를 절대 찾지 못하는 곳에 숨겨놓는, 즉 '나만의 핵심 특허를 철저히 숨겨두자'는 생각으로 10년 전부터 특허 보안에 힘써왔다.

크루셜텍의 경우 기술 개발 시 특히 특허 분석에 많은 비용을 투자한다. 회사 내부에 특허 기술 기획을 위한 조직을 구성하고 모방 방지를 위해 회사의 핵심 특허 기술은 검색이 되지 않도록 하며 나중을 위해 중요한 몇 가지 특허는 더욱 철저히 보안을 유지한다. 그러나 기본적으로 CEO가 특허에 대한 이해도가 높아야 한다. 단순히 몇 건을 등록이나 출원하는 차원을 넘어 왜 특허가 필요한지 어떤 특허가 중요한지 등 특허의 필요성을 충분히 인지한 후 전략적으로 특허를 출원해야 한다는 것이다. 즉, 단순히 보유 특허의 수보다 특허 출원 전략이 더 중요하다. 이러한 특허의 역할은 기업 인수합병M&A 시에도 중요하게 작용하는데, 특허 분석을 통해 인수합병할 회사 가치를 내부적으로 평가할 수 있기 때문이다.

성공적인 중국 진출, 현지화 전략에 달렸다

큰 회사Big Company가 아닌 좋은 회사Good Company

중국의 약진 속 한국 기업의 대응책 중 중요한 것이 현지화 전략이다. 크루셜텍 계열사 중 하나인 삼우엠스[103]는 중국에 약 60~70% 생산 시설을 둔 코스닥 상장 계열사이다. 약 4년 전 크루셜텍은 삼우엠스가 위기에 놓였을 때 인수 이후 현지화를 통해 크게 성장을 시켰다. 인수 직후 현지화를 위해 가장 시급한 것이 인력 구조의 변화였다. 한국에도 과거에 일본 기업이나 독일 기업 등 많은 선진국 기업이 들어왔는데, 한국에 진출했던 해외 기업이 모두 성공한 것은 아니었다. 많은 경우 실패를 봤는데 한국에서 성공한 기업들의 핵심은 현지화 전략 일환으로 한국인을 임원으로 채용한 것이었다. 그래서 크루셜텍은 삼우엠스의 현지화를 위해 기존 인력 중 조선족 비중을 줄이는 대신 한족 비중을 늘렸다. 중국 생산 법인의 직원들이 관리해야 할 대상은 한족이기 때문에 이들에게 한국어 구사 능력을 강조할 필요가 없었다.

결과적으로 중국 사업 성공의 핵심은 현지화 전략에 달려 있다고 볼 수 있다. 크루셜텍은 현재 한족 인력을 이용해 중국에 법인을 운영하는 전략을 채택하고 있으며 신뢰할 만한 직원은 나이에 제한 없이 능력에 따른 진급 제도를 시행하고 있다. 중국 현지화의 중심은 한족에 있기 때문에 이들을 끌어안고자 많은 노력을 하고 있다.

크루셜텍은 큰 회사Big Company보다는 좋은 회사Good Company를 지향하고 있다. 이유는 좋은 회사가 당장은 작을지 몰라도 결국 크게 성장하며 큰 회사가 되기 때문이다. 보통 Good Company와 Big Company를 합해 Great Company라고 부르는데, 크루셜텍의 최종 목표도 Great Company이다. 하지만 당장은 너무 큰 목표이기 때문에 지금은 Good Company를 우선적으로 지향하고 있다. 그렇다면 좋은 회사는 어떤 회사일까? 안건준 대표는 말한다. "좋은 회사란, 단지 규모가 큰 회사가 아니라 새로운 미래 산업을 개척하고 선도해 나갈 수 있는 회사이다."

한국 기업들이 글로벌 시장에서 퍼스트 무버First Mover가 되기 위해 열심히 뛴다면 중국 경제의 굴기는 한국에게 분명 기회가 될 것이다.

09

청년 기업가 정신과 중국 시장

박수왕((주)소셜네트워크 대표이사)

성공의 기회는 누구에게나 열려있다!

해외 진출 경험 전무, 중국 진출의 성공 전략은?

중국 시장의 기회, 누구에게나 열려 있다!

청년 기업가의 창업 성공 스토리

중국에 대한 기회가 대기업에만 주어지는 것은 아니다. (주)소셜네트워크의 박수왕 대표가 창업을 시작한 것은 20세 때였는데 지금까지 10년 간 총 세 번 창업에 도전하였다. 창업을 할 때마다 번번이 실패를 겪어 '나는 잘 안 되는 사람인가?'라는 고민을 했지만 그럴 때마다 같이 창업을 준비했던 주변 친구들 덕분에 '사람만 잃지 않으면 무엇이든 다시 도전할 수 있다'는 용기를 가졌다.

첫 번째 사업 아이템은 20세 때 시작했다. 수능에 실패한 친구들이 지방에 모여 공부하는 기숙학원에 김치를 공급하는 '김치 납품업'을 시작하게 되었다. 친구와 둘이서 트럭 면허를 취득하고 무작정 김치 공장을 찾아가서 김치를 사서 고객에게 공급하는 일이었다.

처음에 약 20개의 기숙학원에 독점적으로 김치를 공급하면서 당시에 어린 나이임에도 불구하고 큰돈을 벌 수 있었다. 하지만 이 사업이 영원할 것으로만 생각했던 그는 비즈니스보다는 다소 장사에 가까운 업무를 하였고 경영 마인드 부족으로 인해 사업적인 한계에 부딪히게 되었다. 각 학원에 있는 이해관계자들이 다양한 형태로 김치 납품과 관련해 부당한 요구를 받게 되면서, 본인이 해야 할 일은 아니라는 생각을 하게 되었다. 그가 어린 나이에 첫 사업을 통해 배운 교훈은 돈을 버는 것보다 어떤 사업을 하느냐가 더 중요하다는 점이었다. 또한 뜻하지 않게 첫 사업 실패의 대가로 5,000만 원의 빚까지 지게 되었다. 고민을 해보니 5,000만 원의 빚을 갚기 위해 편의점에서 밤낮으로 5년을 일해야 된다는 생각이 들었고 굉장히 큰 좌절감에 빠졌다.

그래서 시간 대비 좀 더 생산적인 일을 하자는 생각을 갖게 되었다. 두 번째 사업 아이템으로 올림픽공원에서 콘서트를 할 때 야광봉이나 망원경과 같은 콘서트 응원용품 판매를 선택해서 시작했다. 사실 어린 친구들 앞에서 판매를 한다는 것이 부끄러웠지만, 다시 도전한다는 꿈을 가지고 임했다. 이 사업은 1시간에 약 200만 원의 판매 수익을 얻을 수 있었다. 한 가지 제품을 200원에 구입해서 3,000원에 판매하였다.

그러나 콘서트 응원용품 판매의 중요한 단점은 불법이라는 사실이다. 그래서 국민체육진흥공단에 제안해서 합법적인 절차를 통해 올림픽공원 내에서 판매하는 독점 사업권을 획득하게 되었다. 1년 동안 올림픽공원에서 하는 모든 공연에 대한 응원용품 판매 사업을 합법화하였다. 당시에는 아르바이트생만 하루에 약 50여 명을 고용하였는데 1시간 시급이 당시 1만 원으로 보수도 높은 편이었다. 그러나 두 번째 사업 아이템도 사업권에 대한 장기 계약에 실패하면서 정리할 수밖에 없었다. 게다가, 두 번째 사업을 하면서 빚을 다 갚을 수 있을 거라 생각했지만 반복적인 투자로 인해 5,000만 원의 빚이 추가로 발생했다. 20세의 박수왕 대표는 총 1억 원이라는 빚을 안게 되었고 큰 액수의 빚을 갚기 위해 부모님께 도움을 요청했지만 돌아온 답변은 냉담했다. 그는 군대에 가면 채무가 중지되기 때문에 입대하라는 가족들의 권유로 등 떠밀려 급작스럽게 군 생활을 시작했다.

군대에서 인생 역전!

군 생활은 시작부터 하루하루가 암울하였다. 박 대표는 굉장히 자유로운 영혼의 소유자였고 하고 싶은 것은 무엇이든 해야 하는 성격이었는데 군대의 억압적인 생활을 이겨내기 힘들었다. 그런데 우연찮게 조은시스템의 김승남 회장의 강연에서 "군대에서도 꿈을 갖고 도전하면 이룰 수 있는 일들이 있다"는 말을 듣고부터 군 생활이 달라졌다. 김승남 회장도 군대라는 곳에서 장병들이 사회에 나가서 연계

해줄 수 있는 일을 만들어야겠다는 생각으로 잡코리아를 창업하였다. 군대에서 무엇이라도 도전하라는 김 회장의 메시지에 영향을 받은 박 대표는 입대 6개월 만에 목표를 품고 새로운 도전을 결심하게 된다.

박수왕 대표가 처음 생각한 목표는 자격증 20개였다. 공부를 싫어했고 가진 자격증이 하나도 없었지만 결국 전역할 때 자격증 20개 취득에 성공하게 되었다. 부정적으로만 생각했던 군 생활이 주변을 돌아보고 사람들을 둘러보니 달리 보였다. 뚱보에서 몸짱이 된 사람, 재수로 서울대를 합격한 사람, 사법고시에 합격한 사람 등 군 장병들의 다양한 성공담이 너무나 많이 있었다.

그가 군대에서 가진 가장 큰 관심사는 "1억 원의 빚을 어떻게 갚을 수 있을까?"라는 것이었다. 이를 해결하기 위해 여러 군 장병들의 다양한 성공담을 듣고 이 성공담을 모아 책을 만들어 출판하기로 결심했다. 출판 결심을 알리자 주변 사람들은 회의적인 반응을 보였다. 하지만 그는 끝까지 포기하지 않고 출판에 도전하였다. 여러 출판사를 찾아다닌 결과 마지막 출판사에서 끝내 계약에 성공하게 되었다.

그러나 출판의 조건으로 성공한 리더들의 인터뷰를 담아야 했다. 그 인터뷰 대상으로는 당시 대통령 후보와 대기업 회장들이 포함되었는데 출판 계약보다 성공한 리더들의 인터뷰를 허락받기가 더 힘들었다. 성공한 리더들을 인터뷰하기 위해 무작정 찾아가보고 전화도 해보고 수많은 방법을 시도했지만 당연히 실패로 돌아왔다. 마지막으로 당시 GE코리아 회장이었던 이채욱 CJ 부회장이 새벽 4시에

출근한다는 정보를 입수해 새벽 4시에 찾아갔으나 첫째 날, 둘째 날 두 번 다 쫓겨나고 말았다. 셋째 날에 직접 차 문을 열어드리며 정중히 인터뷰를 부탁드려 기적적으로 인터뷰에 성공하게 되었다. 게다가, 이채욱 부회장의 도움으로 다른 유명 CEO들 인터뷰까지 함께 성공하면서 출판의 꿈을 이루었다.

이렇게 출판된 책의 이름이 『나는 세상의 모든 것을 군대에서 배웠다』이다. 당시 목표 판매량은 1,000권이었으나 국방부에서만 30만 권을 구입하면서 약 40억 원이라는 예상 밖의 큰 수익을 내게 되었다. 당시 출판사에서도 책이 많이 팔리지 않을 것으로 판단해서 인세도 후하게 책정했는데 그 덕분에 박 대표에게 고수익이 발생하였다. 이렇게 출판에 성공하며 빚 청산을 하고 어머니에게 승용차도 선물해 드렸다. 그리고 현재 회사의 창업 자금도 마련할 수 있었다.

세 번의 창업 도전과 벤처 정신으로 이뤄낸 성공적인 중국 시장 진출

중국에서 월 매출 10억?

박수왕 대표는 현재 한류 플랫폼 기업 ㈜소셜네트워크를 경영하고 있다. 3년 전부터 중국에 진출해 한류 콘텐츠를 가지고 모바일 서비스를 제공하는 사업을 하고 있다.

처음 중국 시장 공략을 위해서 주력한 분야는 엔터테인먼트와 캐릭터 사업이었다. 엔터테인먼트 사업의 경우 한류가 세계화가 될 수

[그림 9-1] ㈜소셜네트워크의 비즈니스 플랫폼

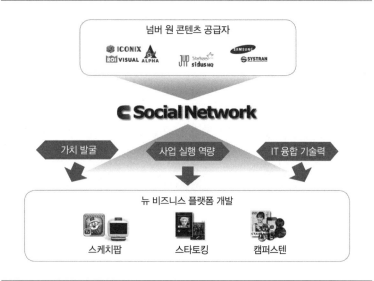

있을 정도로 수요가 높아지고 있고, 국내 엔터테인먼트 기업과 협업이 용이하다는 경쟁력을 가지고 있다고 판단되었다. 캐릭터 사업 또한 중국 모바일 시장에서 기회가 남아 있기 때문에 여러 중국 업체들과 사업을 진행할 수 있었다.

한국에서는 현재 〈캠퍼스텐Campus10〉이라는 한류 매거진 서비스를 통해 국내 회원 50만 명을 보유하였다. 한국에서는 매출이 약 50억 원 정도이며, 중국 웨이보 채널에 진출한 한류 매거진 서비스의 경우 중국인 회원이 300만 명에 달하면서 사용자가 한국보다 6배나 많기 때문에 한류 매거진 서비스를 통해 중국 시장 진출을 시도하였다.

캐릭터 분야로는 아이코닉스ICONIX[104], 로이비주얼ROI VISUAL[105] 등

[그림 9-2] ㈜소셜네트워크의 주요 사업 소개

엔터테인먼트 사업부	캐릭터 사업부

한류 연예인 어학 서비스 '스타토킹'

증강 현실 캐릭터 색칠 공부 '스케치팝'

한류 연예인 활용 20대 한중 콘텐츠 플랫폼
'캠퍼스텐'

캐릭터 콘텐츠 패드

국내 주요 회사들과 계약을 체결하였고, 중국 최대 완구 기업인 알파애니메이션그룹과도 협력 관계를 구축했다. 그러나 계약이 체결되기까지 그 과정은 쉽지 않았다. 처음에는 이메일로 연락하고, 무작정 찾아갔지만 뜻대로 되지 않았다. 적극적으로 알파애니메이션그룹과 계약을 하기 위해 직원 2명을 두 달간 중국에 머무르게 하면서 계약에 성공할 때까지 끈질기게 도전하였다. 결국 이 직원 둘은 계약을 체결하였고 맨 땅에 헤딩하는 방식으로 중국 시장에 진출하게 되었다. 한국에서 했던 방식 그대로 될 때까지 부딪힌 결과였다. 중국 굴지의 기업과 국내 최강 캐릭터인 뽀로로와 계약을 하고 나니 후발 기업과의 사업적 연계도 훨씬 수월했다. 같은 방식이 중국에서도 통할 수 있겠다는 생각을 가지고 동일한 방식으로 다른 기업들과도 사업적 연계를 한 결과, 중국의 톱TOP 5 회사와 계약을 체결해 '스케치팝 Sketchpop'이라는 캐릭터 서비스를 제공하고 있다.

캐릭터 플랫폼을 통해 국내 회원 수 25만 명을 보유하고 있다. 동일한 아이템의 경우 중국 회원 수는 250만 명에 달한다. 국내에서 월 매출이 3,000만~5,000만 원 정도지만 중국에 진출했을 때 국내 대비 약 30배 이상의 매출이 가능하다. 따라서 한국에서 어느 정도 검증된 아이템을 가지고 중국 모바일 시장에 진출한다면 적지 않은 기회가 있다. 중국에 지사가 있는 것도 아니지만 중국에서의 캐릭터 플랫폼 사업은 월 매출 10억 원 가까이 달성하게 되었다.

중국 시장 진출 전략

㈜소셜네트워크는 자금과 경험도 부족하고 더구나 중국 전문가는 전혀 없는 상황에서 당당히 중국 시장에 도전하고 있다. 어떠한 전략을 가지고 중국 시장의 문을 두드렸을까? 스스로 부딪혀서 얻은 중국 시장 진출 노하우로 4가지를 제시할 수 있다.

첫째, 중국 업체와 공동 사업을 도모하는 것이다. 파트너 기업 간 최고의 신뢰는 서로 돈을 벌어주는 것이다. 우리 기업만 이익을 가져가는 것이 아니라 시범 사업 기간 동안은 수익의 70%를 중국 업체에 양보하면서 중국 업체와 신뢰 관계를 형성했다. 이로 인해 더 많은 사업 기회를 확보할 수 있었다.

두 번째, 소탐대실이 아닌 대탐소실 전략이다. 사업 초기에는 중국 업체에 일정 기간 동안 모든 수익을 양보하는 대신 사업 진행 후 일정 기간이 지나면 수익을 제대로 배분하는 형식으로 바꾸어나갔다. 벤처기업의 강점인 빠른 결정과 빠른 혁신을 통해 사업 아이템의 성공률도 높여나갔다. 이러한 결과로 중국 톱 5 기업과 독점 계약에 성공하면서 더 높은 신뢰 관계를 형성하였다.

세 번째, 중국 업체가 취약한 사업 분야를 공략한 것이다. 캐릭터를 모바일화하거나 한류로부터 시장의 기회를 찾는 것처럼 중국 업체가 하기 어려운 틈새를 파악한 것이 주요했다.

네 번째, 이왕이면 업계 1위 기업과 먼저 협력 관계를 구축한 것이다. 이익을 좀 더 적게 보더라도 넘버 원으로 불리는 기업과 함께하는 것이 중요하다. 그러다보면 후발 기업들과 다소 쉽지는 않더라도 조금은 더 수월하게 기회가 열릴 것이다. 소규모 벤처기업의 경우는 대기업과 차별되는 전략으로 중국 시장에 진출해야 한다.

중국, 두드리면 열린다!

박수왕 대표는 중국 시장을 개척하기 위해 다음과 같은 3가지 전략을 실천했다.

첫째, 계약에 성공할 때까지 돌아오지 않는 것이다. ㈜소셜네트워크에서는 주어진 미션을 성공하지 못하는 사업부는 과감히 접는다. 사람이 벼랑 끝에 몰리면 절대 떨어지지 않는 것처럼 벼랑 끝 전술이야말로 최고의 성공 전략이다.

둘째, 한류를 이용하는 것이다. 중국인들은 한국 문화와 연예인에 굉장히 관심이 많다. 이런 취향을 반영해 파트너 사의 담당자들에게 좋아하는 연예인이 누군지 물어보고 그와 관련된 국내 연예인 싸인 CD, 영상, 브로마이드 등을 계약이 성사될 때까지 매일 제공했다. 이렇게 적은 투자와 관심으로도 돈독한 관계를 유지할 수 있었다.

셋째, 어떻게든 연결고리를 찾아내야 한다. 중국에서 어느 정도 규모가 있는 기업은 중국 내 유수 대학교를 나온 직원들이나 선배들이 꼭 핵심 부서에 있다. ㈜소셜네트워크에도 많지는 않지만 중국 내 대학교를 나온 소수 직원들이 중국 내 학연을 맺고 있다. 이것을 기초로 페이스북이나 웨이보[106]와 같은 SNSSocial Network Service로 어떻게든 연결고리를 찾는다. 이러다 보면 중국 시장도 생각보다 넓지 않다. 이렇게 작은 연결고리라도 찾아내고 만들어내서 사업의 기회로 삼는 노력이 필요하다. 박 대표는 이러한 전략들이 초기 벤처의 칠전팔기七顚八起라고 표현했고, 앞으로도 계속 확장해나갈 필요가 있다고 언급했다.

그러나 이미 많은 기업들이 모바일 서비스 사업으로 중국에 진출해 있다. 앞으로 중국에 진출해 모바일 서비스를 할 수 있는 기회인 골든타임은 짧으면 6개월에서 길어야 10개월정도일 것이다. 그렇기 때문에 국내 벤처 기업들은 빨리 중국 시장에 부딪혀보고 도전해야 한다.

자신만의 전략을 가지고 끊임없이 두드려보고 시행착오를 쌓고 꾸준히 중국 시장에 도전하면 소규모 벤처기업이라도 중국에서 성공하는 비즈니스 모델을 만들 수 있다. 한국의 젊은 회사도 그들만의 특별한 전략을 가지고 도전해보고 실패하더라도 포기하지 않는다면 중국 시장에서 새로운 기회를 발견할 수 있을 것이다. 중국 시장은 대기업보다 중소기업이나 벤처기업에게 더 많은 기회를 줄 수 있다.

10

한류 콘텐츠 산업을 중심으로 한
비즈니스 모델 혁신 전략

이동기(서울대학교 경영학과 교수)

대한민국 경제 진단 – 중국의 거센 추격

세계 주요국의 수출 시장 점유율을 보면 중국은 급성장을 하고 있는 반면에 한국은 정체되어 있다. 한국은 글로벌 경쟁우위에 있던 주력 산업인 조선, 자동차, 석유화학, 가전, 철강, 스마트 기기 분야에서 자동차 산업을 제외하면 대부분 정체 혹은 하락하고 있다. 반면 중국은 이런 분야에서 상승세를 이어가고 있는 상황이다. 이러한 산업들의 하락세를 방어하는 것도 중요하지만 이를 만회할 새로운 산업 분야를 찾는 것이 중요한 실정이다. 대표적인 새로운 분야로 문화 콘텐츠 산업을 들 수 있다.

[그림 10-3]을 보면 2010년 실질 GDP 성장률이 6.5%인데 비해 문화 콘텐츠 부가가치 성장률은 9.5%로 상대적으로 매우 높다는 것을 알 수 있다. 가장 최근인 2013년도를 봤을 때도 문화 콘텐츠 부가가치

[그림 10-1] 세계 주요국 수출 시장 점유율 추이

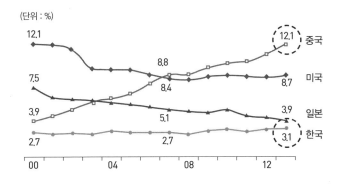

자료: 현대경제연구원

[그림 10-2] 한국 주력 산업의 세계 시장 점유율 변화

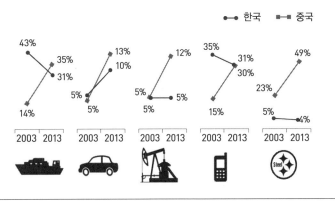

자료: 전경련

성장률은 8.0%로 실질 GDP 성장률 3.0%보다 두 배 이상 높다. 따라서 취약해지는 전통 제조 분야를 상쇄할 수 있는 대안을 문화 콘텐츠

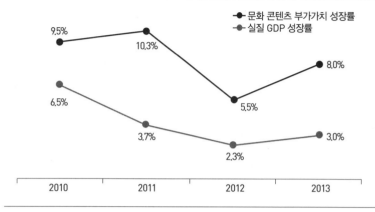

[그림 10-3] 한국 문화 콘텐츠 부가가치 성장률과 실질 GDP 성장률

●— 문화 콘텐츠 부가가치 성장률
●— 실질 GDP 성장률

9.5%

10.3%

8.0%

6.5%

5.5%

3.7%

3.0%

2.3%

2010   2011   2012   2013

자료: 통계청, 한국콘텐츠진흥원

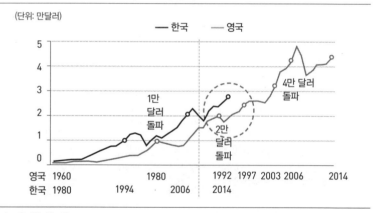

[그림 10-4] 영국과 한국의 1인당 GDP 추이 비교

(단위: 만달러)

—— 한국   —— 영국

5

4

3

2

1

0

1만
달러
돌파

4만 달러
돌파

2만
달러
돌파

영국 1960   1980   1992 1997 2003 2006   2014
한국 1980   1994   2006   2014

자료: 통계청, 월드뱅크

산업에서 찾을 수 있다. 이를 여러 통계 자료로 자세하게 살펴보고자
한다.

먼저, 문화 콘텐츠 산업을 창조 산업Creative Industry이라고 부르는 영국의 사례를 보자. 우리나라는 2006년에 1인당 GDP가 2만 달러를 넘어섰지만 영국은 이를 1992년에 달성하고 2006년에는 1인당 GDP가 4만 달러를 넘어섰다. 우리나라는 1인당 GDP 2만 달러 도달 후 약 10년간 3만 달러의 벽을 넘지 못하고 주춤하고 있는데 어떻게 영국은 2만 달러 도달 후 14년 만에 4만 달러를 넘어서게 되었을까? 20여 년 전 영국도 제조업 경쟁력이 하락하는 상황이었다. 제조업 하락으로 인한 경제 위기를 극복할 새로운 동력으로 창조 산업을 집중적으로 육성하는 창조 산업 정책Creative Britain[107]을 펼쳤다. 20년 동안의 노력으로 영국 창조 산업의 부가가치는 127조 원으로 35조 원인 한국 콘텐츠 산업 부가가치의 약 3.6배가 되었다. 또 일자리 수를 보면 한국 콘텐츠 산업은 61만 개 가량이지만 영국의 창조 산업은 168만 개로 약 2.8배 정도이다. 20년의 시차를 간과하고 단순 비교하

[그림 10-5] 영국 창조 산업의 부가가치와 일자리 수

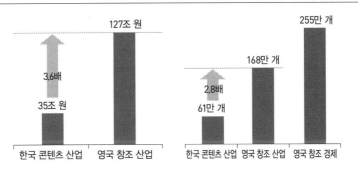

자료: IMF, PwC, HIS, 가트너, NPD, 2014년 기준

[그림 10-6] 주요 산업 대비 글로벌 시장 규모

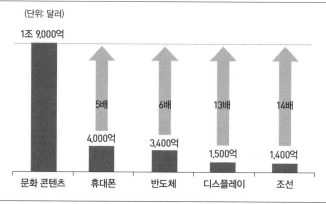

(단위: 달러)

자료: 한국은행 2013년 산업 연관표

[그림 10-7] 문화 콘텐츠 산업의 고용 유발 계수

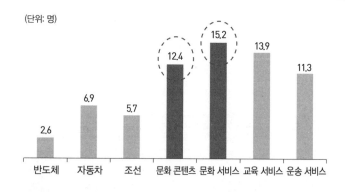

(단위: 명)

자료: 한국은행 2013년 산업 연관표

기가 어려울 수도 있지만 어떤 시점에서 어떤 산업 정책이 필요한가를 보여주는 사례가 된다. 영국을 교훈 삼아 문화 콘텐츠 산업의 중요성을 재인식해야한다.

224

글로벌 시장 규모 측면에서 살펴보면, 일반적 선입견과는 달리 문화 콘텐츠 산업은 휴대폰의 5배, 반도체의 6배, 디스플레이의 13배, 조선의 14배에 달하는 큰 규모다. 우리 사회 지도층이나 일반 국민들은 아직 문화 콘텐츠 산업의 규모를 제대로 파악하지 못하고 있는 실정이다. 오히려 굉장히 작은 산업으로 인식되어 과소평가받고 있다. 따라서 문화 콘텐츠 산업 규모에 대한 올바른 인식을 정립하는 것이 중요한 과제이다.

고용 유발 계수[108] 지표를 보면 반도체, 자동차, 조선 등 장치 산업보다 문화 콘텐츠와 문화 서비스 산업의 수치가 크게 높다. 우리가 고용 유발 계수가 높을 것이라 생각하는 교육 서비스와 운송 서비스의 수치와 비슷한 수준이다. 또한 문화 콘텐츠 산업은 경제적 파급효과가 크다. 한류 산업 자체의 매출을 넘어서 화장품·식품·패션·관광 산업은 문화 콘텐츠의 파급력이 큰 분야이다. 특히 화장품 산업의 경우에는 한류를 통한 홍보 효과를 톡톡히 누리고 있다. 이처럼 문화 산업은 관련 산업에서 발생하는 외부 효과가 매우 크다는 것을 알 수 있다.

문화 상품 100달러 수출에 따른 파급효과를 살펴보면 IT 제품 수출에는 295달러, 소비재 수출에는 412달러로 수출 파급효과도 매우 크다는 것을 알 수 있다. [그림 10-9]의 오른쪽 그래프를 통해 한류에 관련된 검색량이 늘어날수록 화장품 수출이 늘어난다는 흥미로운 사실도 알 수 있다. 이러한 분석들을 종합해보면 한국 경제의 위기를 제조업 부흥만으로 이겨내기는 어려워 보이며 소프트웨어 및

[그림 10-8] 한류의 경제적 파급효과

자료: KOTRA, 한국문화산업교류재단

[그림 10-9] 문화상품 수출의 소비재 수출 증가 파급효과

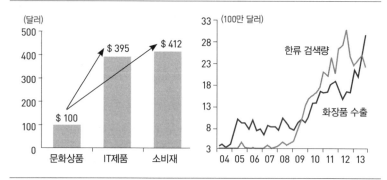

자료: 한국수출입은행, LG경제연구원

문화 콘텐츠 산업에서 신新 성장 동력을 찾는 것이 매우 중요하다는
결론에 이른다.

우리나라 문화 콘텐츠 산업의 현주소

문화 콘텐츠 산업의 본질적인 특성에 대해서 알아보자. 문화 콘텐츠 산업은 수요의 불확실성이 높아서 리스크도 크다. 영화 산업을 예로 보면 영화를 개봉하기 전까지는 얼마나 성공할지 예측하기 어렵다. 또한 문화 콘텐츠 산업은 대박 아니면 쪽박일 가능성이 많다. 문화 콘텐츠의 영역에 따라 차이가 있겠지만 본질적으로 초기 및 고정 투자비가 높고 변동비[109]는 낮다. 영화의 경우 과거에는 필름 복사 값이 변동비로 지불되었다. 하지만 디지털 시대에 접어들면서 변동비는 거의 '0'에 가깝다. 고정비가 높고 변동비가 낮다는 것은 규모의 경제[110]가 굉장히 크다는 것을 뜻한다. 손익분기점에 미치지 못할 경우 상당한 적자가 발생한다. 그렇다면 문화 콘텐츠 산업의 리스크를 어떻게 감당할 수 있을까? 문화 콘텐츠 기업의 수직·수평 계열화와 글로벌화를 통해 리스크 관리 역량을 강화할 필요가 있다.

사업 다각화의 모범 사례로 '월트 디즈니'를 살펴보자. 월트 디즈니는 핵심 역량인 애니메이션 제작이나 캐릭터 사업을 토대로 사업 다각화에 성공했다. 그래서 월트 디즈니 사례는 사업 다각화의 가장 이상적인 사례로 세계 학계에서 널리 다루어지고 있다. 높은 리스크에 대한 안전장치로 사업을 확장시킨 월트 디즈니뿐만 아니라 주요 미디어 기업들도 규모와 범위의 경제[111]를 극대화하는 전략으로 승부하고 있다. 사업 다각화가 어려운 경우에는 니치 플레이어Niche Player로서 특정 분야에서 확실한 우위를 가져야 한다. 사업 다각화를 하는 글로벌 플레이어와 니치 플레이어가 상호 보완 관계에 있는 생태계가

[그림 10-10] 주요 미디어 기업들의 수직·수평계열화 및 글로벌 진출 현황

	콘텐츠				플랫폼			글로벌 진출 국가 수
	TV 제작	영화	신문 잡지	음악	TV 채널	극장	테마 파크	
The Walt Disney Company	●	●	●	●	●	X	●	166
VIACOM	●	●	X	●	●	●	●	160
vivendi	●	●	●	●	●	X	X	77
BERTELSMANN media worldwide	●	X	●	●	●	X	X	55
万达集团 WANDA GROUP	●	●	●	●	X	●	●	3

자료: 각 사 연간 보고서(2013년 말 기준)

[그림 10-11] 중국 뉴미디어 기업들의 수직·수평 계열화 및 글로벌 진출 현황

	플랫폼					콘텐츠				
	TV 채널	온라인 미디어	인터넷	SNS	극장	방송	영화	음악	게임	교육 등 기타
Alibaba Group	X	●	●	●	X	●	●	●	●	●
Baidu 百度	X	●	●	●	X	X	X	X	v	●
Tencent 腾讯	X	X	●	●	X	●	●	●	●	●
amazon	X	●	●	X	X	●	X	●	●	X

자료: 각 사 연간 보고서(2013년 말 기준)

바로 미국의 할리우드이다.

[그림 10-10]을 보면 현재 주요 미디어 기업들은 다양한 영역에 진출했고 글로벌 진출 국가 수도 많다는 것을 알 수 있다.

중국 정부의 인터넷 규제에도 불구하고 최근에 등장하고 있는 알리바바, 바이두, 텐센트 등은 인터넷 활용 산업에서 강세를 보이고 있다. 전문가들의 의견에 따르면 중국의 VOD 유통 서비스와 채널은 한국은 물론 할리우드를 앞선다고 한다. 또한 중국 정부는 IT와 콘텐츠 결합에 적극적으로 나서고 있다. 대형 IT 기업뿐만 아니라 혁신적인 문화 콘텐츠 기업들을 육성 중이다. 소규모 벤처기업도 크라우드 펀딩을 통해 영화를 제작하고 인터넷으로 유통하는 비즈니스 모델이 있을 정도로 중국의 소규모 기업들에게도 많은 기회가 열려 있다.

한국 문화 콘텐츠 산업의 현주소는 어떨까? 스왑SWOT 분석표를 통해 살펴보자.

SM, JYP, YG 등 한국 대표 엔터테인먼트 기업들은 독창적인 비즈니스 모델 구축에 성공했다. 이처럼 글로벌 경쟁력을 갖춘 기업들도 극소수 있지만, 리스크를 감당하지 못하는 영세한 기업들이 많다. 경쟁이 점점 치열해지고 있는 글로벌 시장에서 한국이 아시아 주도권을 확실히 지킬 수 있도록 수익을 창출할 수 있는 모델을 만들고 발전시켜야 한다. 급격한 변화에 능동적으로 대응해야 하지만 아직 많이 미흡해 보인다.

우리나라 문화 콘텐츠 산업의 현주소만 간단히 진단해봐도 앞으로 어떻게 나가야 할지 분명해진다. 문화 콘텐츠 산업의 본질적인 특

[그림 10-12] 한국의 문화 콘텐츠 산업 SWOT 분석

강점(Strength)

① 한국식 콘텐츠 기획·제작 시스템

② 글로벌 경쟁력을 갖춘 인력

약점(Weakness)

① 규모의 영세성

② 글로벌화 모델 구축 미흡

③ 규제 위주의 정부 정책

기회(Opportunity)

① 한류 팬덤 강화

② 아시아 엔터테인먼트 시장 급성장

위기(Threat)

① 경쟁 패러다임의 급격한 변화

② 중국 미디어 기업들의 급성장

[그림 10-13] 글로벌 미디어 그룹 규모 비교

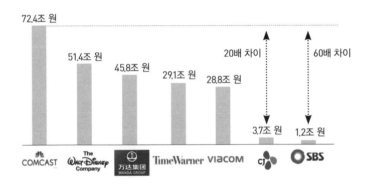

자료: 2014 각 사 연간 보고서 기준

성에 맞게 산업 구조가 선진화되어야 한다. 취약한 문화 콘텐츠 산업
생태계 속에서 지금까지 이룬 한류의 성과는 어쩌면 기적에 가까웠

230

다. 중국의 급부상 속에서 한류의 우위가 지속 가능할지 의문이다. 더구나 우리는 대기업을 규제하고 중소기업을 보호한다는 이분법적 논리에 갇혀있다. 우리나라의 대표적 미디어 그룹인 CJ와 SBS를 보면 글로벌 미디어 그룹들의 규모와 매우 큰 차이를 보이고 있으며 틈새 시장 공략에 성공한 한국 기업도 극소수에 불과하다. 이러한 문화 콘텐츠 산업의 우려스러운 현실을 어떻게 극복해야 하느냐가 문제이다.

중국 문화 콘텐츠 산업의 성장

중국 문화 콘텐츠 산업의 현주소를 살펴보자. 중국은 과거 저임금 노동력에 기반을 둔 수출 제조업 중심의 고성장에서 2000년대 중반 이후 문화 소양을 제고하고 기술 혁신 및 내수 기반 강화, 서비스업 육성을 통해 안정적인 성장을 도모하고 있다. 서비스 산업 중에서도 특히 문화 콘텐츠 산업을 강조하고 있다. 시진핑 주석은 2014년 제4차 중앙전면심화개혁영동소조 회의에서 "강력하고 실력 있는 전파력, 공신력, 영향력을 갖춘 신형 미디어 그룹을 만들겠다"고 말했다. 앞에서 언급했던 중국 3대 IT 기업들은 미디어 콘텐츠 업체 인수합병에 적극적으로 나서고 있다. 이들 외에 완다그룹 같은 대기업들도 정부 정책에 힘입어 문화 콘텐츠 사업 규모를 확장하고 있다. 하지만 중국 문화 콘텐츠 산업의 급성장은 경쟁력이 성장 속도를 따라가지 못한다는 부작용도 있다. 제작 역량 부족, 인건비의 급상승, 제작비 인플레이션 심화 등의 문제를 해결하기 위해서 최근 한국 문화 콘텐츠 산업에 큰 관심을 갖고 투자하기 시작했다. [표 10-1]을 보면 중국 자

[표 10-1] 중국 자본의 한국 기업 투자 현황(2015년)

일시	기업	업종	투자회사	투자금액	지분율
3월	아이니세스쿨 (현 룽루코리아)	온라인 교육	룽룬게이미스	217억 원	44.5% (최대 주주)
6월	레드로버	애니메이션	쑤닝유니버설	341억 원	20.0% (최대 주주)
6월	이너스텍 (현 로코조이)	게임	로코조이 홍콩홀딩스	126억 원	33.6% (최대 주주)
7월	아이에스이커머스	수입 대행	썬마그룹	200억 원	20.0%
10월	씨그널엔터테인먼트 그룹	엔터테인먼트	SG인베스트먼트	1,000억 원	12.0% (최대 주주)
11월	초록뱀	콘텐츠 제작	홍콩 DMZ 그룹	300억 원	25.9%
11월	에머슨퍼시픽	호텔 등 라이프스타일	중민국제자본유 한공사	1,806억 원	33.2%
11월	FNC엔터테인먼트	엔터테인먼트	쑤닝유니버설	336억 원	12.0%

총 4,326억 원

자료: 매일경제신문(2015년 11월 24일)

본이 국내의 다양한 문화 콘텐츠 기업에 투자하고 있다. 또한 한국 문화 산업의 우수 인력들을 중국 시장으로 대거 영입 중이다.

우여곡절 끝에 한중 FTA가 통과되었지만 국내 기업의 중국 진출에는 여전히 규제가 많다. 중국이 문화 산업에 대해 특별히 강력한 대외 규제를 하고 있는 것을 보면 문화 산업 분야는 전반적인 개방화 추세의 예외적 성격이 강함을 알 수 있다. 이러한 한중 간의 불균형적인 규제 환경 속에서 차이나 머니가 국내로 유입되고 있다. 해외 자본이 유입되는 것은 긍정적인 측면도 있기에 무조건 부정적으로 봐서는 안 되지만 부정적 효과에 대한 분석과 대비가 소홀해서도 안 된다. 신속하고 동시다발적인 중국 자본의 대규모 유입으로 인한 부작용으로는 무엇이 있을까? 첫 번째로 우리나라 기업이 중국 자본에 종속되어 하청 기지화 되는 것이 우려된다. 영화 〈해리포터〉 시리즈는 미국 엔터테인먼트 사가 제작한 영화이다. 영국 작가의 원작을 바탕으로 영국에서 촬영되었고 영국 배우가 출연한 영화이지만 영국 영화로 인식되지는 않는다. 영국이 미국 엔터테인먼트 사의 하청 기지 역할을 한 셈이다. 두 번째, 한류 콘텐츠의 단명 가능성이다. 만약 중국 투자자가 단기 수익을 내는 데 집중한다면 한류 콘텐츠의 경쟁력이 약화되어 단명할 수 있다. 세 번째 부작용으로는 산업 생태계 조성 위협이다. 콘텐츠 산업의 핵심인 IP와 다양한 수익 모델을 개발하고 내재화 할 수 있는 기회 상실로 산업 생태계의 기반 훼손이 우려된다.

우리나라 문화 콘텐츠 산업의 대응 방안

한국 문화 콘텐츠 산업의 대응 방안에 대해 알아보자. 문화 산업의 미래를 위해 산업 구조부터 탄탄히 구축해야 한다. 국내 문화 산업을 선도해나갈 글로벌 혁신 선도 기업을 키우고, 차별화된 경쟁력으로 승부하는 중견·중소기업을 육성해야 한다. 여기서 핵심은 경쟁력 있는 비즈니스 모델이 필요하다는 것이다. 경쟁력 있는 글로벌 기업 육성을 위해 불필요한 규제를 철폐하고 M&A를 활성화해야 한다. 일례로 '넷플릭스'에 대항할 규모의 VOD 업체 육성이 시급하다. 중국 자본에 휘둘리지 않는 산업 구조와 글로벌 미디어 그룹이라는 대항마가 필요하다. 그리고 건강한 산업 생태계를 위해서는 작지만 강한 기업들의 뒷받침이 필요하다. 대기업과 중소기업이 지속적으로 공생할 수 있는 비즈니스 모델과 생태계를 구축해나가야 할 것이다.

중국과의 발전적 협력 관계를 모색하기 위해서는 먼저 중국 기업들과의 전략적 제휴를 강화해야한다. 중국이 부상하면 할수록 협력과 경쟁을 동시에 잘해야 한다. 우리 기업이 중국 진출에서 불리하지 않도록 한중 FTA 후속 협상에서 중국의 규제 완화를 위한 정부의 노력도 절실하게 필요하다.

탁월한 기업가정신과 리더십을 지닌 대표적인 글로벌 미디어 거물 2인을 비교해보자. '뉴스콥'의 루퍼트 머독은 문화 콘텐츠 산업에 대한 통찰력과 이해가 풍부한 리더이다. 반면에 'NBC'의 잭 웰치는 경영 면에서는 뛰어났지만 문화 콘텐츠 산업에 대한 이해가 부족하였다. 루퍼트 머독은 장기적인 관점에서 적극적인 콘텐츠 투자를 했고 그 결과 후발주자였던 FOX TV는 4대 메이저로 빠르게 등극할 수 있었다. 이처럼 장기적인 관점에서 과감하게 투자할 수 있는 리더가 필요하다. 문화 산업의 미래를 위해 산업 구조부터 탄탄히 구축해야 한다.

IV부

토론

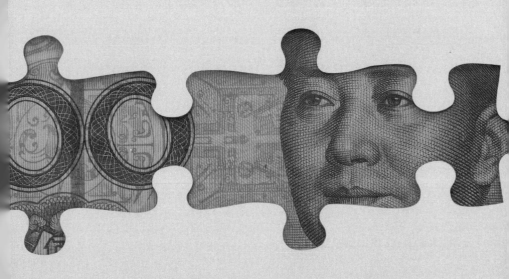

01
[G2 시대의 생존 전략과 위기 극복]

- 토론 사회: 엄길청(방송인, 경기대학교 교수)
- 토론자: 이장우(성공경제연구소 이사장, 경북대학교 경영학부 교수)
  남민우(다산네트웍스 대표이사, 다산그룹 회장)
  김동석(전자신문사 부국장)
- 토론 일시: 2015년 9월 3일(목) 오후 5시

중국의 경제적인 굴기를 어떻게 받아들이고 활용을 할 것인가?(남민우)

이 문제는 사실 한국 기업인들에게는 발등에 떨어진 불이라고 할 수 있다. 현재 엄청난 위기와 기회를 같이 맞고 있다. 과거 청나라 굴기가 우리에게 기회가 될 수도 있었던 것처럼 현재도 우리에게 큰 기회가 오고 있다. 한국의 대기업들은 어차피 중국의 대기업들로부터 많은 아이템들을 뺏길 것이다. 그런데 시각을 달리해서 보면 중소기업이나 벤처기업들한테는 중국 시장을 대상으로 대기업으로 성장할 수 있는 굉장히 좋은 기회가 열렸다고 생각할 수 있다. 중국의 시장과 자본을 받아들이고 이용할 수 있을 때 기회가 온다. 중소기업이나 벤처기업 입장에서 현재 상황을 재해석해볼 필요가 있다.

메이드인 차이나 제품들이 현재 무섭게 들어오고 있다(김동석)

우리는 이것을 이미 눈으로 보고 피부로 느끼고 있는 상황이다. 중국의 농산물, 생활필수품을 비롯해 IT 제품, 자동차까지 들어오고 있는 현실이 굉장한 위기로 떠오르고 있다. 그리고 통신 장비 쪽 IT 산업의 경우 중국의 스마트폰 시장이 무섭게 치고 올라오고 있다. 2015년 2분기 중국 스마트폰 시장의 점유율은 샤오미가 18.2%를 기록하며 이미 선두로 나섰다. 지난 가을 2015년 1분기 14.4%에서 더 높아졌다. 다음으로 화웨이가 16.2%로 2위를 기록했다. 그다음 애플이 11.6%로 3위, 그리고 삼성전자가 8.6%로 5위에 그쳤다. 전 세계 스마트폰 시장에서 중국 시장은 가장 중요하다. 이러한 상황에서 점유율을 엄청나게 빼앗긴 삼성전자를 보면 중국 IT 기업들이 무섭게 추격하는 위기의 모습을 실감할 수 있다.

또 다른 사례로서 반도체 디스플레이 산업을 들 수 있다. 중국 정부는 2020년까지 총 9,000억 위안, 우리 돈으로 166조 원 정도의 금액을 투자하여 반도체 시장을 장악하겠다는 목표를 세웠다. 더 주목해야할 부분은 외국 기업에 대한 진입을 억제하는 등 자국 산업 보호를 위한 정책을 같이 시행하고 있다는 사실이다. 자국 산업을 보호해서 글로벌 시장으로 나아가겠다는 중국 정부의 전략은 우리에게 시사하는 바가 굉장히 크다.

앞으로는 중국과의 경쟁보다는 상생을 통한 실리를 찾아야 할 것으로 보인다. 즉 중국 기업의 어깨에 올라타서 실리를 꾀하라는 뜻이다. 중국을 단순히 물건을 파는 나라가 아닌 협력하는 나라로 대해야 한다. 즉 가치를 공유하고 정보를 공유해서 이익을 창출하는 관계를 형성해야 한다.

또 하나는 남들이 생각하지 못하는 특화 제품을 만들어야 한다는 것이다. 중소·중견 기업들 혹은 스타트업 기업들이 대기업들의 플랫폼과 연결해 중국을 공략하는 것도 좋은 방법이 될 수 있을 것이다.

02
뉴 노멀 중국 경제, 재앙인가 축복인가:
한국 경제의 진로

- 토론 사회: 이장우(성공경제연구소 이사장, 경북대학교 경영학부 교수)
- 토론자: 김동건(동화엔텍 대표이사)
  강현수(충남연구원 원장)
- 토론 일시: 2015년 10월 29일(목) 오후 5시

20년 간 중국에서 성공적으로 소비 시장을 개척한 노하우(김동건)

한중 수교 당시 처음 중국 시장에 진출하다보니 그때부터 20년 간, 급변하는 중국 안에서 기업을 일구어 왔다. 이 과정에서 내가 느낀 점은, 먼저 중국은 자기 몸을 가누지 못하는 헤비급 선수 같다는 것이다. 중국이 직면한 문제들 속에서 한국의 기회가 굉장히 많이 있을 텐데, 한국이 지레 겁을 먹고 있는 게 아닌가 하는 생각이 든다. 비유하자면 중국이 나라라면 한국은 섬, 한국이 나라라면 중국은 대륙이라고 할 수 있다. 그러나 한국에서는 중국을 단순히 '나라'로

240

인식하는 경향이 있다. 중국을 다녀온 분들이나 중국을 표현하고자 하는 분들은 중국에 대해 설명할 때 어려움을 겪는다. 왜냐하면 대륙으로서 중국은 하나의 '나라'로는 설명하기 어렵기 때문이다. 따라서 우리가 전 세계에 대해 설명하려 하지 않듯이, 중국을 거대한 대륙으로 인정하고 설명하기보다는 가까이하며 친근해질 필요가 있다.

고민할 것 없이 우리가 중국을 많이 가야 한다. 우리 회사는 중국 진출 후 7년 간 적자를 경험한 바 있다. 중국 사업을 중단하자고 하는 사람들이 점점 늘어나고 있던 그때, 그 사람들에게 "지금 중국에서 철수하면 우리는 앉아서 죽는다고, 나중에 중국에게 잡아먹힌다고, 무조건 살려내야만 한다"고 했다. 당시 중국에 약 1만 평의 땅을 사놓은 상태였는데, "지금 중국에서 철수하고 그 땅을 팔면 중국 시장 자체가 날아간다"고 설득하며 중국 시장에서 지금껏 살아남을 수 있었다.

중국은 나진, 동북삼성, 서부 대개발 등 미개발 지역이 매우 많다. 따라서 중국에 우리 기업을 위한 기회는 무궁무진하다. 지금은 한국 기업이 가진 것이 없는 것 같지만, 한국인 특유의 생명력으로 중국 안에서 기회를 찾아야 할 때이다. 우리는 그동안 중국이 아니었어도 잘 살아왔다. 멀리 미국까지 건너가고 중동 가서 돈을 벌어왔다. 중국을 겁낼 필요가 없다. 과거 미국, 중동 등의 지역을 뚫었듯이 중국 안에 숨어 있는 기회를 찾아 뚫고 들어가야 한다. 결코 쉽지는 않겠지만 한국인의 근성이라면 할 수 있다.

중국 시장 진출에 대비해서 자녀 교육부터 신경 써야 한다. 과거

자녀들을 미국으로 보내 영어 공부 시키고 유학시킨 덕분에 우리 경제가 한 단계 더 성장했다고 본다. 이처럼 과거 1970년대 미국 이민자들과 같이 중국 시장에 대한 도전정신이 필요하다. 중국이 다시 후진국으로 돌아가진 않을 것이다. 무궁무진한 시장으로 우리 옆에 존재할 것이다. 결국 먼저 연구하는 사람과 기업이 기회를 차지하기 마련이다. 가까운 중국을 반드시 기회의 땅으로, 뉴 노멀 중국 경제를 반드시 한국 경제의 기회로 삼아야 한다.

중국 경제에 대한 지역 경제의 대응 전략은 무엇인가(강현수)

충청남도는 중국 경제의 발전과 가장 밀접한 연관이 있는 지역이다. 충청남도는 대 중국 수출 특화 지수가 우리나라에서 1위인 지역이다. 그래서 충청남도는 최근 중국 경제의 급변으로 인해 어려움을 겪고 있다. 가장 큰 이유는 충남의 주력 수출품이 중간재라는 데 있다. 중국 경제의 뉴 노멀화는 제조업 2025 전략을 통해서 중간재 산업을 육성하겠다는 것을 주요 내용 중 하나로 삼고 있다. 이 부분이 바로 충청남도와 중국이 과거 보완 관계에서 경쟁 관계로 변화했다고 볼 수 있는 근거이다. 결과적으로 최근 충남 경제의 수출액이 지난 2014년 하반기부터 마이너스를 기록했다.

충청남도의 주력 산업(기업)으로는 삼성디스플레이, 현대자동차, 서산의 석유화학 5개 회사, 그리고 당진의 현대제철이 있다. 이 중 가장 먼저 타격을 받은 산업은 석유화학으로, 대 중국 수출액이 대폭 하락했다. 다음으로 제철 산업 또한 위기를 맞이했다. 현대자동차는 내

242

수 위주이기 때문에 큰 영향은 없지만, 디스플레이의 경우 장기적으로 봤을 때 매우 위험한 상황이다. 결국 충남 경제의 핵심이자, 나아가 한국 경제의 핵심 산업들이 매우 큰 위기에 있다고 할 수 있다.

그렇다면 앞으로 어떻게 해야 할 것이냐가 문제이다. 충청남도는 앞으로 충남 경제가 나아가야 할 방향을 담은 '2030 충남 경제 비전'을 수립 중이다. 이 내용 중에서 가장 주목할 것은 앞으로 우리 충남 경제의 구조를 전환시키자는 것이다. 이 경우 (기존 경제 구조에 있던) 중소기업들이 문제가 될 것이다. 따라서 중소기업들을 위한 두 개의 중소기업 부흥 전략을 생각해야 한다. 하나는 소비재 경공업 육성이다. 중국의 내수 시장을 겨냥하기 위해서 식품, 화장품, 가구와 같은 소비재 산업에 집중 육성하자는 것이다. 두 번째는 기존 중소기업들을 국내 대기업과의 하청 관계에서 벗어나 고부가가치 사업을 통해 중국 기업들과의 협력 관계를 맺는 독립형 중소기업으로 육성하자는 것이다.

아직까지 한국 경제의 주류 방식은 중간재 수출 방식이었기 때문에 앞으로는 수출 지원 방식의 변화가 필요하다고 생각한다. 소비재 수출에 있어서는 몇 가지 다른 전략이 필요하다. 특히 타오바오와 같은 해외 직구 등 새로운 유통망을 확보하는 문제라든지, 브랜드 가치를 높일 수 있는 새로운 전략이 필요할 것이다. 여기에는 기업들의 노력뿐만 아니라 지방과 중앙정부의 지원이 필요하다.

한국 경제도 어렵고 충남 경제 등 지역 경제도 어렵지만, 결국 고부가가치 사업은 사람의 문제이다. 예를 들어 금융업을 하려고 해도 글로벌 금융을 이해하는 인재가 필요하듯이, 다양한 분야의 글로벌 인재 육성이 시급하다. 따라서 이러한 서비스업(고부가가치 사업)에서는 인재 육성이 무엇보다 중요하다. 특히 서비스업 중 관광 분야에 있어서도 새로운 전략이 마련되어야 한다. 즉 지금까지의 일회성·패키지 상품이 아닌 고급 체류형 관광 사업으로의 전환이 필요하다.

03
[중국의 대전환 – 대기회]

- 토론 사회: 이장우(성공경제연구소 이사장, 경북대학교 경영학부 교수)
- 토론자: 전병서(중국경제금융연구소 소장, 경희대학교 China-MBA 객원교수)
  김동재(연세대학교 국제학대학원 교수)
  정희훈(DFJ Athena 대표이사)
- 토론 일시: 2015년 9월 18일(금) 오후 5시

중국 정부에 관해 궁금하다(김동재)

중국 정부는 시장 메커니즘을 어떻게 바라보고 있는가? 2015년 8월 24일 상하이종합지수가 8.49% 폭락하는 상황을 보면 '중국 정부가 시장을 너무 우습게 보는 것이 아닌가?' 하는 생각이 든다. 자본주의 시장은 복잡한 원리로 돌아가고 제일 무서운 것이 시장이다. 더욱이 돈에 관한 자본시장은 더더욱 무섭다.

중국은 다른 나라들이 긴 역사를 거쳐 다양한 시행착오를 겪으며 발전시켜온 자본주의를 단숨에 올라서서 급성장했다. 그런데 중국의

자본주의가 시가총액을 올려 선순환을 유발하겠다는 것은 중국 정부의 자기중심적 사고가 아닌가 하는 생각이 든다.

또한 금융업 분야를 강화해야 한다는 의견에는 공감하지만, 제조업 역시 기반을 다지는 중요한 산업이므로 대한민국만의 생태계를 만들기 위한 고민이 필요하다. 예컨대 삼성전자, 현대자동차 등 국내 대기업들은 큰 생태계를 만들어왔지만 국내에 적합했던 구조였다. 즉, 대부분 국내 기업들이 폐쇄적 성향이 있다고 할 수 있다. 따라서 이러한 기업들이 협업을 통해 글로벌 경쟁의 발판을 마련해야 한다. 이를 위해서 중국과 협력해 시너지 효과를 낼 수 있는 부분이 있을 것으로 생각한다.

중국의 자본시장은 아킬레스건이다(전병서)

서방세계가 중국이 위기라고 인식한 계기는 2015년 9월 말 기준 주가가 고점 대비 40% 폭락한 것이다. 이에 따른 주가 폭락 사태로 대두된 중국 발 세계 경제위기 시나리오는 어느 정도 설득력이 있다. 하지만 첫째 부도난 기업이 없고, 둘째 부도난 금융 기업이 없으며 금리가 오히려 떨어지고 있고, 셋째 환율을 4% 정도만 평가절하했다는 사실을 눈여겨보아야 한다. 대한민국이 8%, 인도네시아가 18% 환율을 절하했는데도 중국의 4% 평가 절하를 근거로 《월스트리트저널》과 《블룸버그》 등 외신들이 중국 금융 위기설을 제기했음을 고려할 필요가 있다.

중국은 사회주의 탈을 쓴 자본주의라고 볼 수 있다. 중국은 진정

246

한 의미의 사회주의였던 적이 없었다. 중국은 제2차 세계대전 전승국이 되어 서구 열방과 일본의 영향력으로부터 해방되었지만, 해방 당시 경제 상황은 열악했다. 이러한 상황에서 서양의 자본주의 시스템을 받아들이면 경제 식민지가 될 위험성이 컸다. 그래서 자본주의 대신 사회주의를 택했던 것이다. 비록 사회주의를 채택했지만, 중국의 사회주의는 자본주의 시스템들을 차용했다고 할 수 있다. 이런 맥락 속에서 중국의 증시 대폭락 사태를 어떻게 볼 것인가에 대한 해답을 찾아야 한다. 중국은 25년 만에 세계 2위의 경제 대국으로 성장하기 위해 서구의 250년 자본주의 역사를 모방하였다. 긴 역사를 거쳐 시행착오를 겪어온 다른 나라들에 비해 경험이 부족했다. 특히 중국이 몰랐던 자본시장에서의 시행착오는 레버리지leverage[112]와 공매도[113]였다. 경험이 부족했음에도 이번 주가 폭락으로 일반 기업, 금융 기업 모두 부도난 곳이 없으며 환율도 거의 제자리 수준이다. 유독 주가만 40% 폭락했다. 왜 주가만 이렇게 폭락했을까? 중국은 자본주의의 외부 시스템만 모방했을 뿐, 중국 내부 시스템에 대한 이해가 부족했다고 설명할 수 있다.

중국 정부가 시장화하고 싶지만 통제하기 어려운 것은 인구 문제 때문이다. 중국의 증권 당국이 조치를 취하는데도 통하지 않는 이유는 투자자의 구조에서 찾을 수 있다. 중국의 주식투자자는 약 1억 명에 달하는데, 그중 85% 가량이 개인 투자자이다. 개인 투자자 중 60%는 투자 금액이 만 원에서 10만 원의 소액 투자자이기 때문에 부담이 없어서 공격적인 투자를 감행한다. 만약 4,000만 명이 한 방향으로 움직인다면 세계에서도 유례없는 거래 규모가 된다. 즉 그동안 자본주의가 경험하지 못한 시장 규모, 또한 전혀 보지 못했던 투자자들의 수준이기 때문에 서양 국가들의 투자론만으로는 중국 시장을 이해할 수 없다.

요즘 들어 국내 벤처캐피털 기업들도 중국에서 투자 활동을 하고 있는 상황이다(정회훈)

실제로 중국에 가서 투자를 하라고 한다면 자신이 없다. 중국이라는 낯선 시장에서 방향을 잡기가 어렵기 때문이다. 중국에서 잠시 사는 동안 은행에 가서 일을 볼 때면 늘 속이 터진다. 서비스업이 성장세를 보이고 있지만, 중국인은 주어진 일 이상을 하지 않는 성향이 있다. 그리고 융통성이 부족한 편이다. 그런 면에서 상대적으로 서비스업에 대한 경험을 갖춘 우리나라 서비스 기업에 많은 기회가 있을 것 같다. 그러나 시장 획득을 위해 중요한 것은 유통일 것이다. 유통과 영업 네트워크를 확보하기 위한 구체적 방법이 필요하다.

과거 어떤 때보다 중국의 유통에 접근하기 쉬워졌다(전병서)

광활한 토지와 13억 명에 달하는 인구로 인해 유통망 구축이 어려웠던 중국에서 13억 인구를 하나로 이어준 유통망이 등장했다. 그것은 바로 모바일과 인터넷이다. 중국의 모든 인구를 연결하는 최초의 유통망인 셈이다. 대표적으로 상거래가 가능한 모바일 메신저 웨이신微信[114]을 들 수 있다. 웨이신은 현재 카카오톡에서는 불가능한 전자상거래 기능을 가지고 있다.

따라서 중국에서 인터넷과 모바일 유통망을 이용하려면 알리바바, 텐센트와 손을 잡아야 한다. 즉 13억 인구를 하나로 잇는 플랫폼에서 어떻게 기회를 잡을 것인지 고민해야 한다. 물론 중국인들의 소비 패턴에 대한 연구가 선행되어야 한다. 지금까지 기업들은 중국 시장에 대한 충분한 연구 없이 기존 아이템으로 승부를 보려 하였기 때문에 승산이 없었다.

04
[생각의 오류를 극복하고 성공의 기회로]

- 토론 사회: 이장우(성공경제연구소 이사장, 경북대학교 경영학부 교수)
- 토론자: 이홍(광운대학교 경영학과 교수)
  김희천(고려대학교 경영학과 교수)
  박승주(세종로국정포럼 이사장)
- 토론 일시: 2015년 10월 16일(금) 오후 5시

일 처리하는 주체는 사람이다(박승주)

병자호란 당시 조정을 형성하고 있었던 고위 공직자들의 사고방식이 국가에 미치는 영향은 상당하였다. 궁극적 목표인 목적함수 측면에서 '누구를 위한 견해인가? 즉, 나를 위한 견해인가? 국가와 민족을 위한 견해인가?'를 물어봐야 한다. 국가와 민족을 위한 진정한 견해가 되기 위해서는 생각의 일치가 있어야 한다. 과거 관료들은 유학을 공부하며 겸손과 국가와 국민에 대한 사랑을 배웠지만 현실적으로는 신념과 행위가 일치하지 않는 경우가 많았다. 병자호란 역시 국

가와 민족보다 자신의 체면을 중시해서 생긴 참사이다. 이처럼 국가의 미래를 좌우하는 정책 결정자들은 의사결정을 할 때 무엇이 상위의 것인지를 이해하고 결정해야 한다.

중국에 대한 우리의 고정관념이 바뀌어야 한다(김희천)

중국을 값싼 노동력을 제공하는 국가, 물건을 팔 수 있는 시장, 그리고 혁신적 아이디어와는 거리가 먼 시장으로 이해하는 고정관념을 확 바꾸어야 한다. 글로벌 기업 GEGeneral Electric Company의 경우, 소득 수준이 낮은 중국과 인도 시장을 겨냥해 의료기기를 저렴한 가격으로 팔기 위해 신제품을 개발했다. 저렴하면서도 작고 가벼운 의료기기를 개발한 후 미국과 유럽까지 새로운 시장을 개척했다. 현재 GE는 고령화 사회로 접어들면서 정기적인 병원 방문이 어려운 노인들을 위해 직접 찾아가는 의료 서비스 시장 개척에 나서고 있다. 이 사례는 중국에 맞는 제품 개발 아이디어가 새로운 시장 개척의 원동력으로 작용한다는 사실을 잘 보여준다. 최근 중국은 전기 자동차와 태양 에너지 산업에 관심을 보이고 있다. 그 이유는 아직 인프라가 갖춰지지 않은 상황에서 오히려 자유롭고 합리적인 의사결정이 가능하기 때문이다. 이처럼 기존 고정관념에서 벗어나 중국을 혁신의 시장으로 바라보는 것이 중요하다.

새로운 G2 시대는 또 다른 기회이다(이홍)

새로운 G2 시대가 우리에게 갈등적 상황만을 주는 것은 아니다.

먼저 일대일로One belt-One road[115]를 주목하고 대처하여야 한다. 일대일로는 아시아인프라 투자은행AIIB을 활용해 새로운 실크로드를 만들겠다는 중국의 계획이다. 여기서 흥미로운 사실은 새로운 실크로드가 끝나는 지점이 바로 중국이라는 점이다. 중국 푸단대 스위안화 교수는 "한국은 국가 전략과 현실적 이익 차원에서 일대일로의 출발점인 거점국으로 참여해야 한다"라고 말했다. 이 말은 중국과 손잡고 신 장보고 시대를 열 수 있다는 뜻으로, 우리와 중국과의 관계가 경쟁 관계만 있는 것이 아님을 알 수 있다.

두 번째는 한반도 주변 인식에 대한 박스 사고이다. 한반도의 주변 상황은 G2 국가가 갈등하는 상황만으로 움직이는 것은 아니다. 새로운 기회가 열리는 복잡한 상황이 일어나고 있다. 예를 들면, 북극항로North Pole Route[116]가 열리는 것에도 주목하여야 한다. 이렇게 되면 한국이 중국, 일본, 러시아 4국 무역의 중심이 된다. 남북통일도 눈여겨보아야 한다. 통일을 이룩하면 대륙으로 통하는 문이 활짝 열린다. 한반도 북쪽과 맞닿은 중국의 동북 3성인 지린성, 랴오닝성, 헤이롱장성과 연결되면 한국은 엄청난 혜택을 볼 수 있다. 이곳과 한반도의 인구가 합쳐 3억 명이 넘는 경제 블록이 만들어질 것이다. 전 세계에서 가장 큰 경제 단위가 만들어지는 것이다. 또 다른 비전도 있다. 통일은 신 제조업 르네상스를 줄 수 있다. 남한의 좋은 기술과 자본, 북한이 가지고 있는 저렴한 노동력이 결합한다면 어떠한 나라도 넘볼 수 없는 통일 한국의 신 제조업 시대가 열릴 것이다. 종합하여 말하면, 중국과 미국의 G2 시대를 고정된 시각에서만 볼 필요는 없다.

다만 우리가 박스 사고에 갇혀 있어 G2 시대에 잘못 대응하는 생각의 오류를 범하는 것만은 피해야 한다.

05
[한국 기업의 중국 진출과 협력 방안]

- 토론 사회: 정회훈(DFJ Athena 대표이사)
- 토론자: 카이 첸(SK텔레콤 베이징 투자컨설팅, Founding Managing Partner)
  스티븐 왕(3z 캐피털 투자유한회사 동사장, Deutsche Bank 투자펀드관리)
- 토론 일시: 2015년 11월 12일 (목) 오후 4시

중국 투자자에게 듣는 한중 반도체 산업의 협력 방안은?(카이 첸)

나는 SK텔레콤 차이나 펀드의 대표이다. 4~5년 전, SK텔레콤이 중국에서 펀드 투자를 시작했을 때 인터넷, 특히 모바일 인터넷 및 ICT 시장에 주목했다. SK텔레콤이 하이닉스를 인수한 이후 반도체 투자에도 눈을 돌리기 시작했다. 당시 중국은 반도체에 대한 관심이 적었다. 왜냐하면 반도체 산업은 자본 집약형, 기술 집약형, 인재 집약형이기 때문이다.

반도체는 자본, 기술, 인재에 있어 요구치가 굉장히 높다. 그리고

투자 회수 기간도 매우 길고 개발 과정도 쉽지 않다. 그래서 사실 투자자 입장에서 아주 매력적인 분야는 아니다. 하지만 작년부터 중국 정부가 대대적으로 반도체 산업 발전에 열을 올리고 있다. 그래서 국가 차원의 정책인 중국 IC[117] 발전 계획 요강을 제정했고 15년 안에 중국 반도체 산업을 크게 발전시키겠다는 계획을 내놓았다. 그 후 중앙정부와 지방정부는 자본시장에 대량의 자금을 투자했다. 그리고 많은 투자기관, 투자자, 기업, 국유 기업, 벤처캐피털, 사모투자펀드들도 반도체 사업에 뛰어 들었다.

특히 2015년부터 중국 각 지역에서 새로운 반도체 관련 펀드가 등장하기 시작했다. 나는 반도체 투자 1세대로서 많은 반도체 투자기관 및 정부기관과 교류할 기회가 많았다. 중국 중앙정부가 수립한 국가 IC산업펀드 국가대자금과도 교류를 자주 했었다. 중국 시장 수요에 대해 연구도 많이 했다. 우리 투자 회사는 SK텔레콤 출자로 설립했기 때문에 한국 반도체 시장에 대해서도 연구를 많이 했다. 한국 시장에 대한 나의 잠정적 의견, 즉 나와 중국 반도체 투자자들이 한국 반도체 시장에 어떤 인식을 갖고 있는지를 이야기하고자 한다.

한국 반도체 시장은 매우 막강하다. 미국에 이어 세계 2위 수준의 반도체 강국이다. 몇 해 전부터 일본을 넘어섰다. 한국의 세계 시장 점유율도 점점 확대되고 있다. 매년 반도체 시장의 16~17%를 차지하고 있다. 한국 반도체 시장에서 메모리 반도체 시장의 파이가 가장 크다. 한국 반도체 생산량의 절반 이상을 차지한다. 중국 투자자들이 한국 반도체 시장에 가장 주목하고 있는 부분은 바로 메모리 반도체이다. 메모리 반도체의 경우 두 개의 선두기업이 있다. 바로 삼성과 SK하이닉스이다. 또한 삼성과 하이닉스의 장비. 소재, 전·후 공정 반도체 협력 업체들도 다수 존재한다. 자료에 따르면 한국에는 260여 개의 반도체 업체가 등록되어 있다.

이 중 절반 이상이 메모리 반도체 업종이다. 삼성 혹은 하이닉스의 협력 업체들이다. 이 업체들은 오랜 기간 동안 삼성이나 하이닉스와 협력하면서 우수한 기술을 보유하게 되었고 또한 중국 반도체 투자 업체들이 관심을 갖는 업체들로 거듭났다. 이게 첫 번째 영역이다. 두 번째 영역은 세계 2위의 파운드리 업체인 동부하이텍이다. 동부하이텍의 설비 및 소재 협력사도 아주 많다. 절반에 가까운 한국의 팹리스 업체들이 동부하이텍의 파운드리를 통해 반도체를 생산한다. 이 반도체 업체들 역시 아주 우수하다.

세 번째는 가정용 전자제품 시장에 오래전부터 등장한 삼성, LG 등 글로벌 선두 브랜드들이다. 이 기업들의 출하량도 매우 많고 가정용 전자제품에 들어가는 반도체 역시 첨단 수준이다. 글로벌 시장에서 오랫동안 높은 시장 점유율을 유지하고 있다.

네 번째는 패널이다. 역시 삼성과 LG가 다른 국가들에 비해 매우 앞서 있다. 패널 산업의 전·후 공정 반도체 업체들 역시 중국이 관심 있게 지켜보는 분야이다. 마지막은 소재와 장비 업체이다. 중국 투자자들은 이러한 네 가지 분야와 반도체 장비·소재 업체들을 관심 있게 지켜보고 있다.

중국 투자자의 입장에서 본 가장 이상적인 한중 투자 협력 모델은 무엇인가?(카이 첸)

중국이 2014년부터 반도체 진흥 정책을 실행하고 있다. 그런데 각 국가마다 이에 대한 반응이 달랐다. 일부 국가에서는 중국의 반도체 발전이 자국에 위협이 되지 않을까 우려한다. 자국의 반도체 산업 발전을 가로막지 않을까 걱정한다. 중국은 방대한 시장을 보유하고 있다. 그리고 중국은 경제 개혁개방을 통해서 발전을 거뒀고 그 과정에서 기술적 경험과 자본도 축적했다. 협력의 방식이 어떻든 상관없이 반도체 산업 육성에 대한 중국 정부의 의지가 아주 강하다. 또 투자자들과 중국의 정부 인사들, 투자기관, 산업계의 대기업도 마찬가지로 반도체 산업 발전에 대해 확고한 의지를 갖고 있다. 이는 피할 수 없는 흐름이다. 강조하려는 점은 어떤 협력 모델이든 자본의 협력은 매우 중요하다는 것이다. 주식 소량 보유를 통한 투자, 지주회사 방식의 투자 M&A, 혹은 중국에 합작사를 설립하는 것 등 모두 가능한 방식이다. 실제 중국 시장에서 이행되고 있기도 하다. 어떤 협력 모델이든 가장 중요한 사항은 협력 파트너를 잘 선택하는 것이다. 협력 파트너는 두 종류로 나뉘는데 전략적 투자자와 재무 투자자가 있다.

반도체와 같은 기술 집약형, 자본 집약형, 인재 집약형 산업에서는 전략적 투자자와 재무 투자자 모두 꼭 필요하다. 한국 반도체가 오랜 발전 역사를 거쳐 현재 세계 일류 수준으로 부상하고 있다. 삼성과 SK하이닉스 같은 대기업은 중소기업보다 더 빠르게 발전하고 있다. 반도체 중소기업은 자본과 시장의 한계에 부딪히곤 한다. 중소기업은 보통 삼성과 하이닉스 같은 대기업에서 하청 생산하는 방식으로 기업을 운영한다. 중국은 자본을 제공해서 중소기업의 성장을 도울 수 있다. 또 방대한 시장을 제공해줄 수 있다. 이 과정에서 최적의 파트너를 선택하면 투자 자원 뿐 아니라 앞으로 중국 시장에서 많은 자원을 이용할 수 있게 된다. 중국에는 많은 전략적 투자자들이 있다. 예를 들어 중국 국가 대기금이 있다. 상하이 300억, 베이징 300억, 우한 300억 위안 등 지방정부도 반도체 투자 펀드를 설립했다. 관련 연구보고서에 따르면 향후 5년 안에 반도체에 투자 자금이 1조 위안에 달할 것이라고 한다. 자금이 부족할 일은 아마 없을 것이다. 그래서 전략적 투자자들은 자금 지원뿐 아니라 시장 자원, R&D 자원도 제공해줄 수 있다. 협력사 설립 이후의 운영에 있어서도 도움을 줄 수 있다.

그렇다면 재무 투자가 꼭 필요한 이유는 무엇일까? 전략적 투자자도 자금을 보유하고 있다. 그러나 재무 투자자는 전략적 투자자보다 훨씬 자체적인 역할을 해줄 수 있다. 예를 들어 재무 투자자의 자금은 훨씬 융통성이 있다. 일반적으로 전략적 투자자는 정부, 국유 대기업이기 때문에 정책 결정이 비교적 느리다. 그리고 설립 목적에 맞을 때만 자금이 운용될 수 있다. 하지만 재무 투자자의 경우 투자의 방향 설정이나 정책 결정이 훨씬 유연하다. 또 재무 투자자들은 전문 투자자들이 대부분이기 때문에 전략적 투자자보다 자금을 더 광범위하게 사용할 줄 안다. 여러 전략적 투자자들을 찾아서 함께 협력할 수도 있다.

개방적인 사고를 통해 이 역사적인 흐름을 받아들이고 가능한 범위 내에서 중국의 여러 기관과 반도체 업체 및 투자자들과 새로운 협력 모델을 개발하거나 완성된 협력 모델을 연구하여 다양하게 시도해보는 것이 좋다. 이것은 제로섬 게임이 아니다. 윈윈의 협력 모델을 이끌어낼 수 있을 것이다.

한국과 중국 양국이 문화 산업에서 상생할 수 있는 방안은 무엇인가?
(스티븐 왕)

우선 중국의 현황을 보자. 중국은 향후 몇 년간 경제성장률 6.5%를 유지해야만 13차 5개년 계획의 목표를 달성할 수 있다. 투자기관들은 중국 정부의 산업 육성 정책 대상에 항상 관심을 기울인다. 연구 끝에 투자 가치가 있는 두 분야를 발견했다. 바로 문화와 반도체 산업이다. 이 두 산업에 초점을 맞춰 토론을 진행한 것은 매우 시의적절하다. 이 두 분야야말로 한국 기업들이 중국에서 기회를 모색하기 적합하다고 생각한다.

한국은 문화 강국이자 반도체 강국이다. 또 중국은 문화 대국이고 반도체 대국이다. 대국이긴 하지만 아직 강국이 되진 못했다. 많은 분야에 있어 한국을 학습해야 한다. 한 국가의 1인당 GDP가 3,000달러 이상이면 문화 소비 비중이 25%를 넘어선다고 한다. 간단한 예를 들어보자. 4~5년 전 중국은 전국적으로 영화 흥행 수익을 20억 위안밖에 올리지 못했다. 하지만 2015년 400억 위안을 돌파했다. 2017년~2018년에는 영화 흥행 수익이 700억~800억 위안까지 증가할 것이라고 예측하고 있다. 시장은 크지만 중국 문화 산업 수준이 아직 높지 못하기 때문에 기회는 존재한다. 투자기관 입장에서 볼 때 문화 시장의 많은 부분이 아직 취약하다. 한국 문화 산업의 선진적인 부분을 보고 학습해야 한다고 생각한다.

투자자 입장에서 한중 양국이 투자를 통해 협력하고, 특히 한국이 우수한 제작 능력과 제작진, 제작 이념을 가지고 중국 시장에 진출할 수 있는 방법을 모색해야 한다.

우리나라 기업들이 필요한 것들(노재헌)

지금 우리나라 기업들에게 필요한 것은 인식의 전환이다. 현재 중국에 대해 제대로 알 수 있는 기회가 적다는 것이 문제이다. 또한 미디어를 통해서도 중국 관련 양질의 정보를 찾기 어려운 것이 현실이다. 앞으로 규모가 더욱 커질 중국 시장에서 우리만의 강점을 찾아 집중 공략하고 꾸준히 신뢰 관계를 형성하는 것이 중요하다. 중국과 함께 동반 성장할 수 있다는 자신감을 가져야 하며 정부와 정책 관계자들의 정책적 협조가 필요하다.

06
중국 기업들의 한국 기업에 대한
이해와 협력 방안

• 토론 사회: 윤승용(다우키움그룹 CGO, 키움인베스트먼트 투자본부 본부장(겸임))
• 토론자: 김보형(킹앤우드 맬리슨스 파트너 변호사, 한국팀장)
  리눙 리(Joy 캐피털 파트너, 전 Global Emerging Market Fund 중국 대표)
• 토론 일시: 2015년 11월 12일(목) 오후 4시

중국의 대 한국 투자는 규모 면에서 비교적 미약한 수준(윤승용)

대 한국 투자가 부진한 이유는 중국 정부의 규제 때문이다. 그러나 점차 완화되고 있는 중국 정부의 규제로 인해 더욱 활발한 투자 기대된다. 과거 중국 정부로부터 큰 환영을 받던 해외 자본의 투자, 다양한 인센티브를 제공하며 적극적으로 투자를 유치하던 지방정부, 투자 유치에는 적극적인 반면 중국 자본의 해외 투자는 엄격히 통제하였던 모습 등은 이제 점차 사라지고 있다. '밖으로 나가다'라는 뜻의 '처우추취' 정책으로 중국 기업들의 해외 투자가 장려되고 해외

투자를 위한 허가 제도 완화로 중국 자본의 해외 진출 활성화가 이루어지고 있다.

중국 정부가 처우추취 정책을 도입한 배경은 무엇이며, 허가제에서 등록제로의 규제 완화가 잘 지켜지고 있는가?(윤승용·김보형)

많은 사람이 품고 있는 의문은 정말 규제가 완화된 것이 맞는지이다. 중국의 해외 투자뿐 아니라 외국 자본의 중국 투자 역시, 규제가 완화되고 있는 추세이다. 최근 중국 정부는 '중화인민공화국 외국투자법'을 공포하였는데, 그 골자는 사전 심사제를 폐지하고 등록제로 바꾼다는 것이다. 이런 변화의 저변에는 자국 경제 및 기업에 대한 자신감이 있다. 시장경제를 시작한 사회주의 국가 중국은 시장경제에 익숙하지 못했던 자국 기업들을 보호하기 위해 외국 자본의 투자를 세세히 건별로 관리·감독했다. 이제는 자국 기업이 외국 기업과 어깨를 나란히 견줄 정도로 성장했다는 자신감이 외국 자본의 중국 투자 그리고 중국 자본의 해외 투자를 사전 심사제에서 등록제로 변화를 추진하게 된 배경이다. 또한 건별 심사에 따르는 정부의 막중한 행정 업무와 비효율성 등에 개선이 필요했을 것이다. 결론적으로 최근 중국이 진행하고 있는 규제 완화는 실체적이고 실질적인 변화의 추세라고 판단된다.

중국의 사모 투자와 벤처캐피털의 해외 투자 방법(리눙 리)

글로벌 해외 투자 상황을 보면 보통 기관 투자자의 전략적 투자자와 금융 투자자로 구분된다. 사모 투자와 벤처캐피털은 대부분 전략적 투자자의 관점에서 투자를 진행한다. 중국의 한국 투자에 대해서는 두 가지로 나눠 설명하겠다. 한국에 투자할 때는 우선 수익률이 같은 대상에 대해서 가격이 더 합리적인 쪽을 택한다. 더 중요한 것은 중국이 한국의 지적재산권 같은 부가가치가 높은 것들에 투자해야 한다는 것이다. 로코조이가 중국에서의 발전 잠재력이 높은 좋은 예이다. 중요한 것은 이 전략의 성공 여부가 아니라 회사의 전략이 바로 이와 같은 생각에서 출발했다는 것이다. 이 투자 계획이 어느 정도 완성된 후 한국에 전략적 투자를 진행하는 것이 목적인 것 같다.

중국의 투자가 활발히 이루어지는 국가들과 한국의 차이점
(윤승용·리농 리)

현재 해외 투자 상황을 보면 대부분의 투자들이 주로 미국이나 유럽 등 선진국을 대상으로 한다. 이와 관련하여 두 가지 요소를 설명하자면 첫째는 투자 대상 지역이 해외 투자가 활발한 곳이어야 한다. 두 번째는 현지에서 투자 업무를 진행할 충분한 인력을 파견해야 한다. 한국은 신흥 시장이다. 중국의 해외 투자에 있어서 법률·세법상의 차이에서 비롯한 문제 외에 인재 부족 문제도 매우 심각하다. 중국 기업에는 한국 시장에 대해 잘 이해하는 인재가 부족하다. 투자 대상인 한국의 기업 역시 중국 투자자와 충분한 커뮤니케이션할 수 있는 역량이 부족하다. 이건 심각한 문제가 아니다. 이 토론을 준비하면서 한 가지 사례가 떠올랐다. 바로 이스라엘이다. 이스라엘은 언어와 문화, 지정학적인 위치, 국토의 크기 등으로 봤을 때 한국보다 훨씬 상황이 심각하다. 2014년에 이스라엘을 방문한 중국 관광객 수가 겨우 3만 5,000명이었다. 하지만 중국과 이스라엘의 과학 기술 거래규모는 2014년 3억 달러에 달했다. 2013년에는 겨우 5,000만 달러밖에 되지 않았다. 1년 만에 6배가 성장한 것이다. 이는 우리에게 많은 시사점을 안겨준다. 중국과 유사성이 적은 나라임에도 불구하고 이스라엘이 어떻게 큰 투자 성과를 거뒀고 중국 투자자들의 인정을 받았는지 생각해봐야 한다.

빠르게 변화하고 있는 기업들 중 중국의 반도체 설계 회사 스프레드트럼이 있다. 2001년 벤처기업으로 시작하여 벤처캐피털로부터 투자 유치를 받았다. 2007년에는 나스닥 상장에 성공했으며 2013년 칭화유니그룹이 17억 8,000만 달러에 스프레드트럼을 인수하였다. 더나아가 2014년 칭화유니그룹은 9억 700만 달러에 반도체 설계 업체 RDA 마이크로 일렉트로닉스를 인수하는 등 글로벌 회사로 자리매김하였다.

전략적 투자자와 재무를 투자자 간에는 명확한 차이점이 있다. 재무 투자자는 예측 가능한 안정적인 수익을 추구한다. 투자 행위로 봤을 때 소극적인 투자자라고 할 수 있다. 리스크 감수를 최대한 기피하고자 한다. 전략적 투자자의 경우 특히 중국의 전략적 투자자들은 발전 가능성에 초점을 둔다. 1+1이 2보다 클 것이라는 가능성에 초점을 맞춘다. 그래서 우선 투자 행위 전반을 봤을 때 굉장히 적극적이다. 경영에도 참여한다. 문제가 생기면 바로 개입한다. 투자 리스크 감수에 대해서도 적극적이다. 그래서 양자 간의 차이가 매우 크다. 예를 들어 투자 가격에 있어 재무 투자자는 가격에 매우 민감하다. 전략적 투자자는 상대적으로 덜 민감하다. 미래에 더욱 주목하기 때문이다. 투자 대상 기업은 전략적 투자자와 재무 투자자 사이에서 반드시 정확한 선택을 해야 한다. 추구하는 투자 목적이 다르기 때문이다. 그렇기 때문에 투자금을 회수하는 시점과 회수 비용도 모두 다를 수 있다. 초반에는 전략적 투자와 재무 투자를 함께 고려할 수 있지만 장기적으로 봤을 때 선택을 해야 한다.

중국 입장에서 중국 재무 투자자의 현재 목포는 바로 자산 리스크 관리이다. 첫 번째 목표는 위안화의 리스크를 해외 투자를 통해 분산시키는 것이다. 한국 통화는 변동 폭이 좁고 안정적이다. 특히 2008년 금융위기 이후 신흥 시장들 통화에 비해 훨씬 안정적이다. 산업을 세분화해서 살펴보면 전략적 투자자 입장에서 한국은 우수한 공급 체인을 갖춘 중소기업들이 많다. 여기서 이런 중소기업들은 중국 대기업과 협력을 도모할 좋은 기회를 삼을 수 있다.

07

• 토론 사회: 전병찬(강남대학교 경영학부 교수)
• 토론자: 정재우(코어날리지네트웍스 대표이사)
  박원진(콜게이트 대표이사)
  함정오(대한무역투자진흥공사 부사장)
• 토론 일시: 2015년 12월 17일 (목) 오후 4시

한국은 모두가 공감할 만한 전략이 있는 국가인가(정재우)

한국 중소기업의 중국 시장 공략에 대한 구체적인 방안은 여러 개의 중소기업을 결합해 집중으로 육성하는 데 있다. 투자자들이 생각하는 한국 기업의 이점은 중국과의 협력관계이다. 즉 스몰 그룹 전략이다. 한국 중소기업이 가진 가장 큰 경쟁력의 핵심은 지난 3년간 견뎌온 압축 성장 경험일 것이다. IT 분야에서 다양한 발전 경험, 수출 경험, 조직의 급성장 경험과 성과 및 위험 관리 경험이 바로 한국의 압축 성장 경험이다. 따라서 한국 중소기업은 다양한 경험과 지식을

가진 은퇴자를 활용한 서비스 육성 프로그램 및 새로운 플랫폼 개발이 필요하다. 즉, 민간 주도형 플랫폼Private Public Partnership을 구축해야한다.

한국 IT 서비스업의 장단점과 중국 수출 전략은 무엇인가(박원진)

콜게이트 회사는 창업 3년 만에 벤처캐피털로부터 시리즈A[118] 투자 유치를 성공했다. 2007년 3G 모바일 환경에 맞춘 개인형 콘텐츠 서비스 앱 개발을 했지만 실패하였다. 그 원인은 바로 3G 이동통신의 느린 속도, 작은 크기의 휴대폰 액정과 비싼 데이터 요금 때문이었다. 이후에는 이러한 실패 요인을 감안하여 기업형 콘텐츠 서비스로 재도전하였다. 결국 콜게이트는 통신사의 고객 응대 서비스를 화면 제공으로 소화함으로써 1억 콜 중 2,000만 콜이 화면 서비스로 전환되어 고객들을 만족시켰다.

모바일 인터넷 환경이 개선되면서 큰 액정 화면, 빠른 데이터 속도와 저렴한 데이터 요금으로 인하여 콜게이트는 현재 60개 대기업과 공공기관에 총 5억 콜의 서비스를 제공하고 있다. 새로운 서비스 개발로 미국과 중국에 특허 등록에 성공했지만 중국 기업의 서비스 모방 위험이 크고 지적재산권을 보호받기가 어려워 미국 시장에만 진출했다. 미국 대기업 콜센터를 집중 공략하여 미국 현지에서 유능한 인력을 보충한 후 사업을 추진 중이다. 그러나 미국 시장도 만만치 않다. 즉 과거와 달리 전통적인 B2B방식으로는 미국 시장에서 성공하기 힘들다.

그래서 새로운 Go To 마켓 전략을 시도하고 있다. 중국은 이미 IT 산업에서 한국을 앞서고 있다. 닷컴붐 이후 인터넷을 먼저 접한 곳은 한국이지만 뒤늦게 출발한 중국이 인터넷 서비스 산업에서 한국을 추월한 게 현실이다. 모바일 서비스 역시 중국이 앞서나갔다. 대표적인 예로 위챗Wechat은 카카오보다 10년 먼저 메신저 서비스를 시작하였다. IT 분야뿐만 아니라 모든 면에서 중국이 한국을 앞서나가고 있는 게 현실이다.

또한 거대한 중국 자본의 힘은 엄청나다. 그래서 중국 진출 시 전략적 투자 유치는 필수이다. 중국의 거대한 자본들은 기술력에 투자한다. 대표적인 사례로 스마일 게이트와 텐센트의 윈윈 전략을 들 수 있다. 스마일 게이트의 게임으로 텐센트가 1년에 1조 5,000억 원을 벌면 그중 5,000억 원은 스마일 게이트로 송금한다. 이 회사 창업자 권혁빈 대표는 텐센트로부터 약 3,000억 원의 순이익을 거두고 있다. 이러한 점에서 중국 시장 진출 시 현지 기업들과의 파트너십이 가장 중요하다. 우리나라의 높은 기술 경쟁력과 중국 기업과의 파트너십이 절실히 필요한 시점이다.

중소기업의 중국 진출을 위한 정책과 지원 방안은 무엇인가(함정오)

첫째, 현지 전시회 참가 시 자금이 지원된다. 둘째, 상표 등록 및 바이어를 찾아주는 서비스를 제공한다. 셋째, 거래 기업에 대한 신용 조사를 실시하고 있다. 그러나 현재 우리 중소기업들 중에는 이러한 서비스조차 모르는 곳이 많다. 중소기업은 유관기관의 정보를 적극적으로 활용해야 성공적인 중국 시장 진출을 달성 할 수 있을 것이다.

한 가지 안타까운 부분은 한국인이 중국인을 무시하는 경향이 있다는 점이다. 인식 전환이 필요한 시점이다. 중국을 정확히 이해해야 성공이 보일 것이다. 선주붕우先做朋友 후주생의後做生意란 말이 있듯이 사업을 하려면 먼저 중국과 친구가 되는 게 중요하다. 사업적인 마인드로 다가갈 경우 상대하기 까다로운 중국인들이기에 진정성 있는 파트너십을 갖춰야 협력 관계가 오래 유지된다. 현재 한국에는 많은 중국인 학생들이 있다. 그러나 한국에 거주했던 많은 중국인들이 혐한 감정을 가지고 귀국하곤 한다. 그 이유는 국내 대학교에서도 중국인을 배척하는 경향이 심하기 때문이다. 하지만 앞으로 한국 내 중국 유학생들이 중국의 리더가 될 것이다. 현재 주변에 사는 중국인들과 가깝게 지내려는 노력이 필요한 시점이다. 결국 중국을 바로 알고 신뢰를 바탕으로 한 비즈니스가 필요한 시기라는 것을 다시 한 번 강조한다.

08
[중국의 약진과 한국 기업의 대응 전략]

• 토론 사회: 김동재(연세대학교 국제학대학원 교수)
• 토론자: 안건준(크루셜텍 대표이사)
　　　　　권영설(한국경제신문 논설위원)
　　　　　조영삼(산업연구원 선임연구위원, 전 산업연구원 베이징지원장)
• 토론 일시: 2015년 10월 1일(목) 오후 5시

중국의 약진과 한국 기업의 대응이 오늘날 가장 큰 주제(권영설)

　　중국의 약진과 한국 기업의 대응은 초점이 분명히 다르다. 중국의
약진은 국가적 차원의 약진인데 한국 기업의 대응은 개별 대응이다.
중국의 급성장에 대한 한국의 대응이 초라해지는 이유이다. 그래서
위기감이 크게 더 크게 느껴진다. 예를 들면 최근(2015년 9월)에 중국
이 인도네시아에 고속철 건설 사업 수주를 받았다. 그리고 이번에 시
진핑 주석이 미국에서 정상회담을 하면서 로스앤젤레스와 라스베이
거스를 잇는 고속철 사업도 따냈다. 한국에는 당연히 충격이지만, 일

본이 훨씬 더 놀란 것 같다. 일본은 1964년부터 고속철 사업을 했는데, 1990년대에 자체 기술도 아닌 외국 기술을 도입해서 고속철에 뛰어든 후발주자인 중국에 밀린 것이다.

중국은 이것뿐만 아니라 2015년 9월 영국 동부 지역에 들어설 원자력발전소 건설 사업도 수주에 성공했다. 한국은 중국보다 먼저 고속철과 글로벌 원전 사업에 뛰어들었고 원전은 지난 정부부터 중동에서 성과도 올렸는데, 이제 실제 과실을 따가는 것은 중국이 되었다. 중국은 국가적 차원의 전략에서 막강한 경쟁력을 가지고 움직이고 있다.

10년 이상 앞서가던 한국이 중국에 추월당하기 시작했다. 인터넷 페이먼트Payment 사업은 중국이 한국보다 약 2~3년 앞서가는 상황이 되었다. 중국의 국가적 차원 약진을 어떻게 국가적으로 대응할 것인가가 우리에게 당면한 문제이다.

그러나 우리의 글로벌 마인드 수준은 매우 낮은 편이다. 그리고 아직까지 경영계에서도 연공서열[119]이 너무나 심하다. 한중 정상회담에 참석하는 중국 사절단을 보면 알리바바, 바이두 등 젊은 기업들이 주축이다. 반면 한국의 사절단을 보면 대부분 전국경제인연합회, 대한상공회의소 등이 주축이다. 한국을 대표하는 젊은 기업인 네이버가 동행하더라도 단지 구색을 갖추는 것밖에 되지 않는다. 이것은 무엇을 뜻하는가? 국내 기업은 아직도 세대 교체가 이뤄지지 않았다는 것이다. 그러다 보니 해당 국가에서 보면 옛날부터 오던 올드 보이Old Boy들이 많고 새로운 사람들이 없다.

결국 젊은 기업인들의 사기에도 영향을 미친다. 그냥 혼자 갈 때와 대통령의 사절로 갈 때는 분명히 다르다. 그래서 대통령 경제 사절단부터 세대 교체가 필요하다. 글로벌적으로 젊은 기업을 키워주지도 못하고 기회도 없다보니 점점 글로벌 경영자의 배출도 감소한다. 반면에 글로벌 인재 육성과 배출에 적극적인 중국은 훨씬 더 많은 핵심 플레이어들을 배출해내고 있다. 과연 '알리바바의 마윈 같이 얼굴을 알리고 다니는 한국을 대표하는 기업인은 몇 명이나 될까? 앞으로 얼마나 배출할 수 있는가?'라는 의문을 가질 수밖에 없다.

중국의 약진이 무서운 것이 아니라 한국 기업의 대응이 미진한 것이 문제이다. 열심히 제대로 해서 성과를 거두는 기업도 많지만 많은 기업들이 반 기업 정서와 국가 전략의 부재 때문에 성장에 장애를 받고 있어 걱정이다. 커다란 맥락에서 기업들의 개별 대응도 중요하지만 국가적 차원에서 큰 정책이 필요하다.

어제의 중국이 오늘 다른 모습으로 나타나고 이런 일들이 시간이 지날수록 더욱 빈발(조영삼)

시간이 갈수록 중국의 약진이 거세지고 있는 게 사실이다. 우선 중요한 일은 현실을 인정하는 것이다. 그리고 중국을 제대로 아는 것이다. 우리는 지금까지 '중국은 우리에게 무엇인가'라고만 생각했다. 이제 이것을 '우리는 중국에게 무엇인가'라는 질문으로 바꿔야 한다. 두 번째는 마케팅 교과서 나오듯이 우리가 수요자의 니즈를 읽어야 한다. 그러나 우리는 그동안 중국 수요자의 요구를 읽는 마케팅을 해오지 않았다. 그동안 공급자 주도의 환경 속에서 중국 시장을 향유해왔던 것이다. 그런데 이것이 완전히 바뀌었다. 중국은 결코 하나의 시장이 아니다. 중국에서는 전국 단위로 성공한 사업 모델을 실현한 경우가 매우 드물다. 중국이 가지고 있는 다양한 시장 스펙트럼을 우리가 제대로 알려고 노력하면 그 속에서 어떤 실마리를 찾을 것이다. 즉 중국 시장의 특성을 제대로 알아야 성공의 실마리를 찾을 수 있다.

마지막으로 중국 시장은 선진국과 달리 기업 활동에 대한 제도적인 규범이 제대로 정착되지 않았다는 사실에 유념해야 한다. 이러한 시장 환경에서 의사결정을 실무자에게 맡기는 것은 참으로 무모한 일이다. CEO 스스로가 중국 전문가가 되어야 한다.

이제 중국에 대한 관점을 바꾸어야(김동재)

이를테면 '제로섬의 경쟁 상대', '과거에 뒤처졌던 중국이 이제는 우리를 위협한다' 등의 시각으로 중국을 바라보는 것은 좁은 관점이다. 중국에 대한 관점을 글로벌 시각에서 보면서 우리가 협력할 건 협력하고 배울 것은 배우고 또 공유할 건 공유하면서 함께 가야할 것이다.

09
[청년 기업가 정신과 중국 시장]

• 토론 사회: 이장우(성공경제연구소 이사장, 경북대학교 경영학부 교수)
• 토론자: 박수왕(㈜소셜네트워크 대표이사)
   김세훈(BCC그룹 아시아·태평양 지사장, 전 Dow Jones & Company / 월스트리트
   저널 코리아 지사장)
   정규영(야야팩토리 대표, 전 블루버튼 대표, 전 인텔캐피털 한국투자담당이사)
   금기현 (한국청년기업가정신재단 사무총장, 전 인천정보산업진흥원 이사, 전 전자
   신문 대표이사)
• 토론 일시: 2015년 11월 26일(목) 오후 5시

광대한 중국 시장에서 우리가 할 수 있는 것은 무엇인가(김세훈)

많은 한국 분들이 중국을 잘못 이해하고 있다. 중국에 진출하기
위해서 중국 기업과 꽌시关系(관계)를 형성해야 한다는 의견이 많다.
중국의 꽌시는 관계가 아니라 사실 돈이다. '어떻게 하면 중국 파트너
에게 돈을 벌어줄 수 있을까?'를 첫 번째로 고민해야 한다. 중국의 대
표적인 기업인 바이두Baidu, 알리바바Alibaba, 텐센트Tencent는 BAT로

불린다. 중국에서 IT나 온라인 비즈니스를 하려고 할 때 중국의 이 대표 기업들은 좋은 비즈니스 모델을 발견하면 크게 두 가지를 한다. 첫 번째는 모방Copy를 한다. 두 번째로는 열심히 창업해서 성장한 직원들을 회사에 재취업을 시킨다든지 스카우트를 한다. 중국에서 창업할 때 중국을 바로 알고 아이디어를 어떻게 펼쳐나갈 수 있는지에 대해서 고민해보고 우리 아이템들을 어떻게 보호해서 중국 진출에 있어서 성공을 할 수 있을까에 대해 생각하는 것이 중요하다. 그리고 중요한 것은 언어이다. 중국의 언어와 문화를 알아야 중국 기업들과 함께 성장할 수 있다. 중국어를 매일 공부해야 한다. 또한 중국 창업을 하기 위해서는 어떻게 중국의 법과 규제 안에서 우리의 사업 아이디어를 보호할 수 있을까 곰곰이 생각해볼 필요가 있다.

중국 진출과 관련하여 외국계 벤처캐피털 투자자가 바라보는 관점
(정규영)

미국 투자자들에게 사실 한국 벤처기업들은 그렇게 인기가 많지 않다. 왜냐하면 그동안 실리콘밸리에서 누구나 알 만한 한국 벤처기업의 성공 사례가 많지 않았기 때문에 과연 한국 기업들이 글로벌에서 얼마나 성공할 수 있을까에 대해 부정적이다.

첫 번째, 한국에서 스타트업을 하는 입장에서 단순히 그냥 "요새 미국에서 이런 게 인기가 있더라"하는 아이템을 쫓는 게 아니라 우리가 잘할 수 있고 경쟁력이 있거나 'Made in Korea'라는 프리미엄을 인정받을 수 있는 분야에 전략적으로 집중하면 좀 더 성공 가능성이 높다.

예를 들어 1990년대에는 반도체인 DRAM[120], 그다음 2000년대 들어와서는 온라인 게임이었다. 특히 게임은 미국에서도 한국을 인정했었다. 2010년대 들어와서는 한류 비즈니스를 이용한 파생 비즈니스나 혹은 K-뷰티, 미용이나 화장, 성형 등과 관련된 의료 장비 분야는 우리나라 회사들이 미국 사람들보다 더 잘하는 분야이다. 왜냐하면 같은 동양 사람인 한국 사람들에게 맞게 개발된 화장품이면 같은 동양인인 중국 사람들에게 훨씬 더 경쟁력을 가질 수 있기 때문이다.

두 번째, 중국 시장이나 중국 기업들을 단순히 이용하거나 활용만하려 하지 말고 같이 성장하며 서로 시너지를 낼 수 있도록 시도해야한다. 예를 들어, IoT나 웨어러블 같은 분야처럼 하드웨어 제조를 잘하는 중국의 장점에 소프트웨어적인 부분의 강점으로 서로 시너지를낼 수 있는 가능성을 찾을 수 있다.

세 번째, 혼자 하려고 들지 말고 같이 하는 전략이 필요하다. 소셜네트워크로 다시 예를 들자면, 아이코닉스의 뽀로로라는 캐릭터 IP에다가 소셜네트워크의 마케팅 역량이나 기획 능력, 다산네트웍스의 제조 기술 노하우를 접목시켜서 함께 함으로써 시너지를 내고 경쟁력을 높였다. 마찬가지로 중국의 어떤 장점이나 강점에 한국 기업들의 어떤 장점 및 강점을 접목시켜서 같이 성장할 수 있는 방향으로해야 성공 가능성이 높다.

중국 시장의 미래는 중요한 화두이다(금기현)

최근 한중 청년 지도자 포럼에서 리커창李克强 총리는 연설을 통해 중국에서 기업가 정신과 혁신을 강조했다. 그는 우리나라의 '창조경제'처럼 대중창업, 민중창신大衆創業, 萬衆創新(대중의 창업, 민중의 혁신)을 캐치프레이즈로 발표했다. 제 2의 '마윈'을 100만 명 양성하는 것이 중국의 경제 정책이라 하였다. 그동안 중국은 'Copy to China'로 일방적으로 다른 것을 모방했지만 지금은 'Copy for China'로 중국 사회에 맞는 비즈니스 모델을 만들어내는 것을 중요한 전략으로 삼았다는 말이다. 그래서 사회주의 국가임에도 불구하고 이미 우리나라보다 훨씬 더 진보적인 생각을 하고 있다. 실질적으로 중관촌이 길이로는 220m정도에 면적이 4만 5,000m² 정도 되는데 여기에 투자자들이 약 2,500명, 그리고 자금을 받아서 스타트업하고 있는 기업이 약 350개, 투자액이 약 2억 8,000만 달러나 된다. 중관촌 내 스타트업 팀도 약 600개가 운영되고 있다. 여기서 중요한 점은 벌써 외국계 스타트업 기업 약 90여 개가 중관촌에 와서 중국 시장을 겨냥하고 있다는 사실이다. 리커창 총리는 지금 서부 지역의 청두成都가 IBM, 레노보, 알리바바 같은 대표 기업들이 둥지를 틀고 있는 환경이므로, 이것을 활용해 한중 소프트웨어 사업 단지를 조성하겠다며 스타트업을 비롯해 굉장히 개방된 모습을 보여주었다. 중국이 쉽게 진출하기엔 어려운 나라지만 반드시 가야 할 나라이기 때문에 중국의 업체와 협력해서 중국 시장에 진출할 수 있는 전략을 만들어야 한다.

한국 기업이 중국에서 스타트업으로 성공한 사례 중에 중국의 사회적 문제를 해결해주는 아이템을 개발한 우리나라의 렉시스라는 회사가 있다. 중국의 건설 현장에서 사고가 많이 생기기 때문에 사고가 많이 일어나지 않도록 하는 아이템을 개발해서 지금은 우리나라보다 중국에서 더 유명한 회사가 되었다. 스타트업이 한국에서 다 만들어져서 중국으로 나가는 것보다 중국의 현장에 가서 무슨 일을 해야 할지 현지 팀들과 같이 고민해보는 것도 굉장히 중요하다. 중국이 지금 처했거나 앞으로 처할 모든 사회 및 기술과 경제적 문제를 한국이 해결한다면 많은 비즈니스 기회를 얻을 것이다.

벤처기업이 보유한 기술에 대한 권리를 보장받을 수 있는가(정규영)

수많은 벤처기업들을 투자 검토하면서 느꼈던 부분이 벤처기업들이 성공하는 데 있어서 제일 중요한 부분은 아이디어나 기술이 아니라는 점이다. 물론 이것들로 중요하지만 아이디어나 기술이 없어서 실패하는 것보다는 실행을 못하고 사업화를 못하고 실제 시장 진입을 못해서 실패하는 사례가 훨씬 더 많다. 그러므로 기술 기반의 회사들은 좋은 아이디어와 기술이 있다면 감추려고 하지 말고 어떤 비즈니스를 하고 어떤 비즈니스 모델을 만들고 어떻게 시장 진입을 할 것인지 주변에 널리 알려야 한다. 이렇게 입소문을 통해 사업 파트너를 찾고 파트너와 사업을 키워 수익을 분배하는 공격적인 전략이 궁극적으로는 성공 가능성이 훨씬 더 높다.

중국과 협력하는 오픈 마인드가 필요하다(금기현)

한국 기업이 중국에서 비즈니스를 할 때 경영 팀에 모두 한국 사람만 있다면 과연 얼마나 경쟁력이 있을지 의문이다. 중국의 현지 파트너나 공동 창업자Co-founder, 조인트 벤처와 같이 어떤 형태로든 지분을 나누고 같이 수익을 분배할 수 있는 구조를 만들면 투자 유치가 쉽다. 궁극적으로 한국 사람들만 구성된 팀보다는 중국 팀과 같이 연합으로 된 경우가 훨씬 더 M&A나 인수합병 가능성이 높다. 우리가 오픈 마인드를 가지고 접근해야 하는 이유이다.

10
한류 콘텐츠 산업을 중심으로 한
비즈니스 모델 혁신 전략

• 토론 사회: 고정민(한국창조산업연구소 소장, 홍익대학교 경영대학원 교수)
• 토론자: 이주익(보람엔터테인먼트 대표이사)
    양지혜(캐릭터플랜 대표이사)
• 토론 일시: 2015년 12월 3일(목) 오후 5시

문제는 중국을 바라보는 한국인의 왜곡된 시각이다(이주익)

중국 업계를 만나본 사람조차도 시장이 크다는 것만 강하게 인식할 뿐 중국이 어떤 점이 뛰어난지 함께 손을 잡고 갈 수 있는지 등 협력·상생·시너지에 관한 이해가 부족하고 중국을 단순히 돈벌이 수단으로만 여기고 있다. 우리는 중국을 대하는 태도를 성숙하게 고치고 정신적인 관념을 넓히는 것이 중요하다. 그리고 한국에서 문화 산업 분야에서 종사하고자 하는 많은 젊은이들이 일자리를 잡지 못해 고생 중이다. 그런데 중국 시장의 기대에 부응할 수 있는 인력들이 가

면 중국 내 국내 스태프 진의 형성으로 긍정적 효과를 기대할 수 있다. 실제로 현장에서 중국과의 협업은 잘 이루어지고 있다. 영화 현장에서 말이 잘 통하지 않아도 서로 눈을 보면 통하기 때문에 언어의 장벽은 생각보다 낮다. 제작자는 제작자대로 감독은 감독대로, 스태프는 스태프대로 협업이 잘되기 때문에 국가의 정책적인 지원이 있다면 한국 문화 콘텐츠 산업의 경쟁력은 강화될 것이다.

언어의 장벽보다 파트너십이 중요하다(양지혜)

중국어를 하지 못하더라도 모바일 메신저의 번역 기능을 활용하면 업무 지시와 확인이 가능하다. 두 번째로 조선족 교포 인프라를 활용할 수 있다. 여기서 대화를 많이 하고 도움을 얻을 수 있다. 하지만 내 경우 일주일에 한 번씩 당일로 중국에 갔다 온다는 원칙을 세웠다. 당일 일정이 안 되는 경우 'W호텔'에서 숙박한다. 중국 사람들의 시선으로 보면 돈을 많이 쓰는 사람이 돈을 많이 버는 것과 같은 이미지 때문이다.

중국 사람들이 서양인에 비해 상대하기 힘든 것은 사실이다. 우선 인원이 많다 보니 회의를 한 번 하면 20명이 금방 모이고 통역이 돌게 되면 결과는 도출이 안 되고 하루가 금방 가버린다. 중국 속담에 "막대기로 물을 치고 나가다보면 고기가 잡힌다"라는 말이 있다. 지금 인수를 추진 중인 TV스테이션에도 큰 기대를 하지는 않지만 느낌대로 일을 추진하고 있다.

영국 사람이나 미국 사람들이 내가 한국의 대표이사라고 소개할 때보다 중국의 총경리라고 소속을 달리해 말했을 때 만나자는 요청이 더 많은 것은 슬픈 현실이다.

중국과 협력이 필요하다(고정민)

베이징에서 한류와 문화 산업과 관련된 교역에 대한 세미나에 참석했다가 놀란 점이 있다. 일대일로—對—路 전략[121]에서 한국이 제외되었다는 사실이다. 중국은 한국을 중요한 사업 파트너로 생각하지 않는 것 같다. 중국의 목표는 서역 진출이다. 과연 이런 상황에서 한국의 콘텐츠 산업이 어떤 방향으로 나가야 할 것인가 고민해야 한다. 지금 중국에 인원도 많이 파견되고 스타들의 몸값도 높아져 중국에 진출하고 있지만 중국에 불고 있는 한류 바람이 얼마나 오래갈지는 미지수이다. 중국의 콘텐츠 사업과 관련된 종사자가 약 1,500만 명이다. 우리나라 인구의 1/3정도라는 것이다. 이런 거대한 중국에 우리는 어떻게 대응해야 하는지 중장기적으로 보아야 한다. 중국은 강력한 심의 제도로 인해 창의력 면에서 당분간 경쟁력이 떨어질 것이다. 그 기간 동안 우리에게 기회가 있다. 한국의 창의성으로 중국과 잘 협력한다면 전략적 제휴 등을 통해 한류 바람을 유지할 수 있다. 하지만 중국도 장기적으로 보면 선진국이 되어 규제가 풀리고 경쟁력이 향상될 것이다. 이때 우리가 추구해야 할 역할 모델은 영국과 미국에서 찾을 수 있을 것이다. 우리가 영국의 역할을 해야 한다. 콘텐츠 생산은 한국이 하고 중국의 거대한 시장을 이용하는 것이다. 콘텐츠 판매 및 전략적 제휴를 통해 중국과 협력할 필요가 있다.

역사적으로 보면 세계 강국이 네덜란드, 영국, 미국 순이었다. 강호였던 네덜란드는 현재도 높은 국민소득을 자랑하며 건재하고 있다. 우리도 중국이라는 거대한 나라가 옆에 있는 것을 위기가 아닌 기회로 만들어야 생존이 가능하다.

중국과 공동 영화 제작 시 이익 배분의 문제점이 있는가 (이주익)

불투명했던 과거와 달리 수익 배분이 점점 투명해지고 있다. 좋은 콘텐츠를 만들면 수익은 따라온다. 중국은 문화적인 정서면에서 우리와 잘 통한다. 실질적으로 SM이나 YG 등 음악 분야에서는 이를 잘 파악하고 공략하고 있다. 중국과 협력·상생을 하고 싶어 하는 뮤지컬, 무대극, 공연 예술, 영화 등 여러 장르에서도 이와 같은 방법으로 중국을 제대로 파악해야 한다. 우리의 정서와 어떤 점이 같고 다른지 중국에 대한 학문적인 연구도 함께 이루어져야 한다.

주

1) 국제통화기금(International Monetary Fund). 세계무역 안정을 목적으로 설립한 국제금
   융기구
2) 구매력 평가지수(Purchasing Power Parity). 각 국가의 물가 수준을 고려하여 산출한
   GDP
3) 중국의 지배에 의해 세계의 평화 질서가 유지되는 상황을 함축적으로 표현한 말
4) 중국식 뉴 노멀(New Normal). 시진핑·리커창 정부가 고성장 단계를 지나 중고속 성장
   단계로의 안정적 진입을 유지하기 위해 내세우고 있는 정책
5) 현시비교우위지수(Revealed Comparative Advantage). 세계 전체 수출 시장에서 특정 상
   품의 수출이 차지하는 비중과 특정국의 수출에서 같은 상품 수출이 차지하는 비중
   사이의 비율
6) 1636년 12월부터 이듬해 1월 청나라의 조선 제2차 침입으로 일어난 전쟁
7) 중국 명나라의 문물과 제도를 숭상하던 이념
8) 조선 시대에 공물(=특산물)을 쌀로 통일하여 바치게 한 납세 제도
9) 오로지 하늘에서 직접 떨어지는 빗물에만 의존하여 벼를 재배하는 논
10) 1586~1647. 조선 중기의 문신으로 인조를 국왕으로 추대한 1등 공신. 병자호란 때
    주화론을 이끈 정치가이자 학자로 이름을 알림
11) 전쟁을 피하고 화해하거나 평화롭게 지내자고 주장하는 파
12) Strengths(강점), Weaknesses(약점), Opportunities(기회), Threats(위협)의 4가지 요인
    별로 분석하여 전략을 세우는 경영학적 방법론
13) 원래 없던 특성이나 행동이 자발적으로 돌연히 출현하는 떠오름 현상
14) 비전 있는 분야에서 끝까지 생존하고 기회가 왔을 때 새로운 가치를 구현하는 전략
15) 제우스의 아들이자 기회의 신
16) 주나라 초기의 정치가이자 공신. 무왕을 도와 은나라를 멸망시켜 천하를 평정해 제

나라의 시조가 된 인물

17) 1960~1970년대를 풍미했던 영국의 인기 가수로 「The Young Ones」, 「Summer holidays」, 「Constantly」 등의 수많은 히트곡을 발표함

18) 독일에 본사를 둔 세계 최대 종합 화학회사

19) 〈조선 위클리 비즈〉 인용

20) 2015년 11월 12일 SBS CNBC에서 방송된 강연의 녹취록(방송 편집 전 기준)을 일부 보완한 것으로, 필자 개인 의견이며 한국은행의 공식 견해를 나타내는 것은 아님

21) '차이메리카'란 개념은 2006년말 퍼거슨 교수가 모리츠 슐라릭(Moritz Schularick)과 함께 처음으로 만든 개념으로 그 주요내용은 그의 저서 〈The Ascent of Money〉(2008년)에 집대성되어 있음

22) 중국의 생산가능인구는 15~59세 기준으로는 2012년부터 매년 감소하였으며, 15~64세 기준으로는 2015년부터 감소한 것으로 추정됨

23) 신흥 시장국에서 개발 초기 단계 성장 동력의 모멘텀이었던 농촌의 잉여 노동력이 일정 시점 이후 고갈되면서 임금이 급등함에 따라 성장세가 꺾이고 중진국 함정에 빠지는 현상

24) 이 말은 '봉황의 수명은 500년인데, 죽을 때가 되면 자기 몸을 불에 던져서 다시 태어난다'는 아라비아의 고사에서 유래한 것이다. 시 주석은 젊은 시절부터 이 고사를 즐겨 써왔으며, 최근에는 중화민족의 부흥, 중국 경제의 회복 등에 대한 낙관적 기대를 표현할 때 이를 활용하고 있다.

25) '일대일로'는 시 주석이 추진 중인 신(新) 실크로드 전략으로, 중국과 중앙아시아 및 유럽을 연결하는 육상 실크로드(일대, One Belt)와 해상 실크로드(일로, One Toad)로 구성된다.

26) 17~18세기 프랑스 등 유럽지역의 '차이나 열풍'에 대해서는 〈공자, 잠든 유럽을 깨우다〉(2015) 참조.

27) 영국 《파이낸셜 타임스(Financial Times)》의 수석 칼럼니스트

28) 국제결제기구(SWIFT)에 따르면, 2015년 8월 중국 위안화의 국제 결제 비중은 2.8%로 미 달러화, 유로화, 영국 파운드화에 이어 제4위를 차지함

29) IMF는 2015년 11월 30일(한국 시각) 집행이사회를 열어 위안화의 SDR 편입을 결정하였고, 이에 따라 위안화는 2016년 10월 1일부터 미 달러화, 유로화, 일본 엔화, 그리고 영국 파운드화와 함께 SDR 통화에 편입됨

30) 트릴레마(Trilemma)란 통화 정책의 독자성, 환율의 안정, 자본시장의 개방 등 경제 정책의 3가지 정책 목표는 동시에 모두 달성할 수 없으며, 이 3가지 목표 중에서 적어도 어느 하나는 포기해야 한다는 것이다. 신흥 시장국의 트릴레마와 자본 유출입

리스크에 대해서는 한국은행 국제국(2009, 9,) 참조

31) AIIB 설립의 의의에 대해서는 별도 분석이 필요하지만, 래리 서머스(Lary Summers)의 다음 논평은 주목할 만하다. "지난달(AIIB 설립이 확정된 2015년 3월)은 미국이 글로벌 경제 스템의 인수자(underwriter) 역할을 상실한 순간으로 기억될지 모른다."(《파이낸셜타임즈》 2015. 4. 5.)

32) 제2차 세계대전 이후 1947년부터 1951년까지 미국이 서유럽 18개국에 행한 대외 원조 계획

33) 2014년 8월《인민일보》는 뉴 노멀 중국 경제에 관한 특집 기사를 여러 차례에 걸쳐 게재하였다. 그 주요 내용에 대해서는 한국은행 북경사무소(2014, 8,) 참조

34) 중국 국무원 발전연구중심(DRC) 리웨이(李伟) 주임(장관급)은 2013년 12월 그의 베이징 집무실에서 이루어진 필자와의 면담에서 시장의 결정적 역할에 대한 3중 전회의 결정이 "중국 공산당 역사상 가장 커다란 사상적·관념적 혁명"이라 평가하였다.

35) 덩샤오핑의 사회 발전 단계론의 하나로 의식주 문제가 해결되는 단계(保温)와 모두가 풍요롭게 사는 단계(大同)의 중간 단계를 말한다.

36) 중국 정부의 소재, 부품, 장비 등 중간재 자급률 제고 정책을 말한다.

37) 중국의 금융 억압 및 금융 자유화 정책의 거시경제적 의의 등에 대해서는 김한수(2014, 4,) 참조

38) 중국 경제의 뉴 노멀 시대 이행과 관련한 리스크 및 정책과제에 대해서는 Kim(2014, 10,) 참조

39) 2015년 8월 이후 수시로 재연되고 있는 중국 증시나 외환시장 불안은 실물경제의 경착륙 우려와도 연관이 있지만, 다른 한편 중국의 금융 및 자본자유화에 따른 문제이므로 별도 분석이 필요함

40) 더 나아가 니알 퍼거슨 하버드대 교수는 그의 저서『문명(Civilaization)』(2010년)에서 미중 관계의 미래에 대해 이렇게 썼다. "한 문명이 약해지고 다른 하나가 강력해진다. 중요한 것은 두 문명이 충돌할 것인가가 아니라, 약해진 문명이 곧장 붕괴로 넘어갈 것인가이다."

41) 투키디데스(Thucydides)는 펠로폰네소스 전쟁사』를 쓴 역사학자로, '투키디데스의 함정'이란 펠로폰네소스 전쟁 때처럼 신흥 강국이 기존의 세력 판도를 뒤흔들면 이에 불안을 느낀 기존 패권 국가와 신흥 강국이 무력 충돌하는 경향이 있다는 것을 말한다.

42) 과거 영국의·스틸링화가 기축 통화였던 시기 세계 최대 외환 보유 국가였던 프랑스도 1930년대 세계 대공황 전후 스틸링화를 대량 매각하였으나 이로 인해 프랑스 중앙은행이 사실상 파산 상태에 빠졌다. 이를 '스틸링화 함정(Sterling trap)'이라 부르는

데 이에 대해서는 한국은행 국제국(2010. 3.) 참조

43) 조선 시대에 청나라를 배척하는 흐름은 매우 오랜 기간 동안 지속되다가 조선 후기 북학파를 중심으로 이를 교정하려는 사상적 운동이 벌어졌다. 특히 북학파의 대표적 인물인 박지원은 그의 저서 『열하일기』(1780년)에서 "중국(청나라)의 장관은 깨진 기와 조각, 정말 장관은 냄새 나는 똥거름"이라 지적하면서 청나라의 모든 문화에서 배우는 자세를 가져야 함을 강조한 바 있다.

44) 뉴 노멀 시대 한중 경협의 미래 전략에 대한 구체적 내용은 김한수(2014. 12.) 참조

45) 1~2세기까지 약 200년간 지속된 로마의 평화 시대

46) 미국의 저널리스트 사라 본지오르니와 그의 가족이 1년간 중국산 제품을 보이콧하며 겪게 되는 에피소드를 담은 책

47) NIEs: Newly Industrializing Economies, 신흥 공업 경제 지역을 일컫는 말로, 당초에는 NICs(Newly Industrializing Countries: 닉스)라고 하였는데, 1988년 G7 정상회담 이후 중국과 타이완, 홍콩에 대한 배려 차원에서 국가가 아닌 경제 지역으로 용어가 변경됨

48) 2007~2008년 미국 월가에서 촉발된 금융위기가 연쇄적으로 전 세계에 영향을 미친 사태

49) 국제통화를 보유한 나라(기축 통화국)가 누리는 경제적 이익

50) 홍콩 및 해외 투자자가 홍콩거래소를 통해 상하이주식을 매매할 수 있는 제도

51) 지름 2.5㎛ 미만의 초미세먼지 입자로, 주로 자동차 배기가스에서 발생하며 호흡기 질환, 뇌졸중, 심장질환 등 유발

52) One Belt One Road: 중앙아시아와 유럽을 잇는 육상 실크로드(일대)와 동남아시아와 유럽, 아프리카를 연결하는 해상 실크로드(일로)를 뜻하는 말

53) 중국 주도하에 아시아 국가들의 도로, 철도, 항만 등의 사회간접자본 건설 자금 지원을 목적으로 설립된 금융 기구

54) 인프라를 건조한 시공사가 일정 기간 이를 운영해 투자비를 회수한 뒤 발주처에 넘겨주는 수주 방식

55) 2009년 무렵, 주식시장에서 강세를 보였던 자동차, 화학, 정유 종목을 이르는 말

56) 정부가 직접 대규모로 돈을 풀어 경기를 부양하는 방식

57) 정부간섭을 줄이고, 공급을 조정해 수요를 살리는 방식

58) 임진왜란(壬辰倭亂): 1592년(선조 25)부터 1598년까지 2차에 걸친 왜군의 침략으로 일어난 전쟁

59) 정묘호란(丁卯胡亂): 1627년(인조 5) 후금의 침입으로 일어난 조선과 후금과 명 사이의 전쟁

60) 병자호란(丙子胡亂): 1636년(인조 14) 1637년 1월에 청나라의 제 2차 침구(侵寇)로 일어난 조선과 청나라의 전쟁

61) THAAD(Terminal High Altitude Area Defense missile): 미국의 군사기지를 공격하는 적의 중거리 미사일을 격추시킬 목적으로 제작된 공중방어시스템

62) 자료: WEF, The Global Competitiveness Report. IMD, The World Competitiveness Yearbook.

63) 박현모(2010), 인조(仁祖)에게 배운다: 병자호란의 교훈, p. 60-61.

64) 한명기(2015), 병자호란, p. 75

65) 한명기(2015), 병자호란, p. 71-72.

66) 앞의 책

67) 한명기(2015), 병자호란, p. 355-356

68) 샤오캉(小康): 의식주를 걱정하지 않는 물질적으로 안락한 사회

69) 일대일로(一帶一路): 중국이 추진 중인 신(新) 실크로드 전략. 중앙아시아와 유럽을 잇는 육상 실크로드(일대)와 동남아시아와 유럽, 아프리카를 연결하는 해상 실크로드(일로)를 뜻함

70) 징진지(京津冀) 프로젝트: 징진지(베이징, 톈진, 허베이의 3개 지역)을 아우르는 메가시티 건설을 일컫는 것

71) 창장경제벨트(長江經濟帶): 중국 서부에 위치한 윈난성부터 동해 하구에 위치한 상하이까지 창장을 따라 동서로 이어지는 중국 최대 규모의 경제권으로서 지역간 격차를 축소하기 위한 새로운 지역통합발전계획

72) 신창타이(新常態): 고도 성장기를 지나 새로운 상태인 안정 성장 시대를 맞이하고 있다는 뜻의 중국식 표현

73) 팹리스(fabless): 반도체 제조 공정 중 설계와 개발을 전문화한 기업

74) 파운드리(foundry): 반도체 제조과정만을 전담하는 위탁 생산 기업

75) IP(Intelligent Property): 지적재산권

76) Fab: fabrication facility의 준말로 실리콘웨이퍼 제조 공장을 의미

77) O2O(online to offline)

78) 외상투자산업지도목록: 외국기업의 투자가능 여부를 안내하는 가이드라인으로 중국 정부는 통상 3년마다 개정

79) 광군제(光棍節): 중국에서 11월 11일을 뜻하는 말로 독신을 상징하는 1이 4개나 되는 날이자 중국 최대 규모의 온라인 쇼핑이 이루어지는 날

80) 중국과 수교가 없거나 국제적 제개를 받고 있는 나라 혹은 전쟁 또는 내란 중인 나라

81) 국가발전개역위원회가 정의한 민간업종은 통신사 등의 기초전신 업종, 국경을 넘는 물자권 개발, 대규모 토지개발, 송전선설치 및 전기공급 관련 사업, 미디어산업이다. 반면, 상무부가 정의한 민간업종은 중국 정부가 수출을 제한하고 있는 제품 및 기술과 관련된 업종, 1개 국가(지역) 이상의 이익에 영향을 주는 업종

82) 국내 부동산을 일정액 이상 사는 외국인에게 국내 거주자격을 주고 5년 이상 체류하며 영주권을 허용하는 외국인 투자유인책

83) 중국의 성장률 목표치를 8% 이상으로 유지하겠다는 정책

84) 덩샤오핑의 지도 체제 아래 1979년에 시작된 개혁 및 대외 개방정책

85) 덩사오핑이 1978년에 주장한 개혁 개방의 기본원칙이며, 부자가 될 수 있는 사람을 먼저 부자가 되게 한 후 낙오된 사람을 도우라는 의미

86) 시장을 세분화해 작은 시장을 공략하고 그 다음 단계로 시장을 넓혀가는 것을 의미

87) 중화민족의 위대한 부흥을 통해 중국을 세계의 중심으로 만들겠다는 시진핑 지도부의 슬로건

88) 리커창 국무원 총리: 칭화대학교 경제학박사 출신. 중국의 경제수장으로 활약

89) 온중구진: 성장과 물가, 사회 안정에 힘쓰면서도 경제 구조조정과 민생개선 등을 적극적으로 추진하겠다는 의미

90) 해상 실크로드를 바탕으로 추진 중인 중국의 신 실크로드 전략

91) 도시와 농촌의 격차를 해소하고 내수확대를 통한 경제발전을 추진하는 것

92) 새롭게 부각되는 유망업종

93) Corporate Social Responsibility. 영리를 추구하는 기업이 사회에 대한 책임을 실천하는 공헌 활동

94) 바이오매스 발전소: 식물이나 미생물을 이용한 전기를 만드는 발전소

95) Clean Development Mechanism. 2005년 발효된 교토의정서에 따라 온실가스 감축 의무가 있는 선진국이 개발도상국의 온실가스 배출 감축에 협력할 때 그 감축분을 선진국 몫으로 인정해주는 제도

96) 각 개인마다 다른 지문 정보를 추출하고 정보화시키는 인증 작업을 실행하는 장치

97) 빛 신호를 전기신호로, 전기신호를 빛 신호로 바꿔주는 장치

98) 모바일 광마우스(Optical TrackPad)

99) 모바일 지문인식 모듈(Biometric TrackPad).

100) 지문인식 관련 기술과 하드웨어에 특화된 미국의 보안솔루션 업체

101) F. Scot Moody. 어센텍(AuthenTec)의 공동창업자

102) 사용자로서 제품을 직접 경험해보는 UX(User eXperience) 조직

103) 휴대폰 사출성형 전문 업체

104) 애니메이션 기획 전문 업체(뽀롱뽀롱 뽀로로, 꼬마버스 타요, 치로와 친구들 등 제작)

105) 창착 애니메이션 기획 및 제작 전문 업체(우비소년, 로보카 폴리 등 제작)

106) 중국 소셜 네트워킹 및 마이크로 블로그 서비스

107) 1997년 토니 블레어 총리가 집권하면서 내놓은 정책으로 문화 콘텐츠 산업에 대한 정책적 지원을 강화함

108) 특정 산업의 매출액이 10억 증가할 때 창출되는 고용자의 수

109) 생산량에 따라 발생하는 비용

110) 생산량이 많아질수록 생산단가가 줄어드는 원리

111) 한 기업이 2종 이상의 제품을 함께 생산할 경우, 각 제품을 다른 기업이 각각 생산할 때보다 평균비용이 적게 드는 현상

112) 고정비나 이자지급액과 같은 고정적 요소가 지렛대와 같은 작용을 하여 손익의 변동이 확대되는 효과

113) 주식이나 채권을 가지고 있지 않은 상태에서 매도 주문을 내는 것

114) 중국의 텐센트(Tancent)가 만든 모바일 메신저 프로그램

115) 일대일로(One belt-One road): 중앙아시아와 유럽을 잇는 육상 실크로드와 동남아시아와 유럽, 아프리카를 연결하는 해상 실크로드를 뜻하는 말

116) 북극항로(North Pole Route): 지구온난화로 인해 빙하가 녹으면서 생긴 북극의 뱃길 북극해를 통하면 항해일수와 물류비를 크게 줄일 수 있음

117) IC(integrated circuit): 기판에 반도체 부품의 삽입에서 배선에 이르기까지를 집약적으로 제조한 것

118) 시리즈 A: 기업이 정식 제품 또는 서비스를 만들어 나가기 위한 과정에서 받는 투자

119) 근속 연수가 긴 구성원을 우대하는 인사 제도

120) Dynamic Random Access Memory, 정보를 구성하는 개개의 비트를 각기 분리된 축전기에 저장하는 기억장치

121) 시진핑 주석의 국가 정책으로 중앙아시아와 유럽을 잇는 육상 실크로드와 동남아시아와 유럽, 아프리카를 연결하는 해상 실크로드를 뜻하는 말

KI신서 6447

2020
차이나 리포트

1판 1쇄 인쇄 2016년 3월 18일
1판 1쇄 발행 2016년 3월 24일

지은이 성공경제연구소 · SBS CNBC
펴낸이 김영곤 **펴낸곳** (주)북이십일 21세기북스
출판사업본부장 안형태 **출판영업마케팅팀장** 이경희 **홍보팀장** 이혜연
출판영업마케팅팀 김홍선 정병철 최성환 이은혜 백세희
책임편집 정지은 양으녕 김찬성
디자인 표지 이하나 **본문** JRCOM

출판등록 2000년 5월 6일 제10-1965호
주소 (10881) 경기도 파주시 회동길 201 (문발동)
대표전화 031-955-2100 **팩스** 031-955-2151 **이메일** book21@book21.co.kr
홈페이지 www.book21.com **블로그** b.book21.com
트위터 @21cbook **페이스북** facebook.com/21cbooks

© 성공경제연구소, 2016

ISBN 978-89-509-6394-1 03320